高职高专财经商贸类专业"互联网+"创新规划教材

Fundamentals of Economic Law

经济法通识教程

主　编　刘　洁
副主编　李雪梅

北京大学出版社
PEKING UNIVERSITY PRESS

内 容 简 介

本书内容涵盖法律基础知识、民事法律行为及合同、非法人商事主体、法人商事主体、市场主体登记管理条例、市场规制法律制度、工业产权保护、劳动者权益保护、票据使用规范、经济纠纷解决途径，旨在提高读者的法律素质、职业素养，以帮助其适应市场经济法治化的要求。

本书适合高职院校经济管理类学生学习使用，也可用于企业员工法律素质培训。

图书在版编目（CIP）数据

经济法通识教程 / 刘洁主编. -- 北京 : 北京大学出版社, 2025.5. -- (高职高专财经商贸类专业"互联网+"创新规划教材). -- ISBN 978-7-301-36280-8

Ⅰ. D922.29

中国国家版本馆 CIP 数据核字第 2025983Y5Q 号

书　　　名	经济法通识教程
	JINGJIFA TONGSHI JIAOCHENG
著作责任者	刘　洁　主编
策 划 编 辑	王显超
责 任 编 辑	赵天思
数 字 编 辑	金常伟
标 准 书 号	ISBN 978-7-301-36280-8
出 版 发 行	北京大学出版社
地　　　址	北京市海淀区成府路 205 号　100871
网　　　址	http://www.pup.cn　新浪微博：@北京大学出版社
电 子 邮 箱	编辑部 pup6@pup.cn　总编室 zpup@pup.cn
电　　　话	邮购部 010-62752015　发行部 010-62750672　编辑部 010-62750667
印 刷 者	天津中印联印务有限公司
经 销 者	新华书店
	787 毫米×1092 毫米　16 开本　20.25 印张　477 千字
	2025 年 5 月第 1 版　2025 年 5 月第 1 次印刷
定　　　价	55.00 元

未经许可，不得以任何方式复制或抄袭本书之部分或全部内容。
版权所有，侵权必究
举报电话：010-62752024　电子邮箱：fd@pup.cn
图书如有印装质量问题，请与出版部联系，电话：010-62756370

前言

本书具有以下特点。

（1）内容新。本书依据最新法律法规及典型案例编制，融入思政元素。党的二十大报告指出，法治社会是构筑法治国家的基础。弘扬社会主义法治精神，传承中华优秀传统法律文化，引导全体人民做社会主义法治的忠实崇尚者、自觉遵守者、坚定捍卫者。

（2）理念新。本书没有按学科体系编写，而是以构建和谐有序的社会主义市场经济秩序为目标，根据高职高专培养技能型、实用型高素质人才的要求，主要介绍了商业领域从业人员应该掌握的一些法律法规。编者的立意不在于向读者传授一套完整的法学理论，而在于培养读者的实用技能，在于满足专业面对岗位群的需要，以及满足读者在创新创业过程中保障权益、防范风险的需要，在于引导读者利用所学的知识解决工作中遇到的问题，因此，本书对于读者职业素质养成和职业能力培养起着重要的作用。

本书涉及的法律法规有《中华人民共和国民法典》《中华人民共和国个人独资企业法》《中华人民共和国合伙企业法》《中华人民共和国公司法》《中华人民共和国市场主体登记管理条例》《中华人民共和国劳动法》《中华人民共和国劳动合同法》《工伤保险条例》《中华人民共和国社会保险法》《中华人民共和国票据法》《票据管理实施办法》《中华人民共和国商标法》《中华人民共和国专利法》《中华人民共和国反不正当竞争法》《中华人民共和国反垄断法》《中华人民共和国消费者权益保护法》等。

（3）思路新。本书配备大量"实务练习"，如关于合同、合伙协议、有限责任公司发起人协议、授权委托书等的练习，旨在提高读者的法律素质、职业素养，以帮助其适应市场经济法治化的要求。

（4）体例新。知识点细化，典型案例、练习等模块紧扣知识点，便于学生理解吸收，增加课堂互动；内容深入浅出，力图使学生易于理解。

本书适合高职院校经济管理类学生学习使用，也可用于企业员工法律素质培训。本书旨在使读者通过学习掌握基本法律知识，不仅能"知法守法"，还能理解、运用与职业密切相关的法律法规，提高办事效率，熟练化解职业情境下的纠纷，降低纠纷解决成本，维护好企业形象与声誉。

因编者能力有限，文中难免出现疏漏，希望各位读者不吝赐教。

编 者
2025 年 5 月

资源索引

目 录
CONTENTS

模块一　法律基础知识 …………… 1
  任务一　法的概述 ………………… 1
    一、法的相关概念及特征 ………… 2
    二、民法商法、经济法的含义 …… 4
    三、法的形式 ……………………… 5
    四、法的分类 ……………………… 7
  任务二　法律关系 ………………… 9
    一、法律关系的概念 ……………… 9
    二、法律关系的构成要素 ………… 9
    三、法律关系的发生、变更
       和消失 ………………………… 12
  任务三　法律责任 ………………… 13
    一、法律责任的概念与特征 …… 13
    二、法律责任的种类 …………… 14
  实务练习 …………………………… 15

模块二　民事法律行为及合同 …… 16
  任务一　民事法律行为及效力 …… 16
    一、民法的概念 ………………… 16
    二、民法的基本原则 …………… 16
    三、民事法律行为 ……………… 17
    四、代理 ………………………… 20
    五、民事诉讼时效 ……………… 23
  任务二　合同的订立 ……………… 24
    一、民事合同适用范围 ………… 24
    二、合同的形式和内容 ………… 25
    三、合同的订立程序 …………… 25
    四、预约合同 …………………… 28
    五、格式条款 …………………… 29
    六、缔约过失责任 ……………… 30
  任务三　合同的效力 ……………… 31
    一、合同生效规定 ……………… 31
    二、被代理人对无权代理合同的
       追认 …………………………… 31
    三、超越权限订立的合同的
       效力 …………………………… 32
    四、超越经营范围订立的合同的
       效力 …………………………… 32
    五、合同中免责条款无效的
       情形 …………………………… 32
    六、有关解决争议方法的条款的
       效力 …………………………… 32
  任务四　合同的履行 ……………… 32
    一、合同履行的原则 …………… 32
    二、合同没有约定或者约定
       不明确的补救措施 …………… 33
    三、电子合同标的交付时间 …… 33
    四、政府定价、政府指导价
       交付规则 ……………………… 34
    五、以支付金钱为内容的债的
       履行规则 ……………………… 34
    六、债的履行 …………………… 34
    七、涉他履行规则 ……………… 34
    八、抗辩权 ……………………… 35
    九、债权人自身原因致使债务
       履行困难时的处理 …………… 37
    十、债务人提前以及部分履行
       债务 …………………………… 37
    十一、当事人变化对合同履行的
        影响 ………………………… 37
    十二、情势变更 ………………… 37
    十三、合同的监管 ……………… 38
  实务练习（一）…………………… 38
  任务五　合同的保全 ……………… 42
    一、代位权 ……………………… 43

二、撤销权 ………………… 43
任务六　合同的变更和转让 …… 44
　　一、合同的变更 …………… 44
　　二、合同权利和义务的
　　　　转让和转移 …………… 44
任务七　合同的权利义务终止 … 47
　　一、债权债务终止的法定情形 … 47
　　二、费用、利息和主债务的
　　　　抵充顺序 ……………… 47
　　三、合同约定解除 ………… 47
　　四、合同法定解除 ………… 48
　　五、合同解除程序 ………… 48
　　六、合同解除的效力 ……… 49
　　七、标的物提存 …………… 49
任务八　违约责任 ……………… 50
　　一、违约责任的承担 ……… 50
　　二、违约的类型及责任 …… 51
　　三、违约责任承担方式 …… 52
　　四、拒绝受领和受领迟延 … 53
　　五、不可抗力 ……………… 54
　　六、减损规则 ……………… 54
　　七、第三人原因造成违约时违约
　　　　责任的承担 …………… 54
　　八、国际贸易合同的诉讼时效
　　　　和仲裁时效 …………… 54
　实务练习（二） ……………… 55

模块三　非法人商事主体 …… 56

任务一　个人独资企业法律制度 … 56
　　一、个人独资企业法律制度
　　　　概述 …………………… 56
　　二、个人独资企业的设立条件
　　　　和设立程序 …………… 57
　　三、个人独资企业投资人的条件、
　　　　权利及责任 …………… 58
　　四、个人独资企业的事务管理 … 59
　　五、个人独资企业的解散
　　　　和清算 ………………… 60
　　六、法律责任 ……………… 61

　实务练习（一） ……………… 62
任务二　合伙企业法 …………… 62
　　一、合伙企业的概念和特征 … 62
　　二、普通合伙企业 ………… 63
　　三、特殊的普通合伙企业 … 71
　　四、有限合伙企业 ………… 72
　　五、合伙企业解散、清算 … 75
　实务练习（二） ……………… 76

模块四　法人商事主体 ……… 81

任务一　公司法律制度概述 …… 81
　　一、公司概述 ……………… 81
　　二、公司登记 ……………… 85
任务二　有限责任公司的设立、组织
　　　　机构和股权转让 ……… 87
　　一、有限责任公司的设立 … 87
　　二、有限责任公司的组织机构 … 91
　　三、有限责任公司的股权转让 … 96
　实务练习（一） ……………… 98
任务三　股份有限公司的设立和
　　　　组织机构 ……………… 104
　　一、股份有限公司的设立 … 104
　　二、股份有限公司组织机构 … 107
　　三、上市公司组织机构 …… 112
任务四　股份有限公司的股份发行
　　　　和转让 ………………… 114
　　一、股份发行 ……………… 114
　　二、股份转让 ……………… 116
任务五　国家出资公司组织机构的
　　　　特别规定 ……………… 118
任务六　公司法其他规定 ……… 119
　　一、公司董事、监事、高级管理
　　　　人员的任职资格和义务 … 119
　　二、公司债券 ……………… 121
　　三、公司财务、会计 ……… 122
　　四、公司合并、分立、增资、
　　　　减资 …………………… 123
　　五、公司解散和清算 ……… 124
　实务练习（二） ……………… 127

模块五　市场主体登记管理条例 …………130

任务一　适用范围 …………………130
一、市场主体的概念及类型 ……130
二、市场主体登记制度 …………131

任务二　登记事项 …………………131
一、市场主体的登记事项 ………131
二、市场主体应当向登记机关办理备案的事项 ……………132
三、其他登记事项的相关规定 …133

任务三　登记规范 …………………133
一、核验身份信息 ………………133
二、提交材料 ……………………133
三、营业执照签发 ………………134
四、分支机构登记 ………………134
五、变更登记 ……………………134
六、歇业备案登记 ………………135
七、注销登记 ……………………135

任务四　监督管理 …………………136

任务五　法律责任 …………………137

实务练习 …………………………138

模块六　市场规制法律制度 …………139

任务一　消费者权益保护法 ………139
一、概述 …………………………139
二、消费者的权利 ………………140
三、经营者的义务 ………………143
四、国家对消费者合法权益的保护 …………………………146
五、消费者组织 …………………148
六、争议的解决 …………………148
七、法律责任 ……………………151

实务练习（一） …………………154

任务二　产品质量法 ………………154
一、产品质量的监督 ……………156
二、生产者、销售者的产品质量责任和义务 ……………159
三、损害赔偿 ……………………160

四、罚则 …………………………162

实务练习（二） …………………164

任务三　反不正当竞争法 …………165
一、概念 …………………………165
二、不正当竞争行为 ……………166
三、对涉嫌不正当竞争行为的调查 …………………………170
四、法律责任 ……………………170

实务练习（三） …………………173

任务四　反垄断法 …………………174
一、概述 …………………………174
二、垄断行为的类型 ……………176
三、对涉嫌垄断行为的调查 ……185
四、法律责任 ……………………186

实务练习（四） …………………188

模块七　工业产权保护 ………………189

任务一　工业产权法概述 …………189
一、工业产权与工业产权法 ……189
二、工业产权的国际保护 ………190

任务二　专利法 ……………………190
一、专利权和专利法概述 ………191
二、专利权的主体和客体 ………192
三、专利权人的权利和义务 ……195
四、专利的申请、审查和批准 …196
五、专利权的期限、终止和无效宣告 ……………………199
六、专利实施许可 ………………200
七、专利权的保护 ………………202

实务练习（一） …………………204

任务三　商标法 ……………………204
一、商标概述 ……………………204
二、商标的取得 …………………206
三、商标权人的权利和义务 ……212
四、注册商标的有效期、续展和商标权的终止 ……………214
五、注册商标专用权的法律保护 …………………………215

　　　　六、驰名商标……………………218
　　实务练习（二）……………………219

模块八　劳动者权益保护……………220
　　任务一　劳动法………………………220
　　　　一、适用范围……………………221
　　　　二、劳动者………………………221
　　　　三、工作时间和休息休假………222
　　　　四、女职工和未成年工特殊
　　　　　　保护…………………………226
　　　　五、劳动者职业培训……………227
　　　　六、劳动争议解决………………227
　　任务二　劳动合同法…………………227
　　　　一、适用范围……………………229
　　　　二、劳动合同的订立……………230
　　　　三、劳动合同的期限……………232
　　　　四、非全日制用工（订立
　　　　　　口头协议）…………………233
　　　　五、劳动合同的内容……………234
　　　　六、劳动合同无效或者部分
　　　　　　无效的情形…………………236
　　　　七、劳动合同的解除和终止……237
　　　　八、解除或者终止劳动合同的
　　　　　　经济补偿或赔偿金…………240
　　　　九、解除或者终止劳动合同时
　　　　　　应出具相关证明……………241
　　　　十、特别规定……………………241
　　　　十一、拖欠劳动报酬、加班费或
　　　　　　者经济补偿的违法责任……243
　　任务三　劳动争议的解决……………243
　　　　一、概念…………………………244
　　　　二、受案范围……………………244
　　　　三、劳动争议解决方法…………245
　　任务四　社会保险法律制度…………251
　　　　一、社会保险的概念……………251
　　　　二、社会保险的种类……………252

　　实务练习………………………………260

模块九　票据使用规范…………………263
　　任务一　票据概述……………………263
　　　　一、概念…………………………263
　　　　二、票据权利与责任……………263
　　　　三、签章…………………………264
　　　　四、票据记载事项………………264
　　　　五、票据的取得…………………264
　　　　六、抗辩…………………………265
　　　　七、伪造、变造票据的行为……265
　　　　八、票据丧失的补救……………266
　　　　九、票据权利时效………………266
　　任务二　商业汇票……………………266
　　　　一、出票…………………………267
　　　　二、背书…………………………268
　　　　三、承兑…………………………270
　　　　四、保证…………………………271
　　　　五、付款…………………………272
　　　　六、追索权………………………273
　　　　七、商业汇票贴现………………275
　　任务三　银行汇票、本票、支票……276
　　　　一、银行汇票……………………276
　　　　二、本票…………………………278
　　　　三、支票…………………………279
　　任务四　法律责任……………………281
　　实务练习………………………………281

模块十　经济纠纷解决途径……………283
　　任务一　仲裁…………………………283
　　　　一、适用范围及基本原则………283
　　　　二、仲裁委员会和仲裁协会……284
　　　　三、仲裁协议……………………286
　　　　四、仲裁程序……………………287
　　　　五、申请撤销裁决………………290
　　　　六、执行…………………………291
　　　　七、其他规定……………………291

任务二　民事诉讼法…………………291
　一、适用范围和基本原则………292
　二、管辖…………………………292
　三、审判制度……………………295
　四、当事人和诉讼代理人………296
　五、证据…………………………298
　六、财产保全和先予执行………299
　七、审判程序……………………299
　八、执行、送达、诉讼费用……305
　实务练习…………………………306

参考文献………………………………**308**

附录　AI 伴学内容及提示词…………**309**

模块一

法律基础知识

导学

本模块介绍法律基础知识。法的制定，指有权的国家机关依照法定职权和程序，制定规范性法律文件的活动；法律体系是由一国现行的全部法律规范按照不同的法律部门分类组合而形成的一个体系化的有机联系的统一整体；法律关系是法律规范在调整人们行为的过程中所形成的一种特殊的社会关系，即法律上的权利义务关系；法律责任是指行为人由于违法行为、违约行为或由于法律规定而应承担的某种不利的法律后果。

学习目标

- 掌握法的概念、特征，理解法的本质；
- 理解法律规范、法律部门和法律体系的区别和联系；
- 了解民法商法及经济法的含义、调整对象；
- 掌握法律关系的概念及构成要素，法律事实的概念及分类；
- 掌握法律责任的种类。

任务一 法的概述

典型案例

"AI 陪伴"软件擅自使用自然人形象创设虚拟人物构成侵权

2022 年 4 月 11 日，最高人民法院发布 9 起《中华人民共和国民法典》颁布后人格权司法保护典型民事案例。其中包括 1 起"AI 陪伴"软件侵害人格权案件。

该案件中，被告运营某"AI 陪伴"软件，在该"AI 陪伴"软件中，用户可以自行上传素材，创设或添加"AI 陪伴者"。原告某某系公众人物，在未经原告同意的情况下，该软件中出现了以原告姓名、肖像为标识的"AI 陪伴者"，同时，被告将该角色开放给众多用户，允许用户上传大量原告的"表情包"，且有互动功能。原告认为被告侵害了其姓名权、肖像权、一般人格权，故诉至人民法院，要求被告赔礼道歉并赔偿经济损失、精神损害抚慰金等。人民法院认定，该软件擅自使用自然人形象创设虚拟人物构成侵权。

习近平总书记强调，法治建设需要全社会共同参与，只有全体人民信仰法治、厉行法治，国家和社会生活才能真正实现在法治轨道上运行。

2020年11月16日，习近平总书记在中央全面依法治国工作会议上发表重要讲话，指出全民守法是法治社会的基础工程。普法工作要紧跟时代，在针对性和实效性上下功夫，落实"谁执法谁普法"普法责任制，特别是要加强青少年法治教育，不断提升全体公民法治意识和法治素养，使法治成为社会共识和基本准则。

一、法的相关概念及特征

（一）法和法律的概念

1. 法的概念

法是由国家制定或认可，并以国家强制力保证实施的，反映由特定物质生活条件所决定的统治阶级意志的规范体系。

2. 法律的概念

法律一词可以从狭义、广义两方面进行理解。

在我国，狭义的"法律"专指全国人民代表大会和全国人民代表大会常务委员会根据宪法规定行使国家立法权，依照立法程序制定和颁布的规范性文件。

广义的"法律"则指法的整体，即"法"，包括宪法、全国人民代表大会和全国人民代表大会常务委员会制定的法律、国务院制定的行政法规、地方国家权力机关制定的地方性法规以及民族自治地方的人民代表大会制定的自治条例和单行条例等。

（二）法的本质

法是一种历史现象，随着私有制、阶级、国家的产生而产生。

法是国家意志的体现，是国家颁布的行为准则，是被上升为国家意志的统治阶级意志的体现。

（1）法是统治阶级意志的体现，是由统治阶级特定的物质生活条件决定的，是社会客观需要的反映。

（2）法反映的是统治阶级的整体意志和根本利益，而不是统治阶级每个成员个人意志的简单相加。

（3）法体现的不是一般的统治阶级意志，而是统治阶级的国家意志。

（三）法的特征

（1）国家意志性：法是经过国家制定或认可才得以形成的规范。所谓"国家制定"和"认可"是指法产生的两种方式。国家制定形成的是成文法，国家认可形成的通常是习惯法。

（2）强制性：法凭借国家强制力的保证而获得普遍遵循的效力。法是国家意志的体现，它的实施由国家强制力来保证。

（3）利导性：法是确定人们在社会关系中的权利和义务的行为规范。法是社会中各种利益关系的调整机制，权利以其特有的利益导向和激励机制作用于人的行为，并且权利可以诱使利己动机转化为合法行为并产生有利于社会的行为；义务也有利导性，因为许多义务本质上意味着利益负担以及责任后果，所以能促使人们不做法律禁止并且最终不利于自己的事，义务以其特有的约束机制和强制机制作用于人的行为，使人们从自身利益的角度来选择行为。

（4）规范性：法是明确而普遍适用的规范。

外卖餐饮平台审核责任

被告某公司运营某外卖餐饮平台，并郑重承诺：我平台已对入网餐饮服务提供者的食品经营许可证进行严格的实地审查。原告王某在该平台上一家麻辣烫店铺购买了一份食物，后发现该店铺未取得食品经营许可证。王某诉至人民法院，要求被告与该麻辣烫店铺承担连带赔偿责任。

审理的人民法院认为，依照《中华人民共和国食品安全法》（2021年修正版）第一百三十一条第一款的规定（违反本法规定，网络食品交易第三方平台提供者未对入网食品经营者进行实名登记、审查许可证，或者未履行报告、停止提供网络交易平台服务等义务的，由县级以上人民政府食品安全监督管理部门责令改正，没收违法所得，并处五万元以上二十万元以下罚款；造成严重后果的，责令停业，直至由原发证部门吊销许可证；使消费者的合法权益受到损害的，应当与食品经营者承担连带责任），结合被告所做的承诺，被告理应审查入网食品经营者是否取得食品经营许可证，但其未履行上述义务，使王某合法权益受损，被告应与该麻辣烫店铺承担连带赔偿责任。

（四）法律规范、法律部门和法律体系

法律规范是指国家制定或认可的，具有特殊内在逻辑结构，通过法律条文表述的，以国家强制力保证实施的行为规范。

知识拓展

法律规范的内在逻辑结构由假定、处理、制裁三个部分构成。假定，就是规定适用该法律规范的条件和情况的部分。当所规定的条件和情况出现时，某一社会关系才适用该法律规范。处理，指行为规范本身的内容，规定着人们应当做什么，不能做什么，可以做什么。这是法律规范的基本部分。制裁，指规定违反法律规范所招致的法律责任及法律后果的部分。

法律部门是根据一定原则和标准所划分的本国同类法律规范的总称。中国特色社会主义法律体系，是以宪法为统帅，以法律为主干，以行政法规、地方性法规为重要组成部分，由宪法相关法、民法商法、行政法、经济法、社会法、刑法、诉讼与非诉讼程序法等多个法律部门组成的有机统一整体。

法律体系是由这些法律部门组成的具有内在联系的、互相协调的统一整体。

【练习1-1】（多选题）下列各项中，属于法的特征的有（　　　　）。
A. 强制性　　　　B. 利导性　　　　C. 规范性　　　　D. 国家意志性

二、民法商法、经济法的含义

民法商法及经济法是本书的主要内容。

1. 民法商法属私法范畴

民法是调整平等主体的自然人、法人和非法人组织之间的人身关系和财产关系的法律规范的总称，与人们的生活密切相关。各类民事主体在民事活动中的法律地位一律平等，依法享有平等权利、进行平等交易、受到平等保护。民法的一个基本功能就是明晰产权、定分止争。民法主要包括《中华人民共和国民法典》《中华人民共和国著作权法》《中华人民共和国商标法》《中华人民共和国专利法》等。

商法是调整平等主体之间商事关系的法律规范的总称。商事关系的主要标志是商事主体和商事行为。商事主体，是以自己名义实施商事行为并以此为业的个人或组织。在我国，商事主体主要包括个体工商户、个人独资企业、合伙企业、公司和其他形式的企业法人。商事行为，大陆法系学者一般将其定义为以营利为目的活动。商法主要包括《中华人民共和国公司法》《中华人民共和国保险法》《中华人民共和国个人独资企业法》《中华人民共和国合伙企业法》《中华人民共和国企业破产法》《中华人民共和国票据法》等。

诚实信用原则是现代民法商法中的一个"帝王条款"，它要求人们在市场活动中讲究信用，恪守诺言，诚实不欺，在不损害他人利益和社会利益的前提下追求自己的利益。

典型案例

"油罐车混装"事件

"卸完煤制油，再装大豆油"，2024年7月，有关"油罐车混装"的话题引发全网热议，油罐车行业、食用油企业都深陷舆论之中。

媒体直呼"形同投毒"。国务院食安办出手彻查！消费者在猜疑中等待着背后的真相。

我国某知名食用油品牌，迅速发布了一份很有底气的情况说明，给了消费者一些信心。主要内容如下。

关于××集团食用油运输管控情况的说明

近日，集团收到来自各渠道的消费者询问，关注食用油运输管控情况。在此，我们衷心感谢大家的关心与监督。集团始终坚守"绝不让消费者食用一滴不利于健康的油"的庄严承诺，秉持"质量问题零容忍"的原则，实施"严控前端、监督过程、全程追溯"的食品安全风险防控策略，对包括运输环节在内的全链条进行严苛的食品安全风险防控。

1. 首先将公司自有食用油专用罐车用于食用油运输业务。
2. 必须使用食用油专用罐车运输食用油。
3. 遵循"三不"原则：装过转基因食用油不用，装过毛油或低质量等级食用油不用，装过其他油种食用油不用。
4. 装油前，需对食用油专用罐车油罐内外壁进行彻底清洁干燥。油品运输全过程GPS记录。装油后，对入厂食用油专用罐车进行逐车验车、查验铅封，油品取样检测，不合格的拒收处理。

民以食为天，食以安为先。将最好的、最安全的产品呈现给市场和消费者，是对国家、对社会最大的信用承诺。我们的产品请大家放心购买、放心食用。

××集团有限公司

2024年×月×日

2. 经济法属公法范畴

我国学者李昌麒认为，经济法是国家为了克服市场失灵而制定的，调整需要由国家干预的、具有全局性和社会公共性的经济关系的法律规范的总称。经济法主要包括《中华人民共和国反不正当竞争法》《中华人民共和国反垄断法》《中华人民共和国消费者权益保护法》《中华人民共和国产品质量法》等。

民法商法与经济法既有紧密联系，又有一定区别。简单而言，民法商法与经济法的区别主要在于民法商法以当事人意思自治为主导性原则，经济法则强调国家意志和政府职能的介入，并以国家政策为主导。民法商法是"个体权利本位"，经济法是"社会责任本位"。

三、法的形式

法的形式，也称法的渊源，是指法的具体的外部表现形态。这一概念所指称的，主要是法由何种国家机关制定或认可，具有何种表现形式或效力等级。

（一）宪法

在我国，宪法由最高国家权力机关即全国人民代表大会制定。宪法规定国家的基本制度、根本任务，公民的基本权利和义务，具有最严格的制定和修改程序。

宪法具有最高的法律效力，一切法律、行政法规、地方性法规、自治条例和单行条例、规章都不得同宪法相抵触。

（二）法律

法律由全国人民代表大会及全国人民代表大会常务委员会制定。

全国人民代表大会和全国人民代表大会常务委员会根据宪法规定行使国家立法权。

全国人民代表大会制定和修改刑事、民事、国家机构的和其他的基本法律。全国人民代表大会常务委员会制定和修改除应当由全国人民代表大会制定的法律以外的其他法律；在全国人民代表大会闭会期间，对全国人民代表大会制定的法律进行部分补充和修改，但是不得同该法律的基本原则相抵触。

全国人民代表大会可以授权全国人民代表大会常务委员会制定相关法律。

法律解释权属于全国人民代表大会常务委员会。

法律的效力高于行政法规、地方性法规、规章。

法律之间对同一事项的新的一般规定与旧的特别规定不一致，不能确定如何适用时，由全国人民代表大会常务委员会裁决。

（三）行政法规

国务院根据宪法和法律，制定行政法规。

行政法规的效力高于地方性法规、规章。

（四）地方性法规、自治条例和单行条例

省、自治区、直辖市的人民代表大会及其常务委员会根据本行政区域的具体情况和实际需要，在不同宪法、法律、行政法规相抵触的前提下，可以制定地方性法规。

设区的市的人民代表大会及其常务委员会根据本市的具体情况和实际需要，在不同宪法、法律、行政法规和本省、自治区的地方性法规相抵触的前提下，可以对城乡建设与管理、生态文明建设、历史文化保护、基层治理等方面的事项制定地方性法规，法律对设区的市制定地方性法规的事项另有规定的，从其规定。设区的市的地方性法规须报省、自治区的人民代表大会常务委员会批准后施行。

地方性法规的效力高于本级和下级地方政府规章。

民族自治地方的人民代表大会有权依照当地民族的政治、经济和文化的特点，制定自治条例和单行条例。自治区的自治条例和单行条例，报全国人民代表大会常务委员会批准后生效。

自治条例和单行条例可以依照当地民族的特点，对法律和行政法规的规定作出变通规定，但不得违背法律或者行政法规的基本原则，不得对宪法和民族区域自治法的规定以及其他有关法律、行政法规专门就民族自治地方所作的规定作出变通规定。

自治条例和单行条例依法对法律、行政法规、地方性法规作变通规定的，在本自治地方适用自治条例和单行条例的规定。

经济特区法规根据授权对法律、行政法规、地方性法规作变通规定的，在本经济特区适用经济特区法规的规定。

（五）规章

部门规章：国务院各部、委员会、中国人民银行、审计署和具有行政管理职能的直属机构以及法律规定的机构，可以根据法律和国务院的行政法规、决定、命令，在本部门的

权限范围内，制定规章。部门规章规定的事项应当属于执行法律或者国务院的行政法规、决定、命令的事项。

地方政府规章：省、自治区、直辖市和设区的市、自治州的人民政府，可以根据法律、行政法规和本省、自治区、直辖市的地方性法规，制定规章。

省、自治区的人民政府制定的规章的效力高于本行政区域内的设区的市、自治州的人民政府制定的规章。

部门规章之间、部门规章与地方政府规章之间具有同等效力，在各自的权限范围内施行。

（六）国际条约

国际条约属于国际法范畴，我国缔结和参加的国际条约对于我国的国家机关，社会团体，企业、事业单位和公民也具有约束力。

（七）司法解释

司法解释，是指由国家最高司法机关在适用法律过程中对具体应用法律问题所作的解释，包括审判解释和检察解释两种。

审判解释，指最高人民法院对审判工作中具体应用法律问题所作的解释。审判解释对各级人民法院的审判工作具有约束力，是办案的依据。

检察解释，指最高人民检察院对检察工作中具体应用法律问题所作的解释。检察解释对各级人民检察院的检察工作具有普遍的约束力。

【练习1-2】（单选题）不同法的形式具有不同的效力等级。下列各项中，效力低于地方性法规的是（   ）。
A. 宪法　　　　B. 本级政府规章　　　　C. 法律　　　　D. 行政法规

【练习1-3】（单选题）下列各项中，属于行政法规的是（   ）。
A. 国务院发布的《企业财务会计报告条例》
B. 全国人民代表大会通过的《中华人民共和国民事诉讼法》
C. 中国人民银行发布的《支付结算办法》
D. 全国人民代表大会常务委员会通过的《中华人民共和国会计法》

四、法的分类

（一）成文法和不成文法

成文法是指由特定国家机关制定颁布，以不同效力等级的规范性法律文件形式表现出来的法，又称"制定法"。

不成文法是指由国家机关以一定形式认可其法律效力，但不表现为成文的规范性法律文件形式的法，一般指习惯法。

（二）实体法和程序法

实体法主要是规定和确认人们的权利和义务或国家机关及其工作人员的职权和职责的法，通常表现为民法、刑法等。

程序法主要是保证权利和义务得以实现或职权和职责得以履行的法，通常表现为民事诉讼法、刑事诉讼法、行政诉讼法等。

（三）根本法和普通法

在采用成文宪法的国家，法可以分为根本法和普通法。根本法和普通法是根据法的内容、效力、制定程序所作的分类。

根本法就是宪法，它规定国家制度和社会制度的基本原则，具有最高的法律效力，是普通法立法的依据。它的制定和修改要比普通法更严格。

普通法指宪法以外的所有法律，它根据宪法确认的原则就某个方面或某些方面的问题做出具体规定，效力低于宪法。

（四）一般法和特别法

一般法和特别法是根据法的空间效力、时间效力、约束对象所做的分类。

一般法是指在一国领域内对全体居民和所有的社会组织普遍适用，而且在被废止前始终有效的法，如民法、刑法。

特别法是指只在一国的特定地域内（如某个行政区内）或只对特定主体（如公职人员）或只在特定时期内有效的法。

（五）国内法和国际法

国内法是在一国主权范围内，由该国的国家机关制定或认可并保障其实施的法。国内法的法律关系主体一般是个人和组织。

国际法是参与国际关系的国家之间通过协议制定或认可的法，通常表现为国际条约、国际惯例等。国际法的法律关系主体主要是国家，也包括有关的国际组织等。

（六）公法和私法

公法和私法的划分标准众说纷纭。比较普遍的说法是以法律运用的目的为划分标准，即凡是以保护公共利益为目的的法律均为公法，如宪法、刑法、经济法。凡是以保护私人利益为目的的法律均为私法，如民法、商法。

【练习 1-4】（单选题）下列对法所做的分类中，根据法的空间效力、时间效力、约束对象进行分类的是（　）。

A. 成文法和不成文法　　　　　　　　B. 根本法和普通法
C. 一般法和特别法　　　　　　　　　D. 实体法和程序法

任务二　法律关系

一、法律关系的概念

法律关系，是指法律规范在调整人们的行为过程中所形成的具有法律上权利义务形式的社会关系。

二、法律关系的构成要素

法律关系的构成要素包括法律关系的主体、客体、内容。

（一）法律关系的主体

法律关系的主体，即法律关系的参加者，是指参加法律关系，依法享有权利和承担义务的当事人。享有权利的一方称为权利主体，承担义务的一方称为义务主体。因此，法律关系的主体有两方：权利主体和义务主体。任何一个法律关系都至少有两个主体。

法律关系主体的种类如下。

（1）自然人。自然人既包括本国公民，也包括居住在本国境内或在境内活动的外国公民和无国籍人。

自然人的民事权利能力和民事行为能力如下。

① 民事权利能力是指权利主体享有权利和承担义务的资格。《中华人民共和国民法典》第十三条规定："自然人从出生时起到死亡时止，具有民事权利能力，依法享有民事权利，承担民事义务。"《中华人民共和国民法典》第十四条规定："自然人的民事权利能力一律平等。"

② 民事行为能力是指权利主体能够通过自己的行为享有权利和承担义务的能力。自然人的民事行为能力分为以下三种情形。

完全民事行为能力人。十八周岁以上的自然人为成年人。成年人为完全民事行为能力人，可以独立实施民事法律行为。十六周岁以上的未成年人，以自己的劳动收入为主要生活来源的，视为完全民事行为能力人。

限制民事行为能力人。八周岁以上的未成年人和不能完全辨认自己行为的成年人为限制民事行为能力人，实施民事法律行为由其法定代理人代理或者经其法定代理人同意、追认。但是，前者可以独立实施纯获利益的民事法律行为或者与其年龄、智力相适应的民事法律行为，后者可以独立实施纯获利益的民事法律行为或者与其智力、精神健康状况相适应的民事法律行为。

无民事行为能力人。不满八周岁的未成年人，不能辨认自己行为的成年人，以及八周岁以上的不能辨认自己行为的未成年人，为无民事行为能力人，由其法定代理人代理实施民事法律行为。

【练习1-5】（单选题）下列自然人中属于完全民事行为能力人的是（　　）。
A．赵某，9周岁，系某小学学生
B．王某，15周岁，系某高级中学学生
C．张某，13周岁，系某初级中学学生
D．李某，17周岁，系某宾馆服务员，以自己的劳动收入为主要生活来源

（2）法人和非法人组织。

法人是具有民事权利能力和民事行为能力，依法独立享有民事权利和承担民事义务的组织。

《中华人民共和国民法典》将法人分为营利法人、非营利法人和特别法人。

营利法人是以取得利润并分配给股东等出资人为目的成立的法人，包括有限责任公司、股份有限公司和其他企业法人等。

非营利法人是为公益目的或者其他非营利目的成立，不向出资人、设立人或者会员分配所取得利润的法人，包括事业单位、社会团体、基金会、社会服务机构等。

特别法人包括《中华人民共和国民法典》规定的机关法人、农村集体经济组织法人、城镇农村的合作经济组织法人、基层群众性自治组织法人。

非法人组织是不具有法人资格，但是能够依法以自己的名义从事民事活动的组织，包括个人独资企业、合伙企业、不具有法人资格的专业服务机构等。

知识拓展

法 人 制 度

法人是具有民事权利能力和民事行为能力，依法独立享有民事权利和承担民事义务的组织。

（1）法人成立的条件：依法成立；有自己的财产或者经费；有自己的名称、组织机构和住所；以其全部财产独立承担民事责任。法人成立的具体条件和程序，依照法律、行政法规的规定。

（2）法人的民事权利能力和民事行为能力。法人的民事权利能力和民事行为能力，从法人成立时产生，到法人终止时消灭。法人存续期间登记事项发生变化的，应当依法向登记机关申请变更登记。

（3）国家。在特定情况下，国家可以作为一个整体成为法律关系的主体。例如，国家作为主权者是国际公法关系的主体，可以成为对外经济贸易关系中的债权人和债务人；在国内法中，国家可以直接以自己的名义参与国内法律关系（如发行国库券，或成为国家所有权关系主体）。当然，大多数情况下，国家是以其机关或者授权的组织作为代表参加法律关系的。

【练习 1-6】（单选题）根据《中华人民共和国民法典》的规定，非营利法人包括事业单位、社会团体、基金会、（　　）等。

A. 政府部门　　　　　　　　　　B. 军队
C. 国有企业　　　　　　　　　　D. 社会服务机构

【练习 1-7】（单选题）根据《中华人民共和国民法典》的规定，营利法人包括有限责任公司、股份有限公司和（　　）等。

A. 事业单位　　　　　　　　　　B. 社会团体
C. 基金会　　　　　　　　　　　D. 其他企业法人

【练习 1-8】（单选题）根据《中华人民共和国民法典》的规定，以下不属于法人的是（　　）。

A. 有限责任公司　　　　　　　　B. 股份有限公司
C. 事业单位　　　　　　　　　　D. 合伙企业

（二）法律关系的客体

法律关系的客体，是指法律关系主体间权利义务所指向的对象。

法律关系客体的内容和范围是由法律规定的。法律关系的客体应当具备的特征是能为人类所控制并对人类有价值。

法律关系的客体通常包括以下几类。

1. 物

（1）自然物：土地、森林、矿藏、水流等。
（2）人造物：机器、建筑等。
（3）一般等价物：货币和有价证券等。

【注意】物可以有实体形态也可以没有实体形态。

2. 人身、人格

（1）活人的整体只能是法律关系的主体，不能作为法律关系的客体。
（2）某些情况下，遗体或人的部分可以作为法律关系的客体，如当人的头发、血液、骨髓、精子等从身体中分离出去，成为与身体相分离的外部之物时，在某些情况下可以视为法律关系的客体。

知识拓展

《中华人民共和国民法典》对遗体和人体器官、人体组织、人体细胞捐献作出了明确规定。《中华人民共和国民法典》第一千零六条规定：

完全民事行为能力人有权依法自主决定无偿捐献其人体细胞、人体组织、人体器官、遗体。任何组织或者个人不得强迫、欺骗、利诱其捐献。

完全民事行为能力人依据前款规定同意捐献的，应当采用书面形式，也可以订立遗嘱。

自然人生前未表示不同意捐献的，该自然人死亡后，其配偶、成年子女、父母可以共同决定捐献，决定捐献应当采用书面形式。

《中华人民共和国民法典》第一千零七条规定：
禁止以任何形式买卖人体细胞、人体组织、人体器官、遗体。
违反前款规定的买卖行为无效。

3. 非物质财富

（1）知识产品（智力成果）：著作、发明、实用新型、设计、商标等。
（2）道德产品：荣誉称号、嘉奖表彰等。
（3）信息、数据、虚拟财产等。

4. 行为结果

（1）生产经营行为。
（2）经济管理行为。
（3）提供一定劳务的行为（如保管合同中的保管行为）。
（4）完成一定工作的行为（如建设工程合同中承包人完成建设项目的行为）。

【练习 1-9】（多选题）下列各项中可以作为法律关系客体的有（　　）。
　A. 著作　　　　　　　　　　　　B. 发明
　C. 提供一定劳务的行为　　　　　D. 人的眼角膜

（三）法律关系的内容

法律关系的内容即法律关系主体享有的权利和承担的义务。

权利是法律允许权利人为了满足自己的利益可以作为或不作为，或者要求他人为一定行为或不为一定行为，并由他人的法律义务作为保证的资格。义务是法律规定的义务人应当按照权利人的要求为一定行为或不为一定行为，以满足权利人的利益的约束。

权利和义务之间关系密切，没有无义务的权利，也没有无权利的义务；不能一方只享有权利而不承担义务，另一方只承担义务而不享有权利；权利是权利人的行为自由，因此权利可以行使也可以放弃，但权利的行使有一定的界限，不得滥用权利。

三、法律关系的发生、变更和消失

（一）法律事实的概念

法律事实指能够引起法律关系的发生、变更和消灭的客观情况或现象。

（二）法律事实的分类

按照是否以法律关系主体的意志为转移，法律事实可以划分为法律事件和法律行为两大类。

1. 法律事件

法律事件是指不以法律关系主体的意志为转移的，能够引起法律关系的发生、变更和消灭的法定情况或者现象。

根据事件的起因，法律事件可以分为绝对事件、相对事件。

（1）由自然现象引起的法律事件又称绝对事件。例如，地震、洪水、台风等不由人的因素造成的自然灾害。

（2）由社会现象引起的法律事件又称相对事件。例如，爆发战争、重大政策的改变等，虽属人的行为引起，但其出现在特定法律关系中并不以法律关系主体的意志为转移。

2. 法律行为

法律行为是指以法律关系主体的意志为转移，能够引起法律后果，即引起法律关系的发生、变更和消灭的人们有意识的活动（如签合同）。法律行为是人们有意识的活动，它是引起法律关系发生、变更和消灭的最普遍的法律事实。

【练习1-10】（单选题）下列各项中，属于法律行为的是（　　）。
　A. 火山爆发　　　B. 台风登陆　　　C. 签发支票　　　D. 流星陨落

【练习1-11】（单选题）下列法律事实中，属于法律事件的是（　　）。
　A. 病毒变异　　　B. 上班打卡　　　C. 体温检测　　　D. 研发疫苗

【练习1-12】（多选题）在引起法律关系发生、变更或者消灭的下列各项中，属于法律行为的有（　　）。
　A. 订立合同　　　B. 发生海啸　　　C. 销售货物　　　D. 签发支票

任务三　法律责任

一、法律责任的概念与特征

（一）概念

法律责任指法律关系主体因未承担法律规定必须承担的义务，所必须接受的、带有否定性的法律后果。

典型案例

销售假冒注册商标食品的经营者被判决支付消费者价款十倍惩罚性赔偿金

2021年，郭某先后向某经营部购买某品牌白酒4件24瓶，共支付货款22097元。后郭某怀疑其购买的白酒为假酒，向当地市场监督管理部门举报。某白酒公司出具鉴定证明书，申明郭某所购白酒并非该公司生产，属于假冒注册商标的产品。郭某以消费者身份起诉某经营部，要求退还购酒款并支付购酒款十倍的赔偿金。郭某的诉求获得了人民法院的支持。

【法律依据】《中华人民共和国食品安全法》第一百四十八条第二款规定："生产不符合食品安全标准的食品或者经营明知是不符合食品安全标准的食品，消费者除要求赔偿损失外，还可以向生产者或者经营者要求支付价款十倍或者损失三倍的赔偿金；增加赔偿的金额不足一千元的，为一千元。但是，食品的标签、说明书存在不影响食品安全且不会对消费者造成误导的瑕疵的除外。"

（二）特征

(1) 承担法律责任的最终依据是法律。
(2) 法律责任具有国家强制性。

二、法律责任的种类

（一）民事责任

民事责任是指民事法律关系主体由于民事违法、违约行为或根据法律规定所应承担的不利民事法律后果。

承担民事责任的方式主要有：停止侵害；排除妨碍；消除危险；返还财产；恢复原状；修理、重作、更换；继续履行；赔偿损失；支付违约金；消除影响、恢复名誉；赔礼道歉。

（二）行政责任

行政责任是指行政法律关系主体由于违反行政法律规范或不履行行政法律义务而依法应承担的行政法律后果。

有权追究行政责任的机关是国家权力机关、国家行政机关和人民法院。

(1) 政务处分（针对内部相对人）的种类：警告；记过；记大过；降级；撤职；开除。
(2) 行政处罚是指行政机关依法对违反行政管理秩序的公民、法人或者其他组织，以减损权益或者增加义务的方式予以惩戒的行为。

行政处罚的种类：警告、通报批评；罚款、没收违法所得、没收非法财物；暂扣许可证件、降低资质等级、吊销许可证件；限制开展生产经营活动、责令停产停业、责令关闭、限制从业；行政拘留；法律、行政法规规定的其他行政处罚。

（三）刑事责任

刑事责任是指触犯刑法的犯罪人所应承受的由国家审判机关（人民法院）给予的制裁后果，即刑罚。刑罚是法律责任中最严厉的责任形式。刑罚分为主刑和附加刑。

(1) 主刑的种类：管制（期限为三个月以上二年以下）；拘役（期限为一个月以上六个月以下）；有期徒刑（除《中华人民共和国刑法》第五十条、第六十九条规定外，期限为六个月以上十五年以下）；无期徒刑；死刑。
(2) 附加刑的种类：罚金；剥夺政治权利；没收财产（对于犯罪的外国人，可以独立适用或者附加适用驱逐出境）。

《中华人民共和国刑法》第十七条规定：
已满十六周岁的人犯罪，应当负刑事责任。

已满十四周岁不满十六周岁的人，犯故意杀人、故意伤害致人重伤或者死亡、强奸、抢劫、贩卖毒品、放火、爆炸、投放危险物质罪的，应当负刑事责任。

已满十二周岁不满十四周岁的人，犯故意杀人、故意伤害罪，致人死亡或者以特别残忍手段致人重伤造成严重残疾，情节恶劣，经最高人民检察院核准追诉的，应当负刑事责任。

对依照前三款规定追究刑事责任的不满十八周岁的人，应当从轻或者减轻处罚。

因不满十六周岁不予刑事处罚的，责令其父母或者其他监护人加以管教；在必要的时候，依法进行专门矫治教育。

【练习1-13】（单选题）下列各项中，属于民事责任承担方式的是（   ）。
A. 罚款   B. 罚金   C. 返还财产   D. 没收财产

【练习1-14】（单选题）下列各项中，属于行政责任承担方式的是（   ）。
A. 支付违约金   B. 罚金   C. 返还财产   D. 罚款

【练习1-15】（单选题）下列各项中，属于《中华人民共和国刑法》规定的完全不负刑事责任的年龄为（   ）。
A. 不满十四周岁   B. 不满十二周岁   C. 不满十六周岁   D. 不满十八周岁

【练习1-16】（多选题）甲行政机关负责人张某因犯罪被人民法院判处有期徒刑，并处罚金和没收财产，后被甲行政机关开除。张某承担的法律责任中，属于刑事责任的有(   )。
A. 没收财产   B. 罚金   C. 有期徒刑   D. 开除

实务练习

一、概念
法的概念   法的形式   法人   法律事实

二、简答
1. 简述法律关系及其构成要素。
2. 简述法的特征。
3. 简述民事责任的承担方式。
4. 简述行政责任的承担方式。

模块一（练习）：参考答案

三、实务案例分析
2023年5月起，某公司与某五星级酒店行政总厨章某某达成约定：利用其行政总厨的职务之便，选取某公司作为指定供应商，并在食品采购中为某公司增加交易机会，提升销量；某公司则按照销售额 7%~8%的比例给予章某某回扣。在查办该案的过程中，执法人员发现其他多家公司也存在向该酒店行政总厨行贿的事实。

请分析某公司、章某某的行为有何危害？他们有可能承担怎样的法律责任？

模块二

民事法律行为及合同

导学

本模块的内容整理自《中华人民共和国民法典》,《中华人民共和国民法典》制定的目的是保护民事主体的合法权益,调整民事关系,维护社会和经济秩序,适应中国特色社会主义发展要求,弘扬社会主义核心价值观。民事法律行为是社会生活中最普遍的一种民事法律事实。

合同是一种典型的民事法律行为,是民事主体之间设立、变更、终止民事法律关系的协议。

学习目标

- 掌握民法的概念及基本原则;
- 掌握民事法律行为的概念及其效力;
- 掌握代理的相关内容;
- 掌握民事诉讼时效的相关内容;
- 掌握与合同的订立、效力、履行等相关的规定。

任务一 民事法律行为及效力

一、民法的概念

民法调整平等主体的自然人、法人和非法人组织之间的人身关系和财产关系。民事主体在民事活动中的法律地位一律平等。

二、民法的基本原则

民事主体从事民事活动,应当遵循自愿原则,按照自己的意思设立、变更、终止民事法律关系;民事主体从事民事活动,应当遵循公平原则,合理确定各方的权利和义务;民事主体从事民事活动,应当遵循诚信原则,秉持诚实,恪守承诺;民事主体从事民事活动,不得违反法律，不得违背公序良俗；民事主体从事民事活动，应当有利于节约资源、保护生态环境。

三、民事法律行为

（一）民事法律行为的概念

民事法律行为是民事主体通过意思表示设立、变更、终止民事法律关系的行为。

民事法律行为可以采用书面形式、口头形式或者其他形式；法律、行政法规规定或者当事人约定采用特定形式的，应当采用特定形式。

（二）意思表示的生效时间

以对话方式作出的意思表示，相对人知道其内容时生效。

以非对话方式作出的意思表示，到达相对人时生效。以非对话方式作出的采用数据电文形式的意思表示，相对人指定特定系统接收数据电文的，该数据电文进入该特定系统时生效；未指定特定系统的，相对人知道或者应当知道该数据电文进入其系统时生效。当事人对采用数据电文形式的意思表示的生效时间另有约定的，按照其约定。

无相对人的意思表示，表示完成时生效。法律另有规定的，依照其规定。

以公告方式作出的意思表示，公告发布时生效。

行为人可以明示或者默示作出意思表示。

沉默只有在有法律规定、当事人约定或者符合当事人之间的交易习惯时，才可以视为意思表示。

行为人可以撤回意思表示。撤回意思表示的通知应当在意思表示到达相对人前或者与意思表示同时到达相对人。

（三）民事法律行为的效力

1. 民事法律行为有效的条件

具备下列条件的民事法律行为有效：

（1）行为人具有相应的民事行为能力；

（2）意思表示真实；

（3）不违反法律、行政法规的强制性规定，不违背公序良俗。

典型案例

当事人真实意思应予尊重

80多岁的独居老人冯某生前将价值大约300万元的房产等赠送给家附近的水果摊摊主牛某，与水果摊摊主签订遗赠扶养协议。老人去世后，水果摊摊主牛某与老人亲属就遗赠扶养协议的效力问题产生争议，继而引发诉讼。最终，人民法院认定遗赠扶养协议有效，支持了牛某的诉讼请求。

我国已经进入中度老龄化社会，空巢老人、孤寡老人的养老难题愈来愈频繁地呈现在我们面前，亟待全社会协同破解。

《中华人民共和国民法典》第一千一百五十八条规定："自然人可以与继承人以外的组织或者个人签订遗赠扶养协议。按照协议，该组织或者个人承担该自然人生养死葬的义务，享有受遗赠的权利。"

此举的主要目的在于使那些没有法定赡养义务人，或虽有法定赡养义务人但法定赡养义务人无法实际履行赡养义务的孤寡老人，以及无独立生活能力的老人的生活得到保障。

2. 无民事行为能力人、限制民事行为能力人实施的民事法律行为

无民事行为能力人实施的民事法律行为无效。

限制民事行为能力人实施的纯获利益的民事法律行为或者与其年龄、智力、精神健康状况相适应的民事法律行为有效；实施的其他民事法律行为经法定代理人同意或者追认后有效。

相对人可以催告法定代理人自收到通知之日起三十日内予以追认。法定代理人未作表示的，视为拒绝追认。民事法律行为被追认前，善意相对人有撤销的权利。撤销应当以通知的方式作出。

3. 意思表示不真实的民事法律行为

行为人与相对人以虚假的意思表示实施的民事法律行为无效。

基于重大误解实施的民事法律行为，行为人有权请求人民法院或者仲裁机构予以撤销。

一方以欺诈手段，使对方在违背真实意思的情况下实施的民事法律行为，受欺诈方有权请求人民法院或者仲裁机构予以撤销。

第三人实施欺诈行为，使一方在违背真实意思的情况下实施的民事法律行为，对方知道或者应当知道该欺诈行为的，受欺诈方有权请求人民法院或者仲裁机构予以撤销。

一方或者第三人以胁迫手段，使对方在违背真实意思的情况下实施的民事法律行为，受胁迫方有权请求人民法院或者仲裁机构予以撤销。

一方利用对方处于危困状态、缺乏判断能力等情形，致使民事法律行为成立时显失公平的，受损害方有权请求人民法院或者仲裁机构予以撤销。

4. 撤销权消灭的情形

有下列情形之一的，撤销权消灭：

（1）当事人自知道或者应当知道撤销事由之日起一年内、重大误解的当事人自知道或者应当知道撤销事由之日起九十日内没有行使撤销权；

（2）当事人受胁迫，自胁迫行为终止之日起一年内没有行使撤销权；

（3）当事人知道撤销事由后明确表示或者以自己的行为表明放弃撤销权。

当事人自民事法律行为发生之日起五年内没有行使撤销权的，撤销权消灭。

5. 无效民事法律行为

（1）违反法律、行政法规的强制性规定的民事法律行为无效。但是，该强制性规定不导致该民事法律行为无效的除外。

（2）违背公序良俗的民事法律行为无效。

（3）行为人与相对人恶意串通，损害他人合法权益的民事法律行为无效。

无效的或者被撤销的民事法律行为自始没有法律约束力。民事法律行为部分无效，不影响其他部分效力的，其他部分仍然有效。

民事法律行为无效、被撤销或者确定不发生效力后，行为人因该行为取得的财产，应当予以返还；不能返还或者没有必要返还的，应当折价补偿。有过错的一方应当赔偿对方由此所受到的损失；各方都有过错的，应当各自承担相应的责任。法律另有规定的，依照其规定。

花钱找人代写毕业论文起争议，合同被判无效

博士研究生赵某为了顺利毕业，在网上找到一家"论文修改"店铺对其论文进行修改，双方签订《论文写作协议》，约定由该店铺为赵某修改博士论文一篇，费用共计7.5万元，协议签订后，赵某先向该店铺支付3万元定金。后赵某履约共支付费用7.5万元。但赵某该论文质量差未通过导师审核，致使无法提交盲审，故赵某向该店铺主张要求全额退还费用，协商未果。赵某将该店铺告上法庭。

人民法院审理后认为，学位申请人应当遵守学术道德和学术规范，学位论文系学术研究能力的重要体现，博士研究生应当具备独立从事学术研究的能力。案涉论文的修改涉及了论文结构、内容等实质性内容，原告、被告的上述行为违反了学术诚信和公序良俗原则，扰乱了正常社会秩序，损害了社会公共利益，故原告、被告之间的合同应当认定为无效。

关于原告要求被告全额退还费用的诉讼请求，可参考《中华人民共和国民法典》第一百五十三条第二款：违背公序良俗的民事法律行为无效。因原告、被告对于合同无效均有过错，故依据《中华人民共和国民法典》第一百五十七条，依法予以调整，部分支持退还3.75万元。关于资金占用利息，由于案涉合同无效，人民法院不予支持。

6. 民事法律行为的附条件和附期限

民事法律行为可以附条件，但是根据其性质不得附条件的除外。附生效条件的民事法律行为，自条件成就时生效。附解除条件的民事法律行为，自条件成就时失效。

附条件的民事法律行为,当事人为自己的利益不正当地阻止条件成就的,视为条件已经成就;不正当地促成条件成就的,视为条件不成就。

民事法律行为可以附期限,但是根据其性质不得附期限的除外。附生效期限的民事法律行为,自期限届至时生效。附终止期限的民事法律行为,自期限届满时失效。

四、代理

民事主体可以通过代理人实施民事法律行为。

依照法律规定、当事人约定或者民事法律行为的性质,应当由本人亲自实施的民事法律行为,不得代理。

【练习 2-1】(单选题)小张因在国外留学,委托律师陈某代其与男友小杨办理结婚登记。(   )

A. 可行　　　　　　　　　　　　B. 不可行

(一)代理的一般规定

代理人在代理权限内,以被代理人名义实施的民事法律行为,对被代理人发生效力。

代理包括委托代理和法定代理。委托代理人按照被代理人的委托行使代理权。法定代理人依照法律的规定行使代理权。

代理人不履行或者不完全履行职责,造成被代理人损害的,应当承担民事责任。代理人和相对人恶意串通,损害被代理人合法权益的,代理人和相对人应当承担连带责任。

【练习 2-2】(单选题)根据《中华人民共和国民法典》,代理包括_____和_____。(   )

A. 委托代理;法定代理　　　　　B. 指定代理;委托代理
C. 指定代理;法定代理　　　　　D. 委托代理;指定代理

【练习 2-3】(单选题)代理人和相对人恶意串通,损害被代理人合法权益的,代理人和相对人应当承担(   )责任。

A. 主要　　　B. 连带　　　C. 首要　　　D. 共同

(二)委托代理

委托代理授权采用书面形式的,授权委托书应当载明代理人的姓名或者名称、代理事项、权限和期限,并由被代理人签名或者盖章。

授权委托书(通用示范文本)如下。

模块二　民事法律行为及合同

授权委托书（通用示范文本）

被代理人：　　　　证件号码：
联系地址：
联系电话：
代　理　人：　　　　证件号码：
联系地址：
联系电话：
代理事项：

代理权限：
（1）
（2）
（3）
（4）
代理期限：
被代理人（签名或者盖章）：　　　　代理人（签名或者盖章）：
　　　　　　　　　　　　　　　　　　　　　年　　月　　日

填写说明：被代理人和代理人是自然人的，由自然人签名并按指印；被代理人和代理人是法人或其他组织的，加盖公章，并由法定代表人或负责人签名。后应附身份证复印件。

代理人知道或者应当知道代理事项违法仍然实施代理行为，或者被代理人知道或者应当知道代理人的代理行为违法未作反对表示的，被代理人和代理人应当承担连带责任。

代理人不得以被代理人的名义与自己实施民事法律行为，但是被代理人同意或者追认的除外。

代理人不得以被代理人的名义与自己同时代理的其他人实施民事法律行为，但是被代理的双方同意或者追认的除外。

代理人需要转委托第三人代理的，应当取得被代理人的同意或者追认。

转委托代理经被代理人同意或者追认的，被代理人可以就代理事务直接指示转委托的第三人，代理人仅就第三人的选任以及对第三人的指示承担责任。

转委托代理未经被代理人同意或者追认的，代理人应当对转委托的第三人的行为承担责任；但是，在紧急情况下代理人为了维护被代理人的利益需要转委托第三人代理的除外。

【练习 2-4】（单选题）代理人不得以被代理人的名义与（　　）实施民事法律行为，但是被代理人同意或者追认的除外。
A. 自己　　　　B. 第三人　　　　C. 法人　　　　D. 自然人

【练习 2-5】（判断题）委托代理授权采用书面形式的，授权委托书应当载明代理人的姓名或者名称、代理事项、权限和期限，并由被代理人签名或者盖章。（　　）

（三）职务代理

执行法人或者非法人组织工作任务的人员，就其职权范围内的事项，以法人或者非法人组织的名义实施的民事法律行为，对法人或者非法人组织发生效力。

法人或者非法人组织对执行其工作任务的人员职权范围的限制，不得对抗善意相对人。

（四）无权代理

行为人没有代理权、超越代理权或者代理权终止后，仍然实施代理行为，未经被代理人追认的，对被代理人不发生效力。

相对人可以催告被代理人自收到通知之日起三十日内予以追认。被代理人未作表示的，视为拒绝追认。行为人实施的行为被追认前，善意相对人有撤销的权利。撤销应当以通知的方式作出。

（五）表见代理

行为人没有代理权、超越代理权或者代理权终止后，仍然实施代理行为，相对人有理由相信行为人有代理权的，代理行为有效。

（六）代理终止

1. 委托代理终止的情形

有下列情形之一的，委托代理终止：
（1）代理期限届满或者代理事务完成；
（2）被代理人取消委托或者代理人辞去委托；
（3）代理人丧失民事行为能力；
（4）代理人或者被代理人死亡；
（5）作为代理人或者被代理人的法人、非法人组织终止。

2. 被代理人死亡后，委托代理人实施的代理行为有效的情形

被代理人死亡后，有下列情形之一的，委托代理人实施的代理行为有效：
（1）代理人不知道且不应当知道被代理人死亡；
（2）被代理人的继承人予以承认；
（3）授权中明确代理权在代理事务完成时终止；
（4）被代理人死亡前已经实施，为了被代理人的继承人的利益继续代理。

作为被代理人的法人、非法人组织终止的，参照适用《中华人民共和国民法典》第一百七十四条第一款（即上述内容）规定。

3. 法定代理终止的情形

有下列情形之一的，法定代理终止：
（1）被代理人取得或者恢复完全民事行为能力；
（2）代理人丧失民事行为能力；
（3）代理人或者被代理人死亡；
（4）法律规定的其他情形。

五、民事诉讼时效

诉讼时效是指权利人在法定期间内不行使权利即失去诉讼保护的制度。

（一）普通诉讼时效、最长权利保护期间

向人民法院请求保护民事权利的诉讼时效期间为三年。法律另有规定的，依照其规定。

诉讼时效期间自权利人知道或者应当知道权利受到损害以及义务人之日起计算。法律另有规定的，依照其规定。但是，自权利受到损害之日起超过二十年的，人民法院不予保护，有特殊情况的，人民法院可以根据权利人的申请决定延长。

当事人约定同一债务分期履行的，诉讼时效期间自最后一期履行期限届满之日起计算。

未成年人遭受性侵害的损害赔偿请求权的诉讼时效期间，自受害人年满十八周岁之日起计算。

人民法院不得主动适用诉讼时效的规定。

（二）诉讼时效中止

在诉讼时效期间的最后六个月内，因下列障碍，不能行使请求权的，诉讼时效中止：
（1）不可抗力；
（2）无民事行为能力人或者限制民事行为能力人没有法定代理人，或者法定代理人死亡、丧失民事行为能力、丧失代理权；
（3）继承开始后未确定继承人或者遗产管理人；
（4）权利人被义务人或者其他人控制；
（5）其他导致权利人不能行使请求权的障碍。

自中止时效的原因消除之日起满六个月，诉讼时效期间届满。

（三）诉讼时效中断

有下列情形之一的，诉讼时效中断，从中断、有关程序终结时起，诉讼时效期间重新计算：
（1）权利人向义务人提出履行请求；
（2）义务人同意履行义务；
（3）权利人提起诉讼或者申请仲裁；

（4）与提起诉讼或者申请仲裁具有同等效力的其他情形。

（四）不适用诉讼时效的情形

下列请求权不适用诉讼时效的规定：
（1）请求停止侵害、排除妨碍、消除危险；
（2）不动产物权和登记的动产物权的权利人请求返还财产；
（3）请求支付抚养费、赡养费或者扶养费；
（4）依法不适用诉讼时效的其他请求权。

诉讼时效的期间、计算方法以及中止、中断的事由由法律规定，当事人约定无效。

法律对仲裁时效有规定的，依照其规定；没有规定的，适用诉讼时效的规定。

法律规定或者当事人约定的撤销权、解除权等权利的存续期间，除法律另有规定外，自权利人知道或者应当知道权利产生之日起计算，不适用有关诉讼时效中止、中断和延长的规定。存续期间届满，撤销权、解除权等权利消灭。

【练习 2-6】（多选题）根据民事诉讼法律制度的规定，下列各项中可导致诉讼时效中断的情形有（   ）。

A. 权利人提起诉讼
B. 权利人向义务人提出履行请求
C. 义务人同意履行义务
D. 发生不可抗力致使权利人不能行使请求权

【练习 2-7】（多选题）根据民事诉讼法律制度的规定，下列各项中关于诉讼时效中止和中断的表述正确的有（   ）。

A. 权利人提起诉讼是引起诉讼时效中断的原因之一
B. 义务人同意履行义务是引起诉讼时效中止的原因之一
C. 诉讼时效中止的原因消除，诉讼时效期间继续计算
D. 诉讼时效中断，已经过的诉讼时效期间全归于无效

任务二　合同的订立

一、民事合同适用范围

合同是民事主体之间设立、变更、终止民事法律关系的协议。依法成立的合同，受法律保护。

婚姻、收养、监护等有关身份关系的协议，适用有关该身份关系的法律规定；没有规定的，可以根据其性质参照适用《中华人民共和国民法典》第三编规定。

依法成立的合同，仅对当事人具有法律约束力，但是法律另有规定的除外。

二、合同的形式和内容

（一）合同的形式

当事人订立合同，可以采用书面形式、口头形式或者其他形式。

书面形式是合同书、信件、电报、电传、传真等可以有形地表现所载内容的形式。

以电子数据交换、电子邮件等方式能够有形地表现所载内容，并可以随时调取查用的数据电文，视为书面形式。

（二）合同的内容

合同的内容由当事人约定，一般包括下列条款：
(1) 当事人的姓名或者名称和住所；
(2) 标的；
(3) 数量；
(4) 质量；
(5) 价款或者报酬；
(6) 履行期限、地点和方式；
(7) 违约责任；
(8) 解决争议的方法。

当事人可以参照各类合同的示范文本订立合同。

【练习 2-8】（单选题）以电子数据交换、电子邮件等方式能够有形地表现所载内容，并可以随时调取查用的数据电文，视为（　　）形式。

A. 书面　　　　　B. 口头　　　　　C. 其他　　　　　D. 以上均不是

【练习 2-9】（单选题）书面形式是指可以有形地表现所载内容的形式，以下属于书面形式的是（　　）。

A. 合同书　　　　　　　　　　　　B. 信件、电报
C. 电传、传真　　　　　　　　　　D. 以上均是

三、合同的订立程序

当事人订立合同，可以采取要约、承诺方式或者其他方式。

（一）要约及要约邀请

1. 要约

要约是希望与他人订立合同的意思表示，该意思表示应当符合下列条件：
(1) 内容具体确定；
(2) 表明经受要约人承诺，要约人即受该意思表示约束。

要约生效的时间适用《中华人民共和国民法典》第一百三十七条"意思表示"生效的规定。即以对话方式作出的要约，相对人知道其内容时生效。以非对话方式作出的要约，到达相对人时生效。

要约可以撤回。要约的撤回适用《中华人民共和国民法典》第一百四十一条"撤回意思表示"的规定。即撤回要约的通知应当在要约到达相对人前或者与要约同时到达相对人。

2. 要约邀请

要约邀请是希望他人向自己发出要约的表示。拍卖公告、招标公告、招股说明书、债券募集办法、基金招募说明书、商业广告和宣传、寄送的价目表等为要约邀请。

商业广告和宣传的内容符合要约条件的，构成要约。

3. 要约不可以撤销的情形

要约可以撤销，但是有下列情形之一的除外：

（1）要约人以确定承诺期限或者其他形式明示要约不可撤销；

（2）受要约人有理由认为要约是不可撤销的，并已经为履行合同做了合理准备工作。

撤销要约的意思表示以对话方式作出的，该意思表示的内容应当在受要约人作出承诺之前为受要约人所知道；撤销要约的意思表示以非对话方式作出的，应当在受要约人作出承诺之前到达受要约人。

4. 要约失效的情形

有下列情形之一的，要约失效：

（1）要约被拒绝；

（2）要约被依法撤销；

（3）承诺期限届满，受要约人未作出承诺；

（4）受要约人对要约的内容作出实质性变更。

【练习2-10】（多选题）以下可确定属于要约邀请的有（　　）。

A. 拍卖公告　　　　　　　　　　C. 招标公告

B. 招股说明书　　　　　　　　　D. 售房广告

【练习2-11】（多选题）关于要约，下列说法正确的是（　　）。

A. 要约一旦发出不可以撤回

B. 要约可以撤回

C. 撤回要约的通知可以与要约同时到达相对人

D. 撤回要约的通知必须在要约到达相对人前到达相对人才有效

【练习2-12】（多选题）要约失效的情形包括（　　）。

A. 要约被拒绝

B. 要约被依法撤销

C. 承诺期限届满，受要约人未作出承诺

D. 受要约人对要约的内容作出实质性变更

（二）承诺

1．概念

承诺是受要约人同意要约的意思表示。

承诺应当以通知的方式作出；但是，根据交易习惯或者要约表明可以通过行为作出承诺的除外。

2．承诺的期限

承诺应当在要约确定的期限内到达要约人。

要约没有确定承诺期限的，承诺应当依照下列规定到达：

（1）要约以对话方式作出的，应当即时作出承诺；

（2）要约以非对话方式作出的，承诺应当在合理期限内到达。

要约以信件或者电报作出的，承诺期限自信件载明的日期或者电报交发之日开始计算。信件未载明日期的，自投寄该信件的邮戳日期开始计算。要约以电话、传真、电子邮件等快速通讯方式作出的，承诺期限自要约到达受要约人时开始计算。

3．合同的成立

承诺生效时合同成立，但是法律另有规定或者当事人另有约定的除外。

以通知方式作出的承诺，生效的时间适用《中华人民共和国民法典》第一百三十七条"意思表示"生效的规定。

承诺不需要通知的，根据交易习惯或者要约的要求作出承诺的行为时生效。

承诺可以撤回。承诺的撤回适用《中华人民共和国民法典》第一百四十一条"撤回意思表示"的规定。

4．迟延的承诺

受要约人超过承诺期限发出承诺，或者在承诺期限内发出承诺，按照通常情形不能及时到达要约人的，为新要约；但是，要约人及时通知受要约人该承诺有效的除外。

5．未迟发而迟到的承诺

受要约人在承诺期限内发出承诺，按照通常情形能够及时到达要约人，但是因其他原因致使承诺到达要约人时超过承诺期限的，除要约人及时通知受要约人因承诺超过期限不接受该承诺外，该承诺有效。

6．承诺对要约内容的实质性变更

承诺的内容应当与要约的内容一致。受要约人对要约的内容作出实质性变更的，为新要约。有关合同标的、数量、质量、价款或者报酬、履行期限、履行地点和方式、违约责任和解决争议方法等的变更，是对要约内容的实质性变更。

7. 承诺对要约内容的非实质性变更

承诺对要约的内容作出非实质性变更的，除要约人及时表示反对或者要约表明承诺不得对要约的内容作出任何变更外，该承诺有效，合同的内容以承诺的内容为准。

（三）合同成立的时间

当事人采用合同书形式订立合同的，自当事人均签名、盖章或者按指印时合同成立。在签名、盖章或者按指印之前，当事人一方已经履行主要义务，对方接受时，该合同成立。

法律、行政法规规定或者当事人约定合同应当采用书面形式订立，当事人未采用书面形式但是一方已经履行主要义务，对方接受时，该合同成立。

当事人采用信件、数据电文等形式订立合同要求签订确认书的，签订确认书时合同成立。

当事人一方通过互联网等信息网络发布的商品或者服务信息符合要约条件的，对方选择该商品或者服务并提交订单成功时合同成立，但是当事人另有约定的除外。

（四）合同成立的地点

承诺生效的地点为合同成立的地点。

采用数据电文形式订立合同的，收件人的主营业地为合同成立的地点；没有主营业地的，其住所地为合同成立的地点。当事人另有约定的，按照其约定。

当事人采用合同书形式订立合同的，最后签名、盖章或者按指印的地点为合同成立的地点，但是当事人另有约定的除外。

四、预约合同

当事人约定在将来一定期限内订立合同的认购书、订购书、预订书等，构成预约合同。

当事人一方不履行预约合同约定的订立合同义务的，对方可以请求其承担预约合同的违约责任。

【练习2-13】（多选题）以下关于合同成立的时间说法正确的有（　　）。
A. 甲乙双方采用信件形式订立合同，并要求签订确认书，合同自签订确认书时成立
B. 甲乙双方采用数据电文形式订立合同，并要求签订确认书，合同自签订确认书时成立
C. 甲通过互联网发布商品信息，且商品信息符合要约条件，无特别约定，乙选择甲发布的商品并提交订单，在订单提交成功时合同成立
D. 甲通过互联网发布服务信息，且服务信息符合要约条件，无特别约定，乙选择甲发布的服务并提交订单，在订单提交成功时合同成立

【练习2-14】（单选题）法律、行政法规规定或者当事人约定合同应当采用书面形式订立，当事人未采用书面形式但是一方已经履行主要义务，对方接受时，该合同（　　）。
A. 成立　　　　　　　　　　　　B. 不成立
C. 不一定成立　　　　　　　　　D. 以上均不对

【练习 2-15】（多选题）承诺对要约的内容作出非实质性变更的，在什么情况下该承诺有效？（　　）
A. 要约人及时表示反对
B. 要约表明承诺不得对要约的内容作出任何变更
C. 要约人表示同意
D. 要约表明承诺可以对要约的内容作出变更

五、格式条款

（一）概念

格式条款是当事人为了重复使用而预先拟定，并在订立合同时未与对方协商的条款。

采用格式条款订立合同的，提供格式条款的一方应当遵循公平原则确定当事人之间的权利和义务，并采取合理的方式提示对方注意免除或者减轻其责任等与对方有重大利害关系的条款，按照对方的要求，对该条款予以说明。提供格式条款的一方未履行提示或者说明义务，致使对方没有注意或者理解与其有重大利害关系的条款的，对方可以主张该条款不成为合同的内容。

（二）格式条款无效的情形

有下列情形之一的，该格式条款无效：
（1）具有《中华人民共和国民法典》第一编第六章第三节规定的无效情形；
（2）造成对方人身损害的；
（3）因故意或者重大过失造成对方财产损失的；
（4）提供格式条款一方不合理地免除或者减轻其责任、加重对方责任、限制对方主要权利；
（5）提供格式条款一方排除对方主要权利。

典型案例

霸王条款被判无效

原告甲在某网络交易平台向乙购买了某二手奢侈品女包，后甲委托检测机构进行检测，发现该包并非正品，甲要求退货退款未果，遂诉至人民法院要求退货退款。被告乙辩称交易是货到付款，买家付款表明已认可商品质量，且平台《用户行为规范》明确"交易成功后，不支持售后维权"，故不同意退货退款。

审理的人民法院认为，平台《用户行为规范》关于"交易完成后，不支持售后维权"的内容，属格式条款，该条款不合理地免除了经营者责任，排除了消费者权利，依据《最高人民法院关于审理网络消费纠纷案件适用法律若干问题的规定（一）》（2022 年 3 月 15 日施行）第一条之规定，应当认定该条款无效。《最高人民法院关于审理网络消费纠纷案件适用法律若干问题的规定（一）》第一条规定如下：

电子商务经营者提供的格式条款有以下内容的，人民法院应当依法认定无效：

（一）收货人签收商品即视为认可商品质量符合约定；

（二）电子商务平台经营者依法应承担的责任一概由平台内经营者承担；

（三）电子商务经营者享有单方解释权或者最终解释权；

（四）排除或者限制消费者依法投诉、举报、请求调解、申请仲裁、提起诉讼的权利；

（五）其他排除或者限制消费者权利、减轻或者免除电子商务经营者责任、加重消费者责任等对消费者不公平、不合理的内容。

（三）格式条款的解释

对格式条款的理解发生争议的，应当按照通常理解予以解释。对格式条款有两种以上解释的，应当作出不利于提供格式条款一方的解释。格式条款和非格式条款不一致的，应当采用非格式条款。

（四）悬赏

悬赏人以公开方式声明对完成特定行为的人支付报酬的，完成该行为的人可以请求其支付。

六、缔约过失责任

（一）概念

缔约过失责任是指在缔约过程中，缔约人有过错，导致合同不成立、无效或被撤销，并使缔约相对人遭受信赖利益损失时应承担的民事责任。

信赖利益是指缔约相对人因相信合同会有效成立而付出的费用或者产生的直接财产损失，不包括履行利益，数额一般少于履行利益。

（二）缔约过失情形

当事人在订立合同过程中有下列情形之一，造成对方损失的，应当承担赔偿责任：

（1）假借订立合同，恶意进行磋商；

（2）故意隐瞒与订立合同有关的重要事实或者提供虚假情况；

（3）有其他违背诚信原则的行为。

当事人在订立合同过程中知悉的商业秘密或者其他应当保密的信息，无论合同是否成立，不得泄露或者不正当地使用；泄露、不正当地使用该商业秘密或者信息，造成对方损失的，应当承担赔偿责任。

【例2-1】A公司拟为公司上市造势。在无真实交易意图的情况下，其于短期内以业务合作为由邀请多家公司来其主要办公地点洽谈。其中，B公司安排授权代表往返十余次，每次都准备了详尽可操作的合作方案，A公司佯装感兴趣并屡次表达愿意签署合同的想法，

但均在最后一刻拒签合同。期间，A公司还将知悉的B公司的部分商业秘密不当泄露。对此，下列哪一说法是正确的？（　　）

A. 未缔结合同，则A公司就磋商事宜无须承担责任
B. 虽未缔结合同，但A公司构成恶意磋商，应赔偿B公司损失
C. 未缔结合同，则商业秘密属于B公司自愿披露，不应禁止外泄
D. A公司也付出了大量的成本，如被对方主张赔偿，则可据此主张抵销

【答案】B

【解析】假借订立合同恶意进行磋商属于典型的缔约过失情形，A公司应当承担缔约过失责任。

【练习2-16】（多选题）当事人在订立合同过程中有（　　）情形，造成对方损失的，应当承担赔偿责任。

A. 假借订立合同，恶意进行磋商
B. 故意隐瞒与订立合同有关的重要事实或者提供虚假情况
C. 过失隐瞒与订立合同有关的重要事实或者提供虚假情况
D. 隐瞒非重要事实

任务三　合同的效力

关于合同的效力，除以下规定外，其他规定参见模块二任务一中与"民事法律行为的效力"相关的内容。

一、合同生效规定

依法成立的合同，自成立时生效，但是法律另有规定或者当事人另有约定的除外。

依照法律、行政法规的规定，合同应当办理批准等手续的，依照其规定。未办理批准等手续影响合同生效的，不影响合同中履行报批等义务条款以及相关条款的效力。应当办理申请批准等手续的当事人未履行义务的，对方可以请求其承担违反该义务的责任。

依照法律、行政法规的规定，合同的变更、转让、解除等情形应当办理批准等手续的，适用《中华人民共和国民法典》第五百零二条第二款规定。

二、被代理人对无权代理合同的追认

无权代理人以被代理人的名义订立合同，被代理人已经开始履行合同义务或者接受相对人履行的，视为对合同的追认。

三、超越权限订立的合同的效力

法人的法定代表人或者非法人组织的负责人超越权限订立的合同,除相对人知道或者应当知道其超越权限外,该代表行为有效,订立的合同对法人或者非法人组织发生效力。

四、超越经营范围订立的合同的效力

当事人超越经营范围订立的合同的效力,应当依照《中华人民共和国民法典》第一编第六章第三节和第三编的有关规定确定,不得仅以超越经营范围确认合同无效。

知识链接

《中华人民共和国民法典》第一百四十三条

五、合同中免责条款无效的情形

合同中的下列免责条款无效:
(1)造成对方人身损害的;
(2)因故意或者重大过失造成对方财产损失的。

六、有关解决争议方法的条款的效力

合同不生效、无效、被撤销或者终止的,不影响合同中有关解决争议方法的条款的效力。

【练习2-17】(判断题)法人的法定代表人或者非法人组织的负责人超越权限订立的合同无效。(　　)

任务四　合同的履行

一、合同履行的原则

当事人应当按照约定全面履行自己的义务。

当事人应当遵循诚信原则,根据合同的性质、目的和交易习惯履行通知、协助、保密等义务。

二、合同没有约定或者约定不明确的补救措施

合同生效后，当事人就质量、价款或者报酬、履行地点等内容没有约定或者约定不明确的，可以协议补充；不能达成补充协议的，按照合同相关条款或者交易习惯确定。

当事人就有关合同内容约定不明确，依据《中华人民共和国民法典》第五百一十条规定仍不能确定的，适用下列规定：

（1）质量要求不明确的，按照强制性国家标准履行；没有强制性国家标准的，按照推荐性国家标准履行；没有推荐性国家标准的，按照行业标准履行；没有国家标准、行业标准的，按照通常标准或者符合合同目的的特定标准履行。

（2）价款或者报酬不明确的，按照订立合同时履行地的市场价格履行；依法应当执行政府定价或者政府指导价的，依照规定履行。

（3）履行地点不明确，给付货币的，在接受货币一方所在地履行；交付不动产的，在不动产所在地履行；其他标的，在履行义务一方所在地履行。

（4）履行期限不明确的，债务人可以随时履行，债权人也可以随时请求履行，但是应当给对方必要的准备时间。

（5）履行方式不明确的，按照有利于实现合同目的的方式履行。

（6）履行费用的负担不明确的，由履行义务一方负担；因债权人原因增加的履行费用，由债权人负担。

【练习 2-18】（单选题）当事人就履行地点约定不明确，且不能协议补充的，（   ）。
A. 给付货币的，在接受货币一方所在地履行
B. 交付不动产的，在不动产所在地履行
C. 其他标的，在履行义务一方所在地履行
D. 以上都对

【练习 2-19】（多选题）当事人就价款或者报酬约定不明确，且不能协议补充的，（   ）。
A. 按照订立合同时履行地的市场价格履行
B. 按照执行合同时履行地的市场价格履行
C. 按照卖方定价执行
D. 依法应当执行政府定价或者政府指导价的，依照规定履行

三、电子合同标的交付时间

通过互联网等信息网络订立的电子合同的标的为交付商品并采用快递物流方式交付的，收货人的签收时间为交付时间。电子合同的标的为提供服务的，生成的电子凭证或者实物凭证中载明的时间为提供服务时间；前述凭证没有载明时间或者载明时间与实际提供服务时间不一致的，以实际提供服务的时间为准。

电子合同的标的物为采用在线传输方式交付的，合同标的物进入对方当事人指定的特定系统且能够检索识别的时间为交付时间。

电子合同当事人对交付商品或者提供服务的方式、时间另有约定的，按照其约定。

四、政府定价、政府指导价交付规则

执行政府定价或者政府指导价的，在合同约定的交付期限内政府价格调整时，按照交付时的价格计价。逾期交付标的物的，遇价格上涨时，按照原价格执行；价格下降时，按照新价格执行。逾期提取标的物或者逾期付款的，遇价格上涨时，按照新价格执行；价格下降时，按照原价格执行。

五、以支付金钱为内容的债的履行规则

以支付金钱为内容的债，除法律另有规定或者当事人另有约定外，债权人可以请求债务人以实际履行地的法定货币履行。

六、债的履行

（一）按份之债

债权人为二人以上，标的可分，按照份额各自享有债权的，为按份债权；债务人为二人以上，标的可分，按照份额各自负担债务的，为按份债务。

按份债权人或者按份债务人的份额难以确定的，视为份额相同。

（二）连带之债

债权人为二人以上，部分或者全部债权人均可以请求债务人履行债务的，为连带债权；债务人为二人以上，债权人可以请求部分或者全部债务人履行全部债务的，为连带债务。

连带债权或者连带债务，由法律规定或者当事人约定。

（三）连带债务人的份额确定及追偿权

连带债务人之间的份额难以确定的，视为份额相同。

实际承担债务超过自己份额的连带债务人，有权就超出部分在其他连带债务人未履行的份额范围内向其追偿，并相应地享有债权人的权利，但是不得损害债权人的利益。其他连带债务人对债权人的抗辩，可以向该债务人主张。

被追偿的连带债务人不能履行其应分担份额的，其他连带债务人应当在相应范围内按比例分担。

七、涉他履行规则

（一）向第三人履行的债务

当事人约定由债务人向第三人履行债务，债务人未向第三人履行债务或者履行债务不符合约定的，应当向债权人承担违约责任。

法律规定或者当事人约定第三人可以直接请求债务人向其履行债务，第三人未在合理

期限内明确拒绝，债务人未向第三人履行债务或者履行债务不符合约定的，第三人可以请求债务人承担违约责任；债务人对债权人的抗辩，可以向第三人主张。

（二）由第三人履行的债务

当事人约定由第三人向债权人履行债务，第三人不履行债务或者履行债务不符合约定的，债务人应当向债权人承担违约责任。

（三）具有合法利益的第三人代为履行规则

债务人不履行债务，第三人对履行该债务具有合法利益的，第三人有权向债权人代为履行；但是，根据债务性质、按照当事人约定或者依照法律规定只能由债务人履行的除外。

债权人接受第三人履行后，其对债务人的债权转让给第三人，但是债务人和第三人另有约定的除外。

某物流有限公司诉吴某运输合同纠纷案

八、抗辩权

（一）同时履行抗辩权

当事人互负债务，没有先后履行顺序的，应当同时履行。一方在对方履行之前有权拒绝其履行请求。一方在对方履行债务不符合约定时，有权拒绝其相应的履行请求。

（二）先履行抗辩权

当事人互负债务，有先后履行顺序，应当先履行债务一方未履行的，后履行一方有权拒绝其履行请求。先履行一方履行债务不符合约定的，后履行一方有权拒绝其相应的履行请求。

【例 2-2】甲公司与乙公司签订一份买卖钢材合同，合同约定买方甲公司应在合同生效后 10 日内向卖方乙公司支付 30%的预付款，乙公司收到预付款后 3 日内发货至甲公司，甲公司收到货物验收后即结清余款。乙公司收到甲公司 30%的预付款后于第 2 日发货至甲公司。甲公司收到货物后经验收发现钢材质量不符合合同约定的质量，遂及时通知乙公司并拒绝支付余款。

试分析：
(1) 甲公司拒绝支付余款是否合法？
(2) 甲公司的行为若合法，法律依据是什么？

解析：
(1) 甲公司拒绝支付余款是合法的。
(2)《中华人民共和国民法典》第五百二十六条规定，"当事人互负债务，有先后履行顺序，应当先履行债务一方未履行的，后履行一方有权拒绝其履行请求。先履行一方履行债务不符合约定的，后履行一方有权拒绝其相应的履行请求。"乙公司虽然将钢材如期运至甲公司，但其钢材质量不符合合同约定的质量，根据《中华人民共和国民法典》第五百二十六条的规定，甲公司有权拒绝支付余款。

（三）不安抗辩权

应当先履行债务的当事人，有确切证据证明对方有下列情形之一的，可以中止履行：
(1) 经营状况严重恶化；
(2) 转移财产、抽逃资金，以逃避债务；
(3) 丧失商业信誉；
(4) 有丧失或者可能丧失履行债务能力的其他情形。
当事人没有确切证据中止履行的，应当承担违约责任。
当事人依据《中华人民共和国民法典》第五百二十七条（即前述内容）规定中止履行的，应当及时通知对方。对方提供适当担保的，应当恢复履行。中止履行后，对方在合理期限内未恢复履行能力且未提供适当担保的，视为以自己的行为表明不履行主要债务，中止履行的一方可以解除合同并可以请求对方承担违约责任。

【例2-3】甲乙两公司签订丝绸购买合同，合同约定：乙公司向甲公司提供丝绸，总价款500万元，甲公司预支付价款100万元。甲公司在即将支付预付款时，得知乙公司因原材料供给等问题，生产能力骤减，已经拖欠丙公司丝绸数月，无法按约定数量交付丝绸，并有其拖欠丙公司丝绸的证据证明。

于是，甲公司拒绝支付预付款（除非乙公司能提供一定的担保），乙公司拒绝提供担保。为此，双方发生纠纷并诉至人民法院。

试分析：
(1) 甲公司拒绝支付预付款是否合法？
(2) 甲公司的行为若合法，法律依据是什么？
(3) 假如乙公司提供了担保呢？

解析：
(1) 甲公司拒绝支付预付款是合法的。
(2)《中华人民共和国民法典》第五百二十七条规定，"应当先履行债务的当事人，有确切证据证明对方有下列情形之一的，可以中止履行：（一）经营状况严重恶化……（四）有丧失或者可能丧失履行债务能力的其他情形。当事人没有确切证据中止履行的，应当承担违约责任"。

本案中甲公司作为先为给付的一方当事人，在对方于缔约后生产状况明显恶化，且未提供适当担保，可能危及其债权实现时，可以中止履行合同，保护自身权益不受损害。

（3）假如乙公司提供了担保，甲公司就应该支付预付款，履行合同之约。《中华人民共和国民法典》第五百二十八条规定，"当事人依据前条规定中止履行的，应当及时通知对方。对方提供适当担保的，应当恢复履行……"

九、债权人自身原因致使债务履行困难时的处理

债权人分立、合并或者变更住所没有通知债务人，致使履行债务发生困难的，债务人可以中止履行或者将标的物提存。

十、债务人提前以及部分履行债务

债权人可以拒绝债务人提前履行债务，但是提前履行不损害债权人利益的除外。债务人提前履行债务给债权人增加的费用，由债务人负担。

债权人可以拒绝债务人部分履行债务，但是部分履行不损害债权人利益的除外。债务人部分履行债务给债权人增加的费用，由债务人负担。

【练习2-20】（单选题）债权人分立、合并或者变更住所没有通知债务人，致使履行债务发生困难的，债务人可以（　　）。
A. 无需履行债务
B. 向利益相关方履行债务
C. 中止履行或者将标的物提存
D. 以上均不对

十一、当事人变化对合同履行的影响

合同生效后，当事人不得因姓名、名称的变更或者法定代表人、负责人、承办人的变动而不履行合同义务。

十二、情势变更

合同成立后，合同的基础条件发生了当事人在订立合同时无法预见的、不属于商业风险的重大变化，继续履行合同对于当事人一方明显不公平的，受不利影响的当事人可以与对方重新协商；在合理期限内协商不成的，当事人可以请求人民法院或者仲裁机构变更或者解除合同。

人民法院或者仲裁机构应当结合案件的实际情况，根据公平原则变更或者解除合同。

十三、合同的监管

对当事人利用合同实施危害国家利益、社会公共利益行为的,市场监督管理和其他有关行政主管部门依照法律、行政法规的规定负责监督处理。

【练习2-21】(单选题)合同成立后,合同的基础条件发生了当事人在订立合同时无法预见的、不属于商业风险的重大变化,继续履行合同对于当事人一方明显不公平的,双方在合理期限内协商不成的,(   )。
A. 当事人可以请求人民法院或者仲裁机构变更或者解除合同
B. 双方继续履行合同
C. 当事人可单方通知对方解除合同
D. 以上均不对

【练习2-22】(多选题)合同生效后,当事人不得因(   )而不履行合同义务。
A. 姓名的变更
B. 名称的变更
C. 法定代表人的变动
D. 负责人的变动

【练习2-23】(多选题)对当事人利用合同实施的哪些行为,市场监督管理和其他有关行政主管部门应依照法律、行政法规的规定负责监督处理?(   )
A. 危害国家利益的行为
B. 危害个人利益的行为
C. 危害社会公共利益的行为
D. 危害企业利益的行为

实务练习(一)

一、概念
要约   要约邀请   格式条款   缔约过失责任

二、简答
1. 合同的内容主要包括哪几个方面?
2. 缔约过失情形有哪些?
3. 无效合同的种类有哪些?
4. 可以行使不安抗辩权的情形有哪些?
5. 情势变更是什么?

三、实务案例分析
甲公司员工吴某受公司委托从乙公司订购一批空调,甲公司对空调单价未做明确限定。吴某与乙公司私下商定将空调单价定为比正常售价高200元,乙公司每台空调给吴某100元的回扣。商定后,吴某以甲公司名义与乙公司签订了买卖合同。对此,试用所学法律知识分析吴某与乙公司的行为及责任?

四、实训练习

通过"做"来学,在商业活动中,企业授权委托书、房屋租赁合同是我们常用的工具,为了提高运用所学法律知识处理问题的能力,请学习以下示范文本。

企业授权委托书(示范文本)

兹授权我公司的_____作为我公司的合法授权代表,以我公司的名义并代表我公司全权处理以下事宜:

1.
2.
3.
4.

本授权委托书有效期限自___年___月___日起至___年___月___日止。

在上述授权范围和有效期限内,授权代表所实施的行为具有法律效力,本公司予以认可并承担相应法律后果。授权代表无权转让委托权。

特此委托!

授权代表:_____(签字或盖章)

证件号码:

职务:

公司签章:

法定代表人:_____(签字或盖章)

授权委托日期:　　年　　月　　日

房屋租赁合同(示范文本)

合同编号:

郑重声明: 凡我公司员工向客户收取任何款项时,均需出具盖有公司公章或财务章的收款收据或发票方为有效,其余形式我公司一律不予认可。特此声明。

出租方(以下简称甲方):　　　　承租方(以下简称乙方):

地址:　　　　　　　　　　　　地址:

身份证号码:　　　　　　　　　身份证号码:

电话:　　　　　　　　　　　　电话:

居间方(以下简称丙方):

通信地址:

联系方式:

根据《中华人民共和国民法典》及"_____市城市房屋租赁管理办法"的规定，甲乙双方在平等、自愿、公平和诚实信用的基础上，通过丙方的居间代理，协商一致，就乙方承租甲方所拥有的房屋的事宜，立本房屋租赁合同。

一、出租房屋坐落地点及设施情况

1. 甲方是坐落在_____的房屋的合法产权所有人，产权证号码：_____。甲方现同意将该房屋出租给乙方使用，用途为_____，建筑面积为_____平方米。

2. 该房屋现有装修及设施情况：详见验房清单及补充条款。

3. 除双方另有约定外，本合同作为甲方按照约定交付乙方使用和乙方在本合同租赁期满交还房屋的验证依据。

二、租赁期限

1. 该房屋租赁期限为_____，自_____年_____月_____日起至_____年_____月_____日止。

2. 租赁期满，甲方有权收回该房屋，乙方应如期交还。乙方若要求续租，则必须在到期前一个月通知甲方，经甲方同意后重新订立房屋租赁合同。如乙方没有通知甲方要求续租，则视为本合同到期终止。

三、租金及支付方式

1. 该房屋租金为每月¥_____（大写：_____）。

2. 该房屋租金按_____支付，每次须提前_____个月支付；物业费按_____支付（详见收款收据）。

3. 乙方若逾期支付下次租金，则每逾期一天，乙方需按月租金的_____%支付滞纳金。拖欠租金超过_____天，甲方有权收回此出租房屋，解除本房屋租赁合同，且乙方需按实际占用时间支付租金并承担违约责任。

四、权利及义务

1. 甲方应保证该房屋的出租不违反国家法律法规的相关规定并保证自己有权决定此租赁事宜。

2. 乙方不得在该房屋内进行违反法律法规及政府对出租房屋用途有关规定的行为。关于转租事宜约定如下：

（1）经甲方同意，由丙方代为办理本合同期内转租事宜，转租时间不超过本合同期内甲方已收到房屋租金的时间。

（2）不同意乙方于合同期内转租，如甲方发现入住该房屋的非乙方本人，甲方有权驱离第三方，由乙方承担对甲方及第三方的违约责任。

3. 乙方承担租赁期内电话费、宽带费、水费、电费、燃气费、物业费、电梯费及有线电视收费等实际使用费用，以及对房屋和相关设施使用不当所造成的维修费用。由于不可抗力及非乙方原因造成的损失由甲方负责承担，若有特殊约定则从其约定。租赁期内乙方若因使用需要对该房屋或屋内设施进行装修或改动，则需经甲方同意并经有关部门批准，甲方有权对装修或改动情况进行监督。

五、中介服务费及支付

甲乙丙三方签订本合同时，鉴于丙方为租赁双方提供的居间服务，_____需向丙方支付中介服务费¥_____（大写：_____）。合同签订后中介服务费不退还。

六、关于押金

为保证乙方合理并善意地使用该房屋及其配套设施，在本合同签订之日，乙方应向甲方缴纳¥_____（大写：_____）作为押金；本合同期满后，如乙方不再续租，则在乙方结清所有费用后（包含但不限于电话费、宽带费、水费、电费、燃气费、物业费、电梯费及有线电视收费），甲方应将押金全部退还。

七、合同终止

1. 在租赁期限届满或经甲乙双方协商一致时，本合同终止。

2. 乙方应在本合同终止当日将房屋钥匙及正常使用状态下的附件中所列物品交给甲方。房屋内留置的一切物品均视为放弃，甲方有权处置，乙方绝无异议并放弃索赔权。

3. 租赁期内乙方未按合同要求按时支付房租，拖欠租金超过_____天的，视为乙方放弃承租该房屋的权利，甲方有权终止合同，房屋内留置的一切物品均视为放弃，甲方有权处置，乙方绝无异议并放弃索赔权。

八、违约的处理

1. 甲方未按合同规定的时间将功能完备及附属设施完好的房屋提供给乙方使用的，每逾期一天，甲方应按月租金的_____%向乙方支付违约金，若逾期_____天仍不履行，则乙方有权终止合同，甲方应按上述规定支付违约金，若乙方实际损失超过违约金的，甲方应据实赔偿。

2. 租赁期内若甲方单方解除本合同提前收回该房屋（非乙方过失），则甲方应按年租金的_____%向乙方支付违约金，并退还乙方已交的押金及剩余租金。

3. 租赁期内若乙方单方解除本合同提前退房（非甲方过失），则乙方应按年租金的_____%向甲方支付违约金。

4. 若未经甲方书面同意，乙方擅自将房屋转租、转借，擅自拆改结构或改变用途；利用该房屋进行违法活动；拖欠房租_____天以上，则乙方应向甲方支付年租金的_____%作为违约金，若违约金不足以弥补甲方损失，则乙方还应另行据实赔偿，甲方有权终止合同。

5. 租赁期内乙方逾期缴纳水费、电费、燃气费、电话费等有关费用达一个月时，甲方有权用押金支付上述费用，并可向乙方追收有关费用，乙方须承担因此造成的一切后果。

6. 租赁期满乙方必须立即交房，如乙方到期不交房，则每逾期一天，乙方应按月租金的_____%向甲方支付违约金。

九、免责条款

1. 租赁期内，乙方是该房屋的实际管理人，该房屋内发生的所有安全事故都由乙方来承担，与甲方无关，包括但不限于高空抛物、水电使用不当、在房间内摔倒、给乙方及同住人造成人身伤害。

2. 房屋及其附属设施由不可抗力造成的损失，甲乙双方互不承担责任。

3. 政府政策等因素导致合同不能全面履行的，甲乙双方互不承担责任，租金按实际使用时间计算，多退少补。

十、其他

1. 本合同一式三份，甲乙双方各持一份，丙方持一份，具有同等法律效力。

2. 甲乙双方签约后，由乙方向甲方负责房内设施及物品的安全，甲方拥有监督权，如有损坏或丢失，甲乙双方协商解决，丙方不承担任何责任。

3. 房内设施及物品详见验房清单。

4. 甲乙双方履行本合同时发生的争议应通过友好协商解决，不能解决时即可向_____仲裁委员会提出仲裁，该委员会之裁决结果对双方均有约束力。

5. 本合同的附件和补充条款是本合同不可分割的一部分，与本合同有同等的法律效力。

十一、补充条款

1. 甲方同意乙方更换房门锁芯，乙方入住后自行负责房内设施及财产安全和人身安全。

2. 水表底数_____，交费到_____，欠费_____。

电表底数_____，交费到_____，欠费_____。

剩余燃气_____。

3. 其他约定：

出租方：　　　　　承租方：　　　　　居间方：
日期：　　　　　　日期：　　　　　　经办置业顾问：
　　　　　　　　　　　　　　　　　　日期：

若代理人替产权人签署，则认同代理人已得到该房屋的产权人授权，产权人认可接纳代理人所签署此合同的所有条款，产权人及代理人必须履行合同条款。

任务五　合同的保全

合同保全制度，是指法律为防止债务人财产的不当减少致使债权人债权的实现受到危害，而设置的保全债务人责任财产的法律制度，具体包括债权人代位权制度和债权人撤销权制度。

一、代位权

因债务人怠于行使其债权或者与该债权有关的从权利，影响债权人的到期债权实现的，债权人可以向人民法院请求以自己的名义代位行使债务人对相对人的权利，但是该权利专属于债务人自身的除外。

代位权的行使范围以债权人的到期债权为限。债权人行使代位权的必要费用，由债务人负担。

相对人对债务人的抗辩，可以向债权人主张。

债权人的债权到期前，债务人的债权或者与该债权有关的从权利存在诉讼时效期间即将届满或者未及时申报破产债权等情形，影响债权人的债权实现的，债权人可以代位向债务人的相对人请求其向债务人履行、向破产管理人申报或者作出其他必要的行为。

人民法院认定代位权成立的，由债务人的相对人向债权人履行义务，债权人接受履行后，债权人与债务人、债务人与相对人之间相应的权利义务终止。债务人对相对人的债权或者与该债权有关的从权利被采取保全、执行措施，或者债务人破产的，依照相关法律的规定处理。

二、撤销权

债务人以放弃其债权、放弃债权担保、无偿转让财产等方式无偿处分财产权益，或者恶意延长其到期债权的履行期限，影响债权人的债权实现的，债权人可以请求人民法院撤销债务人的行为。

债务人以明显不合理的低价转让财产、以明显不合理的高价受让他人财产或者为他人的债务提供担保，影响债权人的债权实现，债务人的相对人知道或者应当知道该情形的，债权人可以请求人民法院撤销债务人的行为。

撤销权的行使范围以债权人的债权为限。债权人行使撤销权的必要费用，由债务人负担。

债务人无偿转让财产的行为被依法撤销

王某因吴某未能履行双方订立的大米买卖合同，于2021年8月提起诉讼，请求解除买卖合同，由吴某返还相关款项。生效判决对王某的诉讼请求予以支持，但吴某并未履行返还相关款项判决。执行中，王某发现吴某于2021年6月至7月向其女儿某小丽转账85万元，遂提起债权人撤销权诉讼，请求撤销吴某无偿转让财产的行为，同时主张某小丽向吴某返还相关款项。

生效裁判认为，吴某在其对于王某的债务未能履行的情况下，将名下银行卡中的款项无偿转账给其女儿某小丽的行为客观上影响了债权人王某债权的实现。债权人王某在法定期限内提起撤销权诉讼，符合法律规定。遂判决撤销吴某的行为、某小丽向吴某返还相关款项。

《最高人民法院关于适用〈中华人民共和国民法典〉合同编通则若干问题的解释》（2023年12月5日施行）第四十六条第一款规定："债权人在撤销权诉讼中同时请求债务人的相对人向债务人承担返还财产、折价补偿、履行到期债务等法律后果的，人民法院依法予以支持。"

撤销权自债权人知道或者应当知道撤销事由之日起一年内行使。自债务人的行为发生之日起五年内没有行使撤销权的，该撤销权消灭。

债务人影响债权人的债权实现的行为被撤销的，自始没有法律约束力。

【练习2-24】（单选题）合同保全中，债权人行使代位权的必要费用由（　　）负担。
A. 债务人　　　　　　　　　　B. 债权人
C. 次债务人　　　　　　　　　D. 不用支付

【练习2-25】（单选题）合同保全中，撤销权自债权人知道或者应当知道撤销事由之日起（　　）行使。
A. 六个月内　　　　　　　　　B. 一年内
C. 二年内　　　　　　　　　　D. 三年内

任务六　合同的变更和转让

一、合同的变更

合同的变更是指合同成立后，当事人在原合同的基础上对合同的内容进行修改或者补充。当事人协商一致，可以变更合同。当事人对合同变更的内容约定不明确的，推定为未变更。

合同变更可能是合同标的的变更，例如，买彩电改为买冰箱；可能是合同数量的增加或者减少，例如，本来计划租赁十间办公用房，后改为租赁五间；可能是履行地点的变更，例如，由北京改为深圳；可能是履行方式的改变，例如，由出卖人送货改为由买受人自己提货；可能是合同履行期的提前或者延期；可能是违约责任的重新约定；可能是当事人给付价款或者报酬的调整；可能是合同担保条款以及解决争议方式的变化。

二、合同权利和义务的转让和转移

（一）债权转让

合同权利转让是指不改变合同权利的内容，由债权人将合同权利转让给第三人。债权人既可以将合同权利全部转让，也可以将合同权利部分转让。合同权利全部转让的，原合同关系消灭,产生一个新的合同关系,受让人取代原债权人的地位,成为新的债权人。合同权利部分转让的,受让人作为第三人加入原合同关系,与原债权人共同享有债权。

1. 不得转让的债权

债权人可以将债权的全部或者部分转让给第三人,但是有下列情形之一的除外:

(1) 根据债权性质不得转让;

(2) 按照当事人约定不得转让;

(3) 依照法律规定不得转让。

当事人约定非金钱债权不得转让的,不得对抗善意第三人。当事人约定金钱债权不得转让的,不得对抗第三人。

债权人转让债权,未通知债务人的,该转让对债务人不发生效力。

债权转让的通知不得撤销,但是经受让人同意的除外。

典型案例

当事人约定"金钱债权不得转让"的,不得对抗第三人

张、王、李三人是朋友。2021年年初,张因资金紧张,向王借了30万元,双方签订《借款协议》,约定借款期限为5个月,该笔债权不得转让。王当天把30万元款项汇给张。过了3个月,王看中李出售的一辆价值30万元的路虎,就跟李商量说:"我很喜欢这辆路虎,但手头没现金,不过有一笔对张的30万元债权,2个月后到期,我能否把这笔债权转让给你,作为购买车辆的价款?"李说:"行啊,没问题,手续办好,你就把车开走。"王、李当天签订了《债权转让合同》,同时,王给张快递了《债权转让通知》,通知说明,现王把对张的30万元债权已转让给李,届时张直接向李清偿欠款。可是,张对这笔债权转让并不认可,认为在之前已约定债权不得转让的情况下,即使转让也属无效行为。试问,这30万元债务,张究竟应该向王清偿,还是向李清偿?

【解析】《中华人民共和国民法典》第五百四十五条第二款规定:"当事人约定金钱债权不得转让的,不得对抗第三人。"张、王在《借款协议》中约定30万元债权不得转让,该债权属于金钱债权。该约定仅在张、王之间发生效力,而不能对抗第三人李。张收到王快递的《债权转让通知》时,该债权转让对张发生法律效力,之后,债务人张应向李清偿30万元债务。

2. 债权转让时从权利一并变动

债权人转让债权的,受让人取得与债权有关的从权利,但是该从权利专属于债权人自身的除外。

受让人取得从权利不因该从权利未办理转移登记手续或者未转移占有而受到影响。

3. 债权转让时债务人的抗辩权

债务人接到债权转让通知后,债务人对让与人的抗辩,可以向受让人主张。

4．债权转让时债务人的抵销权

有下列情形之一的，债务人可以向受让人主张抵销：

（1）债务人接到债权转让通知时，债务人对让与人享有债权，且债务人的债权先于转让的债权到期或者同时到期；

（2）债务人的债权与转让的债权是基于同一合同产生。

因债权转让增加的履行费用，由让与人负担。

（二）债务转移

1．债务转移的条件

债务人将债务的全部或者部分转移给第三人的，应当经债权人同意。

债务人或者第三人可以催告债权人在合理期限内予以同意，债权人未作表示的，视为不同意。

合同义务转移是指债务人经债权人同意，将合同义务全部或者部分地转移给第三人。正如债权人可以全部或者部分转让合同权利一样，债务人也可以将合同义务转移给第三人。但是，债权人和债务人的合同关系产生在相互了解的基础上，在订立合同时，债权人一般要对债务人的资信情况和偿还能力进行了解，而对于取代债务人或者加入原合同关系的第三人的资信情况及偿还能力，债权人可能不清楚。所以，如果债务人不经债权人同意就将债务转移给了第三人，那么，对于债权人来说显然是不公平的，不利于保障债权人合法利益的实现。

2．债务转移时新债务人的抗辩权

债务人转移债务的，新债务人可以主张原债务人对债权人的抗辩；原债务人对债权人享有债权的，新债务人不得向债权人主张抵销。

3．债务转移时从债务一并转移

债务人转移债务的，新债务人应当承担与主债务有关的从债务，但是该从债务专属于原债务人自身的除外。

（三）合同权利和义务一并转让

当事人一方经对方同意，可以将自己在合同中的权利和义务一并转让给第三人。

合同的权利和义务一并转让的，适用债权转让、债务转移的有关规定。

【练习 2-26】（单选题）债务人将债务的全部或者部分转移给第三人的，应当经债权人同意。债务人或者第三人可以催告债权人在合理期限内予以同意，债权人未作表示的，视为（　　）。

A．同意　　　　　　B．不同意

任务七　合同的权利义务终止

合同的权利义务终止,指依法生效的合同,因具备法定情形和当事人约定的情形,合同债权、债务归于消灭,债权人不再享有合同权利,债务人也不必再履行合同义务。

一、债权债务终止的法定情形

有下列情形之一的,债权债务终止:
(1)债务已经履行;
(2)债务相互抵销;
(3)债务人依法将标的物提存;
(4)债权人免除债务;
(5)债权债务同归于一人;
(6)法律规定或者当事人约定终止的其他情形。
合同解除的,该合同的权利义务关系终止。
债权债务终止后,当事人应当遵循诚信等原则,根据交易习惯履行通知、协助、保密、旧物回收等义务。
债权债务终止时,债权的从权利同时消灭,但是法律另有规定或者当事人另有约定的除外。

二、费用、利息和主债务的抵充顺序

债务人在履行主债务外还应当支付利息和实现债权的有关费用,其给付不足以清偿全部债务的,除当事人另有约定外,应当按照下列顺序履行:
(1)实现债权的有关费用;
(2)利息;
(3)主债务。

三、合同约定解除

当事人协商一致,可以解除合同。
当事人可以约定一方解除合同的事由。解除合同的事由发生时,解除权人可以解除合同。

四、合同法定解除

有下列情形之一的，当事人可以解除合同：
（1）因不可抗力致使不能实现合同目的；
（2）在履行期限届满前，当事人一方明确表示或者以自己的行为表明不履行主要债务；
（3）当事人一方迟延履行主要债务，经催告后在合理期限内仍未履行；
（4）当事人一方迟延履行债务或者有其他违约行为致使不能实现合同目的；
（5）法律规定的其他情形。

以持续履行的债务为内容的不定期合同，当事人可以随时解除合同，但是应当在合理期限之前通知对方。

法律规定或者当事人约定解除权行使期限，期限届满当事人不行使的，该权利消灭。

法律没有规定或者当事人没有约定解除权行使期限，自解除权人知道或者应当知道解除事由之日起一年内不行使，或者经对方催告后在合理期限内不行使的，该权利消灭。

林木买卖合同纠纷案

被告张某、付某受让J县某村民小组名下集体林地的18厘米以上林木后，与原告陶某达成口头买卖协议，将该集体林木销售给陶某，陶某为此支付了林木转让款48万元。后因案涉林地属于天然林，无法办理采伐许可证，未能采伐。双方协商未果，形成诉讼。

J县人民法院一审支持了陶某的诉讼请求，判决解除合同，由张某、付某返还林木转让款48万元。宣判后，张某、付某提出上诉。P市中级人民法院二审认为，双方达成的口头买卖协议合法有效，案涉收条载明购买18厘米以上林木，而对林木进行合法采伐是取得林木的必要条件。双方虽未以书面形式约定林木采伐许可手续应由哪方办理，但张某、付某作为出卖人，依法负有向买受人交付标的物或者交付提取标的物的单证，并转移标的物所有权的义务。而案涉林地属于天然林，现已无法办理采伐手续，合同目的不能实现，应予解除。遂判决驳回上诉，维持原判。

《中华人民共和国民法典》规定："当事人在履行合同过程中，应当避免浪费资源、污染环境和破坏生态。"森林资源的民事纠纷案件处理，在尊重契约精神、促进统一市场和公平竞争的同时，应当注重对森林资源保护管理制度的维护，兼顾森林资源的生态效益、经济效益和社会效益。

五、合同解除程序

当事人一方依法主张解除合同的，应当通知对方。合同自通知到达对方时解除；通知载明债务人在一定期限内不履行债务则合同自动解除，债务人在该期限内未履行债务的，合同自通知载明的期限届满时解除。对方对解除合同有异议的，任何一方当事人均可以请求人民法院或者仲裁机构确认解除行为的效力。

当事人一方未通知对方，直接以提起诉讼或者申请仲裁的方式依法主张解除合同，人民法院或者仲裁机构确认该主张的，合同自起诉状副本或者仲裁申请书副本送达对方时解除。

六、合同解除的效力

合同解除后，尚未履行的，终止履行；已经履行的，根据履行情况和合同性质，当事人可以请求恢复原状或者采取其他补救措施，并有权请求赔偿损失。

合同因违约解除的，解除权人可以请求违约方承担违约责任，但是当事人另有约定的除外。

主合同解除后，担保人对债务人应当承担的民事责任仍应当承担担保责任，但是担保合同另有约定的除外。

合同的权利义务关系终止，不影响合同中结算和清理条款的效力。

案例讨论

合同因违约解除的，解除权人可以请求违约方支付违约金吗？

2024年5月，张某（房主）与李某（承包人）签订《铺面装修协议》（以下简称"装修协议"）。双方约定张某将一个铺面交由李某装修，约定包工包料，工程造价12万元，工期2个月；如李某有额外收费或停工等违约行为，应向张某赔付违约金1万元。装修过程中，李某提出费用不够，要求增加，并且停工1个月。双方没能达成一致意见，张某向人民法院提起诉讼，请求解除案涉装修协议并要求李某按约定支付1万元违约金。李某则认为合同解除不需要支付违约金。请分析，李某需要支付违约金吗？

七、标的物提存

（一）标的物提存的条件

有下列情形之一，难以履行债务的，债务人可以将标的物提存：

（1）债权人无正当理由拒绝受领；
（2）债权人下落不明；
（3）债权人死亡未确定继承人、遗产管理人，或者丧失民事行为能力未确定监护人；
（4）法律规定的其他情形。

标的物不适于提存或者提存费用过高的，债务人依法可以拍卖或者变卖标的物，提存所得的价款。

（二）提存成立及提存对债务人的效力

债务人将标的物或者将标的物依法拍卖、变卖所得价款交付提存部门时，提存成立。提存成立的，视为债务人在其提存范围内已经交付标的物。

（三）提存通知

标的物提存后，债务人应当及时通知债权人或者债权人的继承人、遗产管理人、监护人、财产代管人。

（四）提存对债权人的效力

标的物提存后，毁损、灭失的风险由债权人承担。提存期间，标的物的孳息归债权人所有。提存费用由债权人负担。

（五）提存物的受领及受领权消灭

债权人可以随时领取提存物。但是，债权人对债务人负有到期债务的，在债权人未履行债务或者提供担保之前，提存部门根据债务人的要求应当拒绝其领取提存物。

债权人领取提存物的权利，自提存之日起五年内不行使而消灭，提存物扣除提存费用后归国家所有。但是，债权人未履行对债务人的到期债务，或者债权人向提存部门书面表示放弃领取提存物权利的，债务人负担提存费用后有权取回提存物。

（六）债务免除及债权债务混同

债权人免除债务人部分或者全部债务的，债权债务部分或者全部终止，但是债务人在合理期限内拒绝的除外。

债权和债务同归于一人的，债权债务终止，但是损害第三人利益的除外。

【练习2-27】（多选题）有下列（　　）情形，难以履行债务的，债务人可以将标的物提存。
  A. 债权人无正当理由拒绝受领
  B. 债权人下落不明
  C. 债权人死亡未确定继承人、遗产管理人，或者丧失民事行为能力未确定监护人
  D. 法律规定的其他情形

任务八　违　约　责　任

一、违约责任的承担

当事人一方不履行合同义务或者履行合同义务不符合约定的，应当承担继续履行、采取补救措施或者赔偿损失等违约责任。

二、违约的类型及责任

（一）预期违约责任

当事人一方明确表示或者以自己的行为表明不履行合同义务的，对方可以在履行期限届满前请求其承担违约责任。

（二）金钱债务实际履行责任

当事人一方未支付价款、报酬、租金、利息，或者不履行其他金钱债务的，对方可以请求其支付。

（三）非金钱债务实际履行例外情形及违约责任

当事人一方不履行非金钱债务或者履行非金钱债务不符合约定的，对方可以请求履行，但是有下列情形之一的除外：
（1）法律上或者事实上不能履行；
（2）债务的标的不适于强制履行或者履行费用过高；
（3）债权人在合理期限内未请求履行。

有《中华人民共和国民法典》第五百八十条第一款（即上述内容）规定的除外情形之一，致使不能实现合同目的的，人民法院或者仲裁机构可以根据当事人的请求终止合同权利义务关系，但是不影响违约责任的承担。

案例分析

2023 年 5 月，承租人张某与出租人吴某签订《房屋租赁合同》，租期 3 年，租金半年一付。"违约金条款"约定："3 年合同有效期内，如果承租人张某中途退租，导致本合同终止，则张某须向出租人全额支付未到期的租金。"履约过程中，承租人因失业拟提前退租，并与吴某协商合同解除事宜。出租人吴某坚持应继续履行合同，除非张某同意支付约定的违约金。由于双方就合同解除事宜未能协商一致，2024 年 6 月，张某搬离并腾空了案涉房屋，同时向人民法院提起诉讼，请求解除租赁合同。出租人吴某认为张某作为违约方并无合同解除权。请分析，如果出租人吴某不同意解除合同，张某就必须继续履行合同而不能请求解除吗？

【解析】违约方请求人民法院判决解除租赁合同，属于行使诉权而非实体法中的合同解除权。当事人是否有权起诉，人民法院是否应予受理，不以当事人是守约方、违约方为判断标准，而应以是否符合起诉条件为判断标准。不论当事人是合同中的守约方还是违约方，只要其主张解除合同的诉请符合法律规定的起诉条件，人民法院即应受理并进行实体审理。

人民法院应根据合同能否履行、当事人是否陷入合同僵局以及是否存在情势变更等情形，对合同是否解除作出裁判。

（四）替代履行

当事人一方不履行债务或者履行债务不符合约定，根据债务的性质不得强制履行的，对方可以请求其负担由第三人替代履行的费用。

（五）瑕疵履行违约责任

履行不符合约定的，应当按照当事人的约定承担违约责任。对违约责任没有约定或者约定不明确，依据《中华人民共和国民法典》第五百一十条的规定仍不能确定的，受损害方根据标的的性质以及损失的大小，可以合理选择请求对方承担修理、重作、更换、退货、减少价款或者报酬等违约责任。

三、违约责任承担方式

（一）违约损失赔偿责任

当事人一方不履行合同义务或者履行合同义务不符合约定的，在履行义务或者采取补救措施后，对方还有其他损失的，应当赔偿损失。

当事人一方不履行合同义务或者履行合同义务不符合约定，造成对方损失的，损失赔偿额应当相当于因违约所造成的损失，包括合同履行后可以获得的利益；但是，不得超过违约一方订立合同时预见到或者应当预见到的因违约可能造成的损失。

（二）违约金

当事人可以约定一方违约时应当根据违约情况向对方支付一定数额的违约金，也可以约定因违约产生的损失赔偿额的计算方法。

约定的违约金低于造成的损失的，人民法院或者仲裁机构可以根据当事人的请求予以增加；约定的违约金过分高于造成的损失的，人民法院或者仲裁机构可以根据当事人的请求予以适当减少。

当事人就迟延履行约定违约金的，违约方支付违约金后，还应当履行债务。

> **知识拓展**
>
> 《最高人民法院关于适用〈中华人民共和国民法典〉合同编通则若干问题的解释》（2023年12月5日施行）第六十五条规定："当事人主张约定的违约金过分高于违约造成的损失，请求予以适当减少的，人民法院应当以民法典[①]第五百八十四条规定的损失为基础，兼顾合同主体、交易类型、合同的履行情况、当事人的过错程度、履约背景等因素，遵循公平原则和诚信原则进行衡量，并作出裁判。约定的违约金超过造成损失的百分之三十的，人民法院一般可以认定为过分高于造成的损失。恶意违约的当事人一方请求减少违约金的，人民法院一般不予支持。"

---

① 即《中华人民共和国民法典》。

(三)定金担保

当事人可以约定一方向对方给付定金作为债权的担保。定金合同自实际交付定金时成立。

定金的数额由当事人约定;但是,不得超过主合同标的额的百分之二十,超过部分不产生定金的效力。实际交付的定金数额多于或者少于约定数额的,视为变更约定的定金数额。

1. 定金罚则

债务人履行债务的,定金应当抵作价款或者收回。给付定金的一方不履行债务或者履行债务不符合约定,致使不能实现合同目的的,无权请求返还定金;收受定金的一方不履行债务或者履行债务不符合约定,致使不能实现合同目的的,应当双倍返还定金。

2. 违约金与定金竞合时的责任

当事人既约定违约金,又约定定金的,一方违约时,对方可以选择适用违约金或者定金条款。

定金不足以弥补一方违约造成的损失的,对方可以请求赔偿超过定金数额的损失。

【练习2-28】(单选题)给付定金的一方不履行债务或者履行债务不符合约定,致使不能实现合同目的的,(   )。
  A. 有权请求返还定金   B. 无权请求返还定金
  C. 应当双倍支付定金   D. 按合同约定支付违约金

【练习2-29】(单选题)收受定金的一方不履行债务或者履行债务不符合约定,致使不能实现合同目的的,(   )。
  A. 有权请求返还定金   B. 无权请求返还定金
  C. 应当双倍返还定金   D. 按合同约定支付违约金

【练习2-30】(单选题)当事人既约定违约金,又约定定金的,一方违约时,对方(   )。
  A. 可以选择适用违约金或者定金条款
  B. 应当选择适用违约金条款
  C. 应当选择适用定金条款
  D. 应当选择适用最高金额条款

【练习2-31】(单选题)定金的数额由当事人约定;但是,不得超过主合同标的额的(   ),超过部分不产生定金的效力。
  A. 百分之十   B. 百分之二十
  C. 百分之三十   D. 百分之五十

四、拒绝受领和受领迟延

债务人按照约定履行债务,债权人无正当理由拒绝受领的,债务人可以请求债权人赔偿增加的费用。

在债权人受领迟延期间，债务人无须支付利息。

五、不可抗力

当事人一方因不可抗力不能履行合同的，根据不可抗力的影响，部分或者全部免除责任，但是法律另有规定的除外。因不可抗力不能履行合同的，应当及时通知对方，以减轻可能给对方造成的损失，并应当在合理期限内提供证明。

当事人迟延履行后发生不可抗力的，不免除其违约责任。

【练习2-32】（单选题）不可抗力是不能预见、不能避免且不能克服的（　　）情况。
A. 突发　　　　　　　　　　　　B. 特殊
C. 自然　　　　　　　　　　　　D. 客观

【练习2-33】（单选题）合同当事人迟延履行后发生不可抗力的，（　　）其违约责任。
A. 免除　　　　　　　　　　　　B. 视情况免除
C. 不免除　　　　　　　　　　　D. 另行约定

六、减损规则

当事人一方违约后，对方应当采取适当措施防止损失的扩大；没有采取适当措施致使损失扩大的，不得就扩大的损失请求赔偿。

当事人因防止损失扩大而支出的合理费用，由违约方负担。

当事人都违反合同的，应当各自承担相应的责任。

当事人一方违约造成对方损失，对方对损失的发生有过错的，可以减少相应的损失赔偿额。

七、第三人原因造成违约时违约责任的承担

当事人一方因第三人的原因造成违约的，应当依法向对方承担违约责任。当事人一方和第三人之间的纠纷，依照法律规定或者按照约定处理。

八、国际贸易合同的诉讼时效和仲裁时效

因国际货物买卖合同和技术进出口合同争议提起诉讼或者申请仲裁的时效期间为四年。

【练习2-34】（单选题）当事人都违反合同的，应当（　　）责任。
A. 互不承担　　　　　　　　　　B. 适当减少承担
C. 各自承担相应的　　　　　　　D. 由先违约一方承担

【练习2-35】（单选题）业主违反约定逾期不支付物业费的，物业服务人可以催告其在合理期限内支付；合理期限届满仍不支付的，物业服务人可以（　　）。
A. 停止供电　　　　　　　　　　B. 停止供水
C. 停止供热　　　　　　　　　　D. 提起诉讼或者申请仲裁

实务练习（二）

一、概念
合同保全制度　　违约责任　　不可抗力　　定金罚则

二、简答
1. 合同法定解除的情形有哪些？
2. 简述违约金与定金竞合时的责任。
3. 减损规则是什么？
4. 标的物提存的条件是什么？

模块二（练习）：参考答案

三、实务案例分析
1. 王某去外地出差，客户为增进交流，安排参加会议的人员去游泳。王某把自己的一块名贵手表和一些杂物寄存在洗浴中心的前台，但未声明自己寄存的物品中有贵重物品。等王某去前台取回自己的物品时，前台人员却告知其物品不见了。王某要求洗浴中心照原价赔偿自己的手表，洗浴中心则称王某在寄存时未告知其物品中有贵重物品，故洗浴中心只能按一般物品赔偿。

请问，洗浴中心的说法正确吗？法律是如何规定的？该如何处理此类纠纷？

2. 消费者刘先生在某超市购物时将一提包交给超市保管，在购物结束后取包时发现保管员由于认错保管牌号码将刘先生的提包错发给他人。刘先生等待一个月后，超市仍未找到领错提包之人，遂要求超市赔偿，并提出提包内有一价值10000元的计算机及3000元现金，超市合计应赔偿金额为1.3万元。超市承认刘先生确实在超市存过提包，但声称超市并未收费，是无偿保管，故不应承担赔偿责任。

请分析超市说法是否正确，结合法律规定，谈谈在工作中应如何处理此类纠纷，以及应怎样避免此类纠纷发生。

阅读《中华人民共和国民法典》第三编第二分编第二十一章"保管合同"部分。

《中华人民共和国民法典》第三编第二分编第二十一章"保管合同"部分

模块三

非法人商事主体

导　学

本模块学习的个人独资企业、合伙企业不具有法人资格，但是能够依法以自己的名义从事民事活动。

学习目标

- 掌握个人独资企业及合伙企业的设立条件和设立程序；
- 理解个人独资企业投资人的条件、权利及责任；
- 掌握个人独资企业及合伙企业事务管理的相关内容；
- 掌握个人独资企业及合伙企业解散和清算的相关内容。

任务一　个人独资企业法律制度

一、个人独资企业法律制度概述

（一）个人独资企业的概念和特征

个人独资企业是指依照《中华人民共和国个人独资企业法》[①]在中国境内设立，由一个自然人投资，财产为投资人个人所有，投资人以其个人财产对企业债务承担无限责任的经营实体。党的二十大报告强调，要"优化民营企业发展环境，依法保护民营企业产权和企业家权益，促进民营经济发展壮大"。

个人独资企业应当依法招用职工。职工的合法权益受法律保护。个人独资企业职工依法建立工会，工会依法开展活动。在个人独资企业中的中国共产党党员依照中国共产党章程进行活动。

个人独资企业具有以下特征。

（1）个人独资企业是由一个自然人投资的企业。

[①] 1999年8月30日第九届全国人民代表大会常务委员会第十一次会议通过，自2000年1月1日起施行。

（2）个人独资企业不具有法人资格，是非法人组织，无独立承担民事责任的能力；但却是独立的民事主体，可以依法以自己的名义从事民事活动。

（3）个人独资企业是营利性的经济组织。个人独资企业尽管由一个自然人投资，但它是一个经营实体。

（4）个人独资企业投资人对本企业的财产依法享有所有权。投资人就是企业的所有人。

（5）投资人以其个人财产对企业债务承担无限责任。即个人独资企业财产不足以清偿债务的，投资人应当以其个人的其他财产予以清偿。

（二）个人独资企业法律制度的概念

个人独资企业法律制度是调整个人独资企业在组织和活动过程中发生的经济关系的法律规范的总称。

二、个人独资企业的设立条件和设立程序

（一）个人独资企业的设立条件

设立个人独资企业应当具备下列条件。

（1）投资人为一个自然人。

（2）有合法的企业名称。个人独资企业的名称中不得使用"有限""有限责任"或者"公司"字样。

（3）有投资人申报的出资。个人独资企业的注册资本没有最低要求，出资由投资人自行申报。个人独资企业投资人以个人财产出资或者以其家庭共有财产作为个人出资的，应当在设立申请书中予以明确。

（4）有固定的生产经营场所和必要的生产经营条件。

（5）有必要的从业人员。

个人独资企业以其主要办事机构所在地为住所。

【练习 3-1】（多选题）根据个人独资企业法律制度的规定，下列各项中，可以作为个人独资企业出资方式的有（　　）。

A. 投资人的知识产权
B. 投资人的劳务
C. 投资人的土地使用权
D. 投资人家庭共有的房屋

（二）个人独资企业的设立程序

申请设立个人独资企业，应当由投资人或者其委托的代理人向个人独资企业所在地的登记机关提交设立申请书、投资人身份证明、生产经营场所使用证明等文件。委托代理人申请设立登记时，应当出具投资人的委托书和代理人的合法证明。

个人独资企业不得从事法律、行政法规禁止经营的业务；从事法律、行政法规规定须报经有关部门审批的业务，应当在申请设立登记时提交有关部门的批准文件。

（1）提出申请。个人独资企业设立申请书应当载明下列事项：①企业的名称和住所；②投资人的姓名和居所；③投资人的出资额和出资方式；④经营范围。

（2）市场监督管理部门是个人独资企业的登记机关。登记机关应当在收到设立申请文件之日起十五日内，对符合《中华人民共和国个人独资企业法》规定条件的，予以登记，发给营业执照；对不符合《中华人民共和国个人独资企业法》规定条件的，不予登记，并应当给予书面答复，说明理由。

（3）个人独资企业的营业执照的签发日期，为个人独资企业成立日期。

【练习 3-2】（多选题）个人独资企业不具有法人资格，但作为独立的民事主体，其表现是（　　）。
A. 有自己的名称和住所
B. 有为法律所保护的财产
C. 能独立承担民事责任
D. 可依法申请贷款，取得土地使用权

（三）分支机构登记

个人独资企业设立分支机构，应当由投资人或者其委托的代理人向分支机构所在地的登记机关申请登记，领取营业执照。分支机构经核准登记后，应将登记情况报该分支机构隶属的个人独资企业的登记机关备案。分支机构的民事责任由设立该分支机构的个人独资企业承担。

三、个人独资企业投资人的条件、权利及责任

（一）个人独资企业投资人的条件

法律、行政法规禁止从事营利性活动的人，不得作为投资人申请设立个人独资企业。按照现行法律、行政法规的规定，禁止从事营利性活动的人主要是国家公职人员，如国家公务员、警察、检察官、法官等。

（二）个人独资企业投资人的权利

个人独资企业投资人对本企业的财产依法享有所有权，其有关权利可以依法进行转让和继承。

（三）个人独资企业投资人的责任

个人独资企业以其财产清偿债务，个人独资企业财产不足以清偿债务的，投资人应当以其个人的其他财产予以清偿。个人独资企业投资人在申请企业设立登记时明确以其家庭共有财产作为个人出资的，应当依法以家庭共有财产对企业债务承担无限责任。

四、个人独资企业的事务管理

（一）个人独资企业事务管理的方式

个人独资企业投资人可以自行管理企业事务，也可以委托或者聘用其他具有民事行为能力的人负责企业的事务管理。投资人委托或者聘用他人管理个人独资企业事务，应当与受托人或者被聘用的人签订书面合同，明确委托的具体内容和授予的权利范围。投资人对受托人或者被聘用的人员职权的限制，不得对抗善意第三人。

【练习 3-3】（单选题）甲投资设立乙个人独资企业，委托丙管理企业事务，授权丙可以决定 10 万元以下的交易。丙以乙企业的名义向丁购买 15 万元的商品。丁不知甲对丙的授权限制，依约供货。乙企业未按期付款，由此发生争议。下列表述中，符合法律规定的是（   ）。

A. 乙企业向丁购买商品的行为有效
B. 丙仅对 10 万元以下的交易有决定权，乙企业向丁购买商品的行为无效
C. 甲向丁出示给丙的授权委托书后，可不履行付款义务
D. 甲向丁出示给丙的授权委托书后，付款 10 万元，其余款项丁只能要求丙支付

（二）受托人或被聘用的人员的义务

受托人或者被聘用的人员应当履行诚信、勤勉义务，按照与投资人签订的合同负责个人独资企业的事务管理。

受托人或者被聘用的人员的违禁义务。投资人委托或者聘用的管理个人独资企业事务的人员不得有下列行为：

（1）利用职务上的便利，索取或者收受贿赂；
（2）利用职务或者工作上的便利侵占企业财产；
（3）挪用企业的资金归个人使用或者借贷给他人；
（4）擅自将企业资金以个人名义或者以他人名义开立账户储存；
（5）擅自以企业财产提供担保；
（6）未经投资人同意，从事与本企业相竞争的业务；
（7）未经投资人同意，同本企业订立合同或者进行交易；
（8）未经投资人同意，擅自将企业商标或者其他知识产权转让给他人使用；
（9）泄露本企业的商业秘密；
（10）法律、行政法规禁止的其他行为。

【练习3-4】（多选题）投资人委托或者聘用的管理个人独资企业事务的人员不得（   ）。

A. 利用职务上的便利侵占企业财产　　B. 泄露本企业的商业秘密
C. 擅自以企业财产提供担保　　　　　D. 挪用企业的资金借贷给他人

（三）个人独资企业事务管理的主要内容

根据《中华人民共和国个人独资企业法》的规定，个人独资企业事务管理的主要内容有以下几个。

（1）财务会计事务。个人独资企业应当依法设置会计账簿，进行会计核算。

（2）用工事务。个人独资企业招用职工的，应当依法与职工签订劳动合同，保障职工的劳动安全，按时、足额发放职工工资。

（3）社会保险事务。个人独资企业应当按照国家规定参加社会保险，为职工缴纳社会保险费。

五、个人独资企业的解散和清算

（一）个人独资企业的解散

个人独资企业的解散，即个人独资企业作为商事组织的经营实体资格的消灭。个人独资企业有下列情形之一时，应当解散：

（1）投资人决定解散；

（2）投资人死亡或者被宣告死亡，无继承人或者继承人决定放弃继承；

（3）被依法吊销营业执照；

（4）法律、行政法规规定的其他情形。

（二）个人独资企业的清算

1. 清算

个人独资企业的清算，是终结个人独资企业的法律关系，消灭个人独资企业作为商事组织的经营实体资格的程序。

个人独资企业解散，由投资人自行清算或者由债权人申请人民法院指定清算人进行清算。

投资人自行清算的，应当在清算前十五日内书面通知债权人，无法通知的，应当予以公告。债权人应当在接到通知之日起三十日内，未接到通知的应当在公告之日起六十日内，向投资人申报其债权。

2. 个人独资企业解散的财产清偿顺序

个人独资企业解散的，财产应当按照下列顺序清偿：

（1）所欠职工工资和社会保险费用；

（2）所欠税款；

（3）其他债务。

个人独资企业财产不足以清偿债务的，投资人应当以其个人的其他财产予以清偿。

个人独资企业清算结束后，投资人或者人民法院指定的清算人应当编制清算报告，并于十五日内到登记机关办理注销登记。

个人独资企业解散后，原投资人对个人独资企业存续期间的债务仍应承担偿还责任，但债权人在五年内未向债务人提出偿债请求的，该责任消灭。

【练习 3-5】（单选题）个人独资企业解散的，财产应当按照（　　）顺序清偿。
①所欠职工工资和社会保险费用　　②所欠税款　　③其他债务
A. ②③①　　　　B. ①②③　　　　C. ①③②　　　　D. ③②①

六、法律责任

违反《中华人民共和国个人独资企业法》规定，提交虚假文件或采取其他欺骗手段，取得企业登记的，责令改正，处以五千元以下的罚款；情节严重的，并处吊销营业执照。

涂改、出租、转让营业执照的，责令改正，没收违法所得，处以三千元以下的罚款；情节严重的，吊销营业执照。

伪造营业执照的，责令停业，没收违法所得，处以五千元以下的罚款。构成犯罪的，依法追究刑事责任。

个人独资企业成立后无正当理由超过六个月未开业的，或者开业后自行停业连续六个月以上的，吊销营业执照。

投资人委托或者聘用的人员管理个人独资企业事务时违反双方订立的合同，给投资人造成损害的，承担民事赔偿责任。

个人独资企业违反《中华人民共和国个人独资企业法》规定，侵犯职工合法权益，未保障职工劳动安全，不缴纳社会保险费用的，按照有关法律、行政法规予以处罚，并追究有关责任人员的责任。

投资人委托或者聘用的人员违反《中华人民共和国个人独资企业法》第二十条规定，侵犯个人独资企业财产权益的，责令退还侵占的财产；给企业造成损失的，依法承担赔偿责任；有违法所得的，没收违法所得；构成犯罪的，依法追究刑事责任。

个人独资企业及其投资人在清算前或清算期间隐匿或转移财产，逃避债务的，依法追回其财产，并按照有关规定予以处罚；构成犯罪的，依法追究刑事责任。

【练习 3-6】（多选题）个人独资企业的投资人的哪些违法行为可以被处以吊销营业执照处罚？（　　）
A. 提交虚假文件或采取其他欺骗手段取得企业登记，情节严重的
B. 涂改、出租、转让营业执照，情节严重的
C. 未按时缴纳社会保险费用的
D. 个人独资企业开业后自行停业连续六个月以上的

【练习 3-7】（单选题）下列关于个人独资企业的说法错误的是（　　）。
A. 个人独资企业投资人可委托他人负责企业的事务管理
B. 投资人可依其对受托人职权的限制，对抗善意第三人
C. 个人独资企业投资人对本企业的财产依法享有所有权，其有关权利可依法进行转让
D. 个人独资企业解散后，原投资人对个人独资企业存续期间的债务仍应承担偿还责任，但债权人在五年内未向债务人提出偿债请求的，该责任消灭

实务练习（一）

一、简答
1. 阐述个人独资企业的设立条件。
2. 个人独资企业投资人以家庭共有财产对企业债务承担无限责任的前提是什么？
3. 什么性质的组织适合采用"个人独资企业"模式？

二、实务案例分析

被告三三服装厂系个人独资企业，多次向原告购买材料。2024年6月，三三服装厂欠原告货款57万元，在支付30万元后，被告三三服装厂的投资人李某以三三服装厂名义和原告于2024年8月达成还款计划，约定余款于2025年5月前还清。

2024年11月，李某（甲方）与王某（乙方）达成转让协议，甲方决定将三三服装厂转让给乙方。协议签订后，双方即在相关部门办理了企业投资人变更登记。

之后原告依还款计划要求被告三三服装厂偿还到期债务，但被告以投资人变更为由拒绝。原告诉至人民法院，要求三三服装厂还债，在审理期间，原告又申请追加李某为被告。

被告三三服装厂辩称，三三服装厂为个人独资企业，原负责人是李某，"投资人以其个人财产对企业债务承担无限责任"，虽2024年11月投资人变更为王某，并办理了变更登记，但依据协议的约定，转让前的债务应由原投资人李某承担，请求驳回原告对三三服装厂的诉讼请求。

被告李某辩称三三服装厂负责人的变更不能影响债务的承担方式，故应由三三服装厂承担清偿责任。

试分析三三服装厂欠原告的货款应由谁偿还，并说明理由。

任务二　合伙企业法

一、合伙企业的概念和特征

（一）合伙企业的概念

合伙企业，是指自然人、法人和其他组织依照《中华人民共和国合伙企业法》[①]在中国境内设立的普通合伙企业和有限合伙企业。

[①] 1997年2月23日第八届全国人民代表大会常务委员会第二十四次会议通过，2006年8月27日第十届全国人民代表大会常务委员会第二十三次会议修订，自2007年6月1日起施行。

普通合伙企业由普通合伙人组成，合伙人对合伙企业债务承担无限连带责任。《中华人民共和国合伙企业法》对普通合伙人承担责任的形式有特别规定的，从其规定。

有限合伙企业由普通合伙人和有限合伙人组成，普通合伙人对合伙企业债务承担无限连带责任，有限合伙人以其认缴的出资额为限对合伙企业债务承担责任。

国有独资公司、国有企业、上市公司以及公益性的事业单位、社会团体不得成为普通合伙人。

合伙企业的生产经营所得和其他所得，按照国家有关税收规定，由合伙人分别缴纳所得税。

（二）合伙企业的特征

（1）合伙企业有二个以上合伙人。

（2）合伙企业就性质而言，属于人合企业。

（3）合伙企业的成立以合伙协议为法律基础。合伙企业的设立，必须由各合伙人协商一致，订立合伙协议，没有合伙协议，合伙企业就不可能成立。

（4）合伙企业的内部关系属于合伙关系，即共同出资、共同经营、共享收益、共担风险的关系。

（5）合伙企业是非法人组织，不具有完全独立的法律人格。

（6）普通合伙人对合伙企业债务承担无限连带责任。合伙企业的债务，归根结底是合伙人的债务。所以，当合伙企业的财产不足以清偿其债务时，普通合伙人应当以个人其他财产承担该不足部分的清偿责任。

《中华人民共和国合伙企业法》是为了规范合伙企业的行为，保护合伙企业及其合伙人、债权人的合法权益，维护社会经济秩序，促进社会主义市场经济的发展制定的法律。

二、普通合伙企业

（一）普通合伙企业的设立条件

设立合伙企业，应具备下列条件。

（1）有二个以上合伙人。合伙人为自然人的，应当具有完全民事行为能力。

（2）有书面合伙协议。合伙协议应当载明下列事项：

① 合伙企业的名称和主要经营场所的地点；

② 合伙目的和合伙经营范围；

③ 合伙人的姓名或者名称、住所；

④ 合伙人的出资方式、数额和缴付期限；

⑤ 利润分配、亏损分担方式；

⑥ 合伙事务的执行；

⑦ 入伙与退伙；

⑧ 争议解决办法；

⑨ 合伙企业的解散与清算；

⑩ 违约责任。

合伙协议经全体合伙人签名、盖章后生效。合伙人按照合伙协议享有权利，履行义务。修改或者补充合伙协议，应当经全体合伙人一致同意；但是，合伙协议另有约定的除外。

（3）有合伙人认缴或者实际缴付的出资。合伙人可以用货币、实物、知识产权、土地使用权或者其他财产权利出资，也可以用劳务出资。

合伙人以实物、知识产权、土地使用权或者其他财产权利出资，需要评估作价的，可以由全体合伙人协商确定，也可以由全体合伙人委托法定评估机构评估。

合伙人以劳务出资的，其评估办法由全体合伙人协商确定，并在合伙协议中载明。

（4）有合伙企业的名称和生产经营场所。合伙企业名称中应当标明"普通合伙"字样。

（5）法律、行政法规规定的其他条件。

典型案例

未签订合伙协议，被判合伙企业并未成立

原告张某、杨某诉称，兴明电子厂是被告王某的个体私营企业，2024年11月初，王某对张某说电子厂赚钱，邀请其合伙经营。张某、杨某于2024年11月至12月先后给付王某524760元，其中张某给付31万元，杨某给付214760元。在此期间，他们多次要求王某清理资产，确定合伙比例，签订合伙协议，办理企业变更手续，并明确分工，但王某久拖不办，电子厂一直由其独自管理。因此，张某、杨某起诉请求人民法院判令被告退回投资款，并承担利息、诉讼费。

被告王某辩称，本案案由应为合伙企业纠纷，兴明电子厂不是本案主体，主体应为各合伙人，诉状中部分陈述不是事实，是张某、杨某要求入伙的，三人之间进行了分工，王某全面负责生产，杨某任出纳，张某负责监督。是张某、杨某一再推托不签合伙协议，现在两人要退出，应进行合伙清算。

【解析】根据《中华人民共和国合伙企业法》的规定，设立合伙企业时应有书面合伙协议，合伙企业登记事项发生变更的，执行合伙事务的合伙人应当自作出变更决定或者发生变更事由之日起十五日内，向企业登记机关申请办理变更登记。而原告在向被告王某的兴明电子厂投资后，三人既未签订书面合伙协议，也未申请办理变更登记，因此，根据现行有关法律的规定，合伙企业并未成立。

由这个案例，我们可以充分体会到依法设立合伙企业的重要性。合伙人在设立合伙企业的过程中，必须遵循法定程序，否则，企业一旦缺乏法定必要要件而不能被认定为合伙企业，就无法产生因合伙而形成的权利义务关系，合伙人的某些主张也就无法实现。

（二）普通合伙企业的设立程序

（1）提出申请。申请设立合伙企业，应当向企业登记机关提交登记申请书、合伙协议书、合伙人身份证明等文件。

（2）登记。市场监督管理部门是合伙企业的登记机关。企业登记机关应在法定的时限内依法予以登记，不予登记的，应当给予书面答复，并说明理由。

（3）取得营业执照。合伙企业的营业执照签发日期，为合伙企业成立日期。

（三）普通合伙企业的财产

1. 普通合伙企业财产的构成

《中华人民共和国合伙企业法》第二十条规定：合伙人的出资、以合伙企业名义取得的收益和依法取得的其他财产，均为合伙企业的财产。

《中华人民共和国合伙企业法》第二十一条规定：合伙人在合伙企业清算前，不得请求分割合伙企业的财产；但是，本法另有规定的除外。合伙人在合伙企业清算前私自转移或者处分合伙企业财产的，合伙企业不得以此对抗善意第三人。

2. 普通合伙企业财产的转让和出质

（1）合伙企业财产的转让。合伙企业财产的转让是指合伙人将自己在合伙企业中的财产份额转让给他人。《中华人民共和国合伙企业法》对合伙企业财产的转让作了以下限制性规定。

除合伙协议另有约定外，合伙人向合伙人以外的人转让其在合伙企业中的全部或者部分财产份额时，须经其他合伙人一致同意。

合伙人之间转让在合伙企业中的全部或者部分财产份额时，应当通知其他合伙人（这一规定适用于合伙企业财产在合伙人之间的内部转让）。

合伙人向合伙人以外的人转让其在合伙企业中的财产份额的，在同等条件下，其他合伙人有优先购买权；但是，合伙协议另有约定的除外。

合伙人以外的人依法受让合伙人在合伙企业中的财产份额的，经修改合伙协议即成为合伙企业的合伙人，依照《中华人民共和国合伙企业法》和修改后的合伙协议享有权利，履行义务。

（2）合伙企业财产的出质。合伙人以其在合伙企业中的财产份额出质的，须经其他合伙人一致同意；未经其他合伙人一致同意，其行为无效，由此给善意第三人造成损失的，由行为人依法承担赔偿责任。

知识拓展

动产出质：为担保债务的履行，债务人或者第三人将其动产出质给债权人占有的，债务人不履行到期债务或者发生当事人约定的实现质权的情形，债权人有权就该动产优先受偿。

（四）普通合伙企业的事务执行

合伙企业的事务执行涵盖的内容包括合伙人对合伙企业如何管理，合伙人享有哪些权利、应承担哪些义务，对外如何代表企业等。

1. 合伙企业事务执行的方式

（1）全体合伙人共同执行合伙企业事务。合伙人对执行合伙事务享有同等的权利。在采取这种执行方式的合伙企业中，按照合伙协议的约定，各个合伙人都直接参与经营，处理合伙企业的事务，对外代表合伙企业。

（2）委托一个或者数个合伙人执行合伙企业事务。按照合伙协议的约定或者经全体合伙人决定，可以委托一个或者数个合伙人对外代表合伙企业，执行合伙事务。此种执行方式下，其他合伙人不再执行合伙事务。除合伙协议另有约定外，合伙企业的下列事项应当经全体合伙人一致同意：

① 改变合伙企业的名称；
② 改变合伙企业的经营范围、主要经营场所的地点；
③ 处分合伙企业的不动产；
④ 转让或者处分合伙企业的知识产权和其他财产权利；
⑤ 以合伙企业名义为他人提供担保；
⑥ 聘任合伙人以外的人担任合伙企业的经营管理人员。

受委托执行合伙事务的合伙人不按照合伙协议或者全体合伙人的决定执行事务的，其他合伙人可以决定撤销该委托。

【练习 3-8】（多选题）张三、李四等人共同设立一个名为"东华"的普通合伙企业，从事培训咨询服务，下列（　　）事务需要全体合伙人一致同意方可执行（合伙协议没有特殊约定）。

A. 将企业名称改为"梦想成真"
B. 聘请原众合培训机构高管李某担任本企业市场经理
C. 拓展经营范围
D. 将经营场所由广州迁往北京，以扩大知名度

由一个或者数个合伙人执行合伙事务的，执行事务合伙人应当定期向其他合伙人报告事务执行情况以及合伙企业的经营和财务状况，其执行合伙事务所产生的收益归合伙企业，所产生的费用和亏损由合伙企业承担。

（3）聘任合伙人以外的经营管理人员。被聘任的合伙企业的经营管理人员应当在合伙企业授权范围内履行职务。被聘任的合伙企业的经营管理人员，超越合伙企业授权范围履行职务，或者在履行职务过程中因故意或者重大过失给合伙企业造成损失的，依法承担赔偿责任。

2. 合伙企业事务执行的决议办法

按照《中华人民共和国合伙企业法》第三十条的规定，合伙人对合伙企业有关事项作出决议，按照合伙协议约定的表决办法办理。合伙协议未约定或者约定不明确的，实行合伙人一人一票并经全体合伙人过半数通过的表决办法。《中华人民共和国合伙企业法》对合伙企业的表决办法另有规定的，从其规定。

3. 合伙人在执行合伙事务中的权利和义务

（1）合伙人在执行合伙事务中的权利。

① 合伙人对执行合伙事务享有同等的权利。

② 执行合伙事务的合伙人对外代表合伙企业。

③ 不执行合伙事务的合伙人的监督权。不执行合伙事务的合伙人有权监督执行事务合伙人执行合伙事务的情况。

④ 合伙人为了解合伙企业的经营状况和财务状况，有权查阅合伙企业会计账簿等财务资料。

⑤ 合伙人的提出异议权和撤销委托执行合伙事务权。

合伙人分别执行合伙事务的，执行事务合伙人可以对其他合伙人执行的事务提出异议。提出异议时，应当暂停该项事务的执行。如果发生争议，依照《中华人民共和国合伙企业法》第三十条规定作出决定。

受委托执行合伙事务的合伙人不按照合伙协议或者全体合伙人的决定执行事务的，其他合伙人可以决定撤销该委托。

（2）合伙人在执行合伙事务中的义务。

① 报告义务。由一个或者数个合伙人执行合伙事务的，执行事务合伙人应当定期向其他合伙人报告事务执行情况以及合伙企业的经营和财务状况。

② 竞业禁止。合伙人不得自营或者同他人合作经营与本合伙企业相竞争的业务。

③ 自我交易禁止。除合伙协议另有约定或者经全体合伙人一致同意外，合伙人不得同本合伙企业进行交易。

④ 其他损害行为的禁止。合伙人不得从事损害本合伙企业利益的活动。

（五）普通合伙企业的损益分配原则及财务、会计制度

1. 普通合伙企业损益分配的原则

《中华人民共和国合伙企业法》第三十三条规定：合伙企业的利润分配、亏损分担，按照合伙协议的约定办理；合伙协议未约定或者约定不明确的，由合伙人协商决定；协商不成的，由合伙人按照实缴出资比例分配、分担；无法确定出资比例的，由合伙人平均分配、分担。合伙协议不得约定将全部利润分配给部分合伙人或者由部分合伙人承担全部亏损。

2. 普通合伙企业的财务、会计制度

合伙企业应当依照法律、行政法规的规定建立企业财务、会计制度。

（六）普通合伙企业与第三人关系

合伙企业对合伙人执行合伙事务以及对外代表合伙企业权利的限制，不得对抗善意第三人。

【练习 3-9】（多选题）甲与乙、丙成立一普通合伙企业，甲被推选为执行事务合伙人，乙、丙授权甲可以自行决定 3 万元以内的开支及 30 万元以内的业务。甲在任职期间实施的下列行为中，哪些是法律禁止的或无效的行为？（　　）

  A. 未经乙、丙同意，与不知其内部权限限制的某公司签订 50 万元的合同
  B. 未经乙、丙同意，将自有房屋以 1 万元租给合伙企业
  C. 与其妻一道经营与合伙企业相同的业务
  D. 决定利润平均分配但是甲不承担亏损

合伙企业对其债务，应先以其全部财产进行清偿。

合伙企业不能清偿到期债务的，合伙人承担无限连带责任。合伙人由于承担无限连带责任，清偿数额超过《中华人民共和国合伙企业法》第三十三条第一款规定的其亏损分担比例的，有权向其他合伙人追偿。

合伙人发生与合伙企业无关的债务，相关债权人不得以其债权抵销其对合伙企业的债务；也不得代位行使合伙人在合伙企业中的权利。

合伙人的自有财产不足清偿其与合伙企业无关的债务的，该合伙人可以以其从合伙企业中分取的收益用于清偿；债权人也可以依法请求人民法院强制执行该合伙人在合伙企业中的财产份额用于清偿。

人民法院强制执行合伙人的财产份额时，应当通知全体合伙人，其他合伙人有优先购买权；其他合伙人未购买，又不同意将该财产份额转让给他人的，依照《中华人民共和国合伙企业法》第五十一条的规定为该合伙人办理退伙结算，或者办理削减该合伙人相应财产份额的结算。

【练习 3-10】（多选题）张某向陈某借款 50 万元，以此出资与李某、王某成立一家普通合伙企业。两年后借款到期，张某无力还款。对此，下列哪些说法是正确的？（　　）

  A. 经李某和王某同意，张某可将自己的财产份额作价转让给陈某，以抵销部分债务
  B. 张某可不经李某和王某同意，将其在合伙企业中的份额进行出质，用获得的贷款偿还债务
  C. 陈某可直接要求人民法院强制执行张某在合伙企业中的财产以实现自己的债权
  D. 陈某可要求李某和王某对张某的债务承担连带责任

【练习 3-11】（多选题）普通合伙人白某因私人事务欠黄某 20 万元债务，而黄某同时

欠白某所在合伙企业 20 万元债务。白某的债务到期后一直未清偿，黄某的下列哪些行为符合《中华人民共和国合伙企业法》的规定？（　　）

  A. 代为行使白某在合伙企业中的权利
  B. 以其对白某的债权抵销对合伙企业的债务
  C. 请求人民法院强制执行白某在合伙企业中的财产份额
  D. 要求白某以其从合伙企业中分取的收益用于清偿

（七）入伙、退伙

1. 入伙

新合伙人入伙，除合伙协议另有约定外，应当经全体合伙人一致同意，并依法订立书面入伙协议。订立入伙协议时，原合伙人应当向新合伙人如实告知原合伙企业的经营状况和财务状况。

入伙的新合伙人与原合伙人享有同等权利，承担同等责任。入伙协议另有约定的，从其约定。新合伙人对入伙前合伙企业的债务承担无限连带责任。

2. 退伙

退伙是指合伙人退出合伙企业，从而丧失合伙人资格。

（1）协议退伙。《中华人民共和国合伙企业法》规定，合伙协议约定合伙期限的，在合伙企业存续期间，有下列情形之一的，合伙人可以退伙：

① 合伙协议约定的退伙事由出现；
② 经全体合伙人一致同意；
③ 发生合伙人难以继续参加合伙的事由；
④ 其他合伙人严重违反合伙协议约定的义务。

（2）通知退伙。《中华人民共和国合伙企业法》规定，合伙协议未约定合伙期限的，合伙人在不给合伙企业事务执行造成不利影响的情况下，可以退伙，但应当提前三十日通知其他合伙人。

合伙人违反《中华人民共和国合伙企业法》第四十五条、第四十六条的规定退伙的，应当赔偿由此给合伙企业造成的损失。

【练习3-12】（单选题）张某、王某、李某、赵某各出资四分之一，设立旅途酒吧（普通合伙企业）。合伙协议未约定合伙期限。开业两年后，张某在经营理念上与其他合伙人冲突不断，遂产生退伙想法。下列说法正确的是（　　）。

  A. 张某可将其份额转让给合伙人王某，且不必事先告知赵某、李某
  B. 张某可经王某、赵某同意后，将其份额转让给李某的朋友刘某
  C. 张某可主张发生其难以继续参加合伙的事由，向其他人要求立即退伙
  D. 张某可在不给合伙企业事务执行造成不利影响的前提下，提前三十日通知其他合伙人要求退伙

(3) 当然退伙。《中华人民共和国合伙企业法》规定，合伙人有下列情形之一的，当然退伙：

① 作为合伙人的自然人死亡或者被依法宣告死亡；
② 个人丧失偿债能力；
③ 作为合伙人的法人或者其他组织依法被吊销营业执照、责令关闭、撤销，或者被宣告破产；
④ 法律规定或者合伙协议约定合伙人必须具有相关资格而丧失该资格；
⑤ 合伙人在合伙企业中的全部财产份额被人民法院强制执行。

合伙人被依法认定为无民事行为能力人或者限制民事行为能力人的，经其他合伙人一致同意，可以依法转为有限合伙人，普通合伙企业依法转为有限合伙企业。其他合伙人未能一致同意的，该无民事行为能力或者限制民事行为能力的合伙人退伙。

退伙事由实际发生之日为退伙生效日。

(4) 除名。《中华人民共和国合伙企业法》规定，合伙人有下列情形之一的，经其他合伙人一致同意，可以决议将其除名：

① 未履行出资义务；
② 因故意或者重大过失给合伙企业造成损失；
③ 执行合伙事务时有不正当行为；
④ 发生合伙协议约定的事由。

对合伙人的除名决议应当书面通知被除名人。被除名人接到除名通知之日，除名生效，被除名人退伙。被除名人对除名决议有异议的，可以自接到除名通知之日起三十日内，向人民法院起诉。

3. 退伙的法律后果

(1) 财产继承。按照《中华人民共和国合伙企业法》的规定，合伙人死亡或者被依法宣告死亡的，对该合伙人在合伙企业中的财产份额享有合法继承权的继承人，按照合伙协议的约定或者经全体合伙人一致同意，从继承开始之日起，取得该合伙企业的合伙人资格。

有下列情形之一的，合伙企业应当向合伙人的继承人退还被继承合伙人的财产份额：继承人不愿意成为合伙人；法律规定或者合伙协议约定合伙人必须具有相关资格，而该继承人未取得该资格；合伙协议约定不能成为合伙人的其他情形。

合伙人的继承人为无民事行为能力人或者限制民事行为能力人的，经全体合伙人一致同意，可以依法成为有限合伙人，普通合伙企业依法转为有限合伙企业。全体合伙人未能一致同意的，合伙企业应当将被继承合伙人的财产份额退还该继承人。

【练习3-13】（单选题）2023年1月，甲、乙、丙设立一普通合伙企业。2024年2月，甲与戊结婚。2024年7月，甲因车祸去世。甲除戊外没有其他亲人，合伙协议对合伙人资格取得或丧失未作约定。下列哪一选项是正确的？（　　）

A. 合伙企业中甲的财产份额属于夫妻共同财产
B. 戊依法自动取得合伙人地位

C. 经乙、丙一致同意，戊取得合伙人资格
D. 只能由合伙企业向戊退还甲在合伙企业中的财产份额

【练习3-14】（多选题）2023年3月，周某、吴某、郑某、王某以普通合伙企业形式开办一家湘菜馆。2024年7月，吴某因车祸死亡，按遗嘱，其妻欧某为唯一继承人。在下列哪些情形中，欧某不能通过继承的方式取得该合伙企业的普通合伙人资格（合伙协议对合伙人资格取得或丧失未作约定）？（　　）
A. 吴某之父对欧某取得合伙人资格表示异议
B. 合伙协议规定合伙人须具有国家一级厨师资格证，欧某不具有
C. 郑某不愿意接纳欧某为合伙人
D. 欧某因吴某死亡遭受打击，精神失常，经人民法院宣告为无民事行为能力人

（2）退伙结算。合伙人退伙，其他合伙人应当与该退伙人按照退伙时的合伙企业财产状况进行结算，退还退伙人的财产份额。退伙人对给合伙企业造成的损失负有赔偿责任的，相应扣减其应当赔偿的数额。

退伙时有未了结的合伙企业事务的，待该事务了结后进行结算。

退伙人对基于其退伙前的原因发生的合伙企业债务，承担无限连带责任。

三、特殊的普通合伙企业

以专业知识和专门技能为客户提供有偿服务的专业服务机构，可以设立为特殊的普通合伙企业。如会计师事务所、律师事务所等。

特殊的普通合伙企业名称中应当标明"特殊普通合伙"字样。

一个合伙人或者数个合伙人在执业活动中因故意或者重大过失造成合伙企业债务的，应当承担无限责任或者无限连带责任，其他合伙人以其在合伙企业中的财产份额为限承担责任。

典型案例

注册会计师甲、乙、丙共同出资设立一合伙制会计师事务所。甲、乙在某次审计业务中，因出具虚假审计报告造成会计师事务所债务80万元（故意）。对该笔债务，甲、乙应承担无限连带责任，丙应以其在会计师事务所中的财产份额为限承担责任。

合伙人在执业活动中非因故意或者重大过失造成的合伙企业债务以及合伙企业的其他债务，由全体合伙人承担无限连带责任。

合伙人执业活动中因故意或者重大过失造成的合伙企业债务，以合伙企业财产对外承担责任后，该合伙人应当按照合伙协议的约定对给合伙企业造成的损失承担赔偿责任。

【练习3-15】（多选题）某建筑师事务所登记设立为特殊的普通合伙企业，合伙人之一的杨某在一次执业过程中因重大过失给客户造成损失，则下列说法中正确的是（　　）。
A. 由此形成的合伙企业的债务，对外由合伙企业承担，合伙人不承担

B. 由此形成的合伙企业的债务，应由杨某一人独立承担
C. 其他合伙人对由此形成的合伙企业的债务，以其在合伙企业中的财产份额为限承担责任
D. 合伙企业对此承担责任以后，可以向杨某追偿

特殊的普通合伙企业应当建立执业风险基金、办理职业保险。

执业风险基金用于偿付合伙人执业活动造成的债务。执业风险基金应当单独立户管理。具体管理办法由国务院规定。

四、有限合伙企业

（一）概念

有限合伙企业由二个以上五十个以下合伙人设立；但是，法律另有规定的除外。有限合伙企业至少应当有一个普通合伙人。有限合伙企业名称中应当标明"有限合伙"字样。

（二）合伙协议

合伙协议除符合《中华人民共和国合伙企业法》第十八条的规定外，还应当载明下列事项：

（1）普通合伙人和有限合伙人的姓名或者名称、住所；
（2）执行事务合伙人应具备的条件和选择程序；
（3）执行事务合伙人权限与违约处理办法；
（4）执行事务合伙人的除名条件和更换程序；
（5）有限合伙人入伙、退伙的条件、程序以及相关责任；
（6）有限合伙人和普通合伙人相互转变程序。

（三）出资

有限合伙人可以用货币、实物、知识产权、土地使用权或者其他财产权利作价出资。有限合伙人不得以劳务出资。

有限合伙人应当按照合伙协议的约定按期足额缴纳出资；未按期足额缴纳的，应当承担补缴义务，并对其他合伙人承担违约责任。

有限合伙企业登记事项中应当载明有限合伙人的姓名或者名称及认缴的出资数额。

（四）事务执行

有限合伙企业由普通合伙人执行合伙事务。执行事务合伙人可以要求在合伙协议中确定执行事务的报酬及报酬提取方式。有限合伙人不执行合伙事务，不得对外代表有限合伙企业。

（五）有限合伙人不视为执行合伙事务的行为

有限合伙人的下列行为，不视为执行合伙事务：
（1）参与决定普通合伙人入伙、退伙；
（2）对企业的经营管理提出建议；
（3）参与选择承办有限合伙企业审计业务的会计师事务所；
（4）获取经审计的有限合伙企业财务会计报告；
（5）对涉及自身利益的情况，查阅有限合伙企业财务会计账簿等财务资料；
（6）在有限合伙企业中的利益受到侵害时，向有责任的合伙人主张权利或者提起诉讼；
（7）执行事务合伙人怠于行使权利时，督促其行使权利或者为了本企业的利益以自己的名义提起诉讼；
（8）依法为本企业提供担保。

（六）利润分配

有限合伙企业不得将全部利润分配给部分合伙人；但是，合伙协议另有约定的除外。

（七）自我交易与自我竞争

自我交易：有限合伙人可以同本有限合伙企业进行交易；但是，合伙协议另有约定的除外。

自我竞争：有限合伙人可以自营或者同他人合作经营与本有限合伙企业相竞争的业务；但是，合伙协议另有约定的除外。

（八）有限合伙人财产转让与出质

有限合伙人可以将其在有限合伙企业中的财产份额出质；但是，合伙协议另有约定的除外。

有限合伙人可以按照合伙协议的约定向合伙人以外的人转让其在有限合伙企业中的财产份额，但应当提前三十日通知其他合伙人。

【练习3-16】（单选题）甲是某有限合伙企业的有限合伙人，持有该企业15%的财产份额。在合伙协议无特别约定的情况下，甲在合伙期间未经其他合伙人同意实施了下列行为，其中哪一选项违反《中华人民共和国合伙企业法》规定？（　　　）
A. 将自购的机器设备出租给有限合伙企业使用
B. 以有限合伙企业的名义购买汽车一辆归有限合伙企业使用
C. 以自己在有限合伙企业中的财产份额向银行提供质押担保
D. 提前一个月通知其他合伙人将其部分财产份额转让给有限合伙人以外的人

（九）有限合伙人个人债务清偿

有限合伙人的自有财产不足清偿其与合伙企业无关的债务的，该合伙人可以以其从有限合伙企业中分取的收益用于清偿；债权人也可以依法请求人民法院强制执行该合伙人在有限合伙企业中的财产份额用于清偿。

人民法院强制执行有限合伙人的财产份额时，应当通知全体合伙人。在同等条件下，其他合伙人有优先购买权。

（十）合伙企业形式改变

有限合伙企业仅剩有限合伙人的，应当解散；有限合伙企业仅剩普通合伙人的，转为普通合伙企业。

（十一）责任承担

表见普通合伙人责任。第三人有理由相信有限合伙人为普通合伙人并与其交易的，该有限合伙人对该笔交易承担与普通合伙人同样的责任。

无权代理人的责任。有限合伙人未经授权以有限合伙企业名义与他人进行交易，给有限合伙企业或者其他合伙人造成损失的，该有限合伙人应当承担赔偿责任。

新入伙的有限合伙人对入伙前有限合伙企业的债务，以其认缴的出资额为限承担责任。

（十二）有限合伙人退伙的情形

根据《中华人民共和国合伙企业法》第七十八条规定，有限合伙人有下列情形之一的，当然退伙：

（1）作为合伙人的自然人死亡或者被依法宣告死亡；

（2）作为合伙人的法人或者其他组织依法被吊销营业执照、责令关闭、撤销，或者被宣告破产；

（3）法律规定或者合伙协议约定合伙人必须具有相关资格而丧失该资格；

（4）合伙人在合伙企业中的全部财产份额被人民法院强制执行。

作为有限合伙人的自然人在有限合伙企业存续期间丧失民事行为能力的，其他合伙人不得因此要求其退伙。

作为有限合伙人的自然人死亡、被依法宣告死亡或者作为有限合伙人的法人及其他组织终止时，其继承人或者权利承受人可以依法取得该有限合伙人在有限合伙企业中的资格。

有限合伙人退伙后，对基于其退伙前的原因发生的有限合伙企业债务，以其退伙时从有限合伙企业中取回的财产承担责任。

（十三）合伙人身份转变及责任承担

除合伙协议另有约定外，普通合伙人转变为有限合伙人，或者有限合伙人转变为普通合伙人，应当经全体合伙人一致同意。

有限合伙人转变为普通合伙人的，对其作为有限合伙人期间有限合伙企业发生的债务承担无限连带责任。

普通合伙人转变为有限合伙人的，对其作为普通合伙人期间合伙企业发生的债务承担无限连带责任。

【练习 3-17】（单选题）甲、乙、丙、丁成立一普通合伙企业，一年后甲转为有限合伙人。在甲转为有限合伙人前，普通合伙企业欠银行债务30万元。该笔债务直至该企业因严重资不抵债被宣告破产仍未偿还。对该笔 30 万元银行债务的偿还，下列哪一选项是正确的？（   ）
  A. 乙、丙、丁应按合伙份额对该笔债务承担清偿责任，甲无须承担责任
  B. 各合伙人均应对该笔债务承担无限连带责任
  C. 乙、丙、丁应对该笔债务承担无限连带责任，甲无须承担责任
  D. 企业已宣告破产，债务归于消灭，各合伙人无须偿还该笔债务

【练习 3-18】（多选题）贾某是一有限合伙企业的有限合伙人。在此基础上，下列哪些选项是正确的？（   ）
  A. 若贾某被人民法院判决认定为无民事行为能力人，其他合伙人可以因此要求其退伙
  B. 若贾某死亡，其继承人可以依法取得贾某在有限合伙企业中的资格
  C. 若贾某转为普通合伙人，其必须对其作为有限合伙人期间有限合伙企业发生的债务承担无限连带责任
  D. 如果合伙协议没有限制，贾某可以不经过其他合伙人同意而将其在有限合伙企业中的财产份额出质

五、合伙企业解散、清算

（一）合伙企业应当解散的情形

合伙企业有下列情形之一的，应当解散：
（1）合伙期限届满，合伙人决定不再经营；
（2）合伙协议约定的解散事由出现；
（3）全体合伙人决定解散；
（4）合伙人已不具备法定人数满三十天；
（5）合伙协议约定的合伙目的已经实现或者无法实现；
（6）依法被吊销营业执照、责令关闭或者被撤销；
（7）法律、行政法规规定的其他原因。

（二）清算

合伙企业解散，应当由清算人进行清算。

清算人由全体合伙人担任；经全体合伙人过半数同意，可以自合伙企业解散事由出现后十五日内指定一个或者数个合伙人，或者委托第三人，担任清算人。

自合伙企业解散事由出现之日起十五日内未确定清算人的，合伙人或者其他利害关系人可以申请人民法院指定清算人。

清算人在清算期间执行下列事务：
（1）清理合伙企业财产，分别编制资产负债表和财产清单；

(2) 处理与清算有关的合伙企业未了结事务；
(3) 清缴所欠税款；
(4) 清理债权、债务；
(5) 处理合伙企业清偿债务后的剩余财产；
(6) 代表合伙企业参加诉讼或者仲裁活动。

清算人自被确定之日起十日内将合伙企业解散事项通知债权人，并于六十日内在报纸上公告。债权人应当自接到通知书之日起三十日内，未接到通知书的自公告之日起四十五日内，向清算人申报债权。

债权人申报债权，应当说明债权的有关事项，并提供证明材料。清算人应当对债权进行登记。

清算期间，合伙企业存续，但不得开展与清算无关的经营活动。

合伙企业财产在支付清算费用和职工工资、社会保险费用、法定补偿金以及缴纳所欠税款、清偿债务后的剩余财产，依照《中华人民共和国合伙企业法》第三十三条第一款的规定进行分配。

清算结束，清算人应当编制清算报告，经全体合伙人签名、盖章后，在十五日内向企业登记机关报送清算报告，申请办理合伙企业注销登记。

（三）合伙企业注销、破产后的债务承担

合伙企业注销后，原普通合伙人对合伙企业存续期间的债务仍应承担无限连带责任。

合伙企业不能清偿到期债务的，债权人可以依法向人民法院提出破产清算申请，也可以要求普通合伙人清偿。

合伙企业依法被宣告破产的，普通合伙人对合伙企业债务仍应承担无限连带责任。

实务练习（二）

一、概念

普通合伙企业　　特殊的普通合伙企业　　有限合伙企业　　通知退伙

模块三（练习）：参考答案

二、简答

1. 普通合伙人入伙的条件及法律后果是什么？
2. 普通合伙人的出资方式有哪些？
3. 简述合伙协议的主要内容。
4. 分析协议退伙的情形。

三、实务案例分析

孙某、于某、廖某欲合伙从事茶叶销售业务，经商量达成一致意见，成立普通合伙企业。他们在合伙协议上签名、盖章后，寻找经营场所、置办设施，并将该合伙企业取名为

"品茗有限责任公司"。两年后，廖某因该合伙企业经营状况不佳，决意退出该合伙企业。因合伙协议未约定合伙期限，廖某按规定通知了孙某与于某，这期间，孙某以该合伙企业名义与春蕾公司签订了代销绿茶的合同。

鲁某自认为有经营之道，要求加入该合伙企业，并提出自己只负责销售，该合伙企业须给其一定的利润提成，其他合伙人口头表示认可，从此鲁某便以该合伙企业的名义到处活动。廖某在办理退伙事宜时，因该合伙企业与春蕾公司代销绿茶的合同刚签订不久，未将此合同有关事宜进行结算。廖某退伙后，即去外地经商，该合伙企业在后来的经营过程中，因违法经营问题严重，被相关部门依法吊销营业执照，导致该合伙企业解散，春蕾公司得知该合伙企业解散的消息后，即向人民法院起诉，请求该合伙企业偿还其代销绿茶的款项。

现问：

（1）该合伙企业名称是否合法，为什么？

（2）廖某对该合伙企业对春蕾公司的债务是否应承担责任，为什么？

（3）在该案的诉讼活动中，鲁某可否被列为被告，为什么？

（4）假设孙某、于某、廖某在合伙协议中约定对合伙企业事务作出决议时，不论各合伙人投资的份额大小，均实行一人一票的表决办法。该约定是否符合法律规定？

（5）假设孙某、于某、廖某未就利润分配作出约定，则三人应如何分配利润？

（6）假设孙某、于某、廖某决定由孙某一人负责执行合伙企业事务，则于某、廖某在执行合伙企业事务中享有哪些权利？

四、实务训练：合伙协议签订

普通合伙企业中，存在合伙人对合伙企业债务承担无限连带责任等情形。因此，在选择普通合伙企业作为组织形式时，合伙人应该充分考虑这些潜在的风险，并通过制定详细的合伙协议来尽可能地降低这些风险的影响。请阅读并学习以下示范文本。

普通合伙协议（示范文本）

甲方：

住址：

身份证号码：

乙方：

住址：

身份证号码：

甲乙双方遵照自愿、公平、诚实守信的原则，经友好协商，就合伙经营企业，达成如下条款。

第一条　合伙经营项目

1. 甲乙双方自愿合伙经营_____普通合伙企业。

2. 经营范围：_____。

3. 合伙期间，根据市场需要，经甲乙双方协商一致可以修改经营项目以及增加、减少投资额。

4. 经营场所：_____。

第二条　出资形式及出资比例

1. 甲乙双方可以用货币、实物、知识产权、土地使用权或者其他财产权利出资，也可以用劳务出资。

甲方以_____出资，计人民币_____元，占出资总额的_____%。

乙方以_____出资，计人民币_____元，占出资总额的_____%。

（大小写注明）

2. 合伙人以实物、知识产权、土地使用权或者其他财产权利出资，由甲乙双方委托法定评估机构评估。合伙人以劳务出资的，其评估办法由甲乙双方协商确定。

3. 出资期限：以货币财产出资的，各合伙人的出资应在_____年____月____日前交到合伙企业开设的银行账户上；以非货币财产出资的，需要办理财产权转移手续的，应在_____个月内办理。

第三条　合伙经营期间的债务、利润分配

1. 甲乙双方对于合伙企业的债务应先以合伙企业经营收入偿还，不足部分由各合伙人按出资比例进行负担，对外甲乙双方均承担无限连带责任。任何一方对外偿还债务后，其清偿的金额超出自己应负比例的则有权向其他应承担清偿义务的合伙人追偿。

2. 合伙企业的利润应按照甲乙双方各自的出资比例予以分配。

第四条　合伙企业证照登记事宜

经双方协商，由甲方_____办理工商、税务等证照登记事宜。

第五条　合伙企业事务执行

1. 甲乙双方在经营过程中共同管理企业事务。

2. 按《中华人民共和国合伙企业法》规定，以下事项经合伙人一致同意方有效。

（1）改变合伙企业的名称；

（2）改变合伙企业的经营范围、主要经营场所的地点；

（3）处分合伙企业的不动产；

（4）转让或者处分合伙企业的知识产权和其他财产权利；

（5）以合伙企业名义为他人提供担保；

（6）聘任合伙人以外的人担任合伙企业的经营管理人员；

（7）合伙人向合伙人以外的人转让其在合伙企业中的全部或者部分财产份额；

（8）合伙人以其在合伙企业中的财产份额出质的。

第六条　入伙、退伙

1. 他人入伙须经合伙人一致同意，并办理增加出资额的手续和订立补充协议，重新调整合伙出资比例以及债务、利润分配比例。补充协议与本协议具有同等效力。新入伙的合伙人对于入伙之前和入伙之后合伙经营的债务与其他合伙人对外共同承担无限连带责任。

2. 合伙企业存续期间，遇不可抗力因素（自然灾害、法律政策调整）；经合伙人一致同意；发生合伙人难以继续参加合伙的事由；其他合伙人严重违反合伙协议约定的义务；有《中华人民共和国合伙企业法》第四十八条、第四十九条规定情形，合伙人可以提前退伙，假如退伙导致只有一名合伙人继续经营，则合伙企业解散。

因合伙人过错退伙，退伙人对给合伙企业造成的损失负有赔偿责任。

3. 合伙人应共同进行合伙业务终止的清算，退伙人应对于退伙之前的合伙经营债务对内按各自出资比例承担清偿责任，对外承担无限连带责任，合伙人承担比例超出自己应负比例的有权向其他合伙人追偿。退伙人在按上述条款偿还应承担的合伙经营债务之后其出资可以退回，出资不宜退回的可以从合伙企业财产中折价给予补偿。

若有剩余进行盈余分配。

第七条 合伙期限

1. 合伙期限暂定为_____年，自营业执照签发之日起计算。合伙期限届满，经各合伙人协商一致可以延长合伙期限，也可以根据市场情况提前终止合伙经营。

2. 提前终止合伙经营或者延长合伙期限应提前_____个月取得各合伙人的一致同意，并在期满前办理完有关手续。

第八条 甲乙双方的特别约定

鉴于工商、税务等证照均办理至甲方_____名下，甲乙双方特别约定，合伙经营期间发生的行政处罚、劳务纠纷、债务纠纷或意外伤害等情况造成的经济赔偿（含罚款）均应由甲乙双方以合伙企业财产共同负担，合伙企业财产不足以清偿经济赔偿（含罚款）的，应由各合伙人按各自出资比例分担，一方负担超出自己应负担比例的有权向另一方追偿。

第九条 合伙企业解散

出现下列情形时合伙企业解散：

（1）合伙期限届满，合伙人决定不再经营；

（2）合伙人协商同意提前终止的；

（3）合伙经营的业务出现重大亏损已难以继续经营的；

（4）合伙人退伙，只剩一名合伙人继续经营的；

（5）其他法律规定的情形。

第十条 合伙企业清算

合伙企业解散时应当进行清算，清算组由全体合伙人组成，其职责包括：

（1）清理合伙企业财产，分别编制资产负债表和财产清单；

（2）处理与清算有关的合伙未了结事务；

（3）清缴所欠税款；

（4）清理债权、债务；

（5）处理合伙清偿债务后的剩余财产；

（6）代表合伙企业参加诉讼或者仲裁活动；

（7）分配合伙企业财产、利润。

清算结束，清算人应当编制清算报告，经全体合伙人签名、盖章后，在十五日内向企业登记机关报送清算报告，申请办理合伙企业注销登记。

合伙企业注销后，原普通合伙人对合伙企业存续期间的债务仍应承担无限连带责任。

合伙企业依法被宣告破产的，普通合伙人对合伙企业债务仍应承担无限连带责任。

第十一条　违约责任

合伙企业存续期间，合伙人（含增加的入伙人）应诚实守信、团结协作，严格按照本协议履行各自义务；任何一方严重损害其他方合法利益，给合伙经营造成损失的，应向其他方赔偿。

第十二条　争议的解决

本协议在履行过程中发生的争议，由当事人协商解决；也可由当地管理部门调解；协商或调解不成的，按下列第_____种方式解决：

（1）提交_____仲裁委员会仲裁；

（2）依法向人民法院起诉。

第十三条　其他事宜

本协议未尽事宜，甲乙双方可以补充规定，补充协议与本协议有同等效力。

第十四条　协议生效

1. 本协议自甲乙双方共同签字或盖章之日生效，即具有合同约束力。
2. 本协议一式二份，甲乙各执一份，每份具有同等法律效力。

甲方签字（或盖章）：

乙方签字（或盖章）：

年　　月　　日

模块四

法人商事主体

> **导　学**
>
> 公司是企业法人，《中华人民共和国公司法》是为了规范公司的组织和行为，保护公司、股东、职工和债权人的合法权益，完善中国特色现代企业制度，弘扬企业家精神，维护社会经济秩序，促进社会主义市场经济的发展，根据宪法而制定的法律。《中华人民共和国公司法》规定了公司的设立、组织、运营、变更、解散等法律程序，并对公司的内部治理结构、股东权利义务、公司章程制定等内容进行了规范。同时，《中华人民共和国公司法》还规定了公司的社会责任和法律责任等内容，以保障公司的正常运行，维护社会公共利益。

> **学习目标**
>
> - 掌握公司的概念、公司登记、有限责任公司的设立和组织机构、有限责任公司的股权转让等内容；
> - 了解股份有限公司的设立和组织机构，股份有限公司的股份发行和转让，国家出资公司组织机构的特别规定，公司董事、监事、高级管理人员的任职资格和义务，公司债券，公司合并、分立、增资、减资，公司解散和清算等内容。

任务一　公司法律制度概述

一、公司概述

（一）公司的概念及要素

1. 概念

公司是企业的一种组织形态，它是指依照法定的条件和程序设立的，以营利为目的商事组织。具体来说，本书所称公司，是指依照《中华人民共和国公司法》[①]在中华人民共和

[①] 本书引用《中华人民共和国公司法》内容源自 2023 年修订版本，其公布日期为 2023 年 12 月 29 日，施行日期为 2024 年 7 月 1 日。

国境内设立的有限责任公司和股份有限公司。公司是企业法人，有独立的法人财产，享有法人财产权。公司以其全部财产对公司的债务承担责任。公司以其主要办事机构所在地为住所。

2. 股东及其权利、义务

股东是指基于投资或者其他合法原因获得公司股权，对公司享有权利和承担义务的自然人、法人或其他组织。

（1）股东的权利。

公司股东对公司依法享有资产收益、参与重大决策和选择管理者等权利。

有限责任公司的股东以其认缴的出资额为限对公司承担责任；股份有限公司的股东以其认购的股份为限对公司承担责任。

（2）股东的义务。

公司股东应当遵守法律、行政法规和公司章程，依法行使股东权利，不得滥用股东权利损害公司或者其他股东的利益。公司股东滥用股东权利给公司或者其他股东造成损失的，应当承担赔偿责任。

公司的控股股东、实际控制人、董事、监事、高级管理人员不得利用关联关系损害公司利益。违反此规定，给公司造成损失的，应当承担赔偿责任。

知识拓展

控股股东，是指其出资额占有限责任公司资本总额超过百分之五十或者其持有的股份占股份有限公司股本总额超过百分之五十的股东；出资额或者持有股份的比例虽然低于百分之五十，但依其出资额或者持有的股份所享有的表决权已足以对股东会的决议产生重大影响的股东。

实际控制人，是指通过投资关系、协议或者其他安排，能够实际支配公司行为的人。

关联关系，是指公司控股股东、实际控制人、董事、监事、高级管理人员与其直接或者间接控制的企业之间的关系，以及可能导致公司利益转移的其他关系。但是，国家控股的企业之间不仅因为同受国家控股而具有关联关系。

3. 公司章程

公司章程，是指公司依法制定的，规定公司名称、住所、经营范围、经营管理制度等重大事项的基本文件。

设立公司应当依法制定公司章程。公司章程对公司、股东、董事、监事、高级管理人员具有约束力。

知识拓展

公司章程的重要意义

公司章程是股东对于公司各项重大事项作出的具体安排和规定，它的重要意义在于，它能在法律规定的范围之内，赋予公司投资者按照自己的意愿管理公司的权利。《中华人民共和国公司法》赋予公司越来越多的自治权，可以使公司在经济活动中采用灵活多样的方式进行管理，很多条文都有这样的规定——"公司章程另有规定的除外"。公司章程在公司治理中的作用越来越重要，是公司必备法律文件，被称为"公司宪章"，公司章程在经有关部门批准，公司登记机关核准后即对外产生法律效力。公司、股东以及董事、监事和高级管理人员都要受到公司章程的约束。

4. 经营范围

公司的经营范围由公司章程规定。公司可以修改公司章程，变更经营范围。公司的经营范围中属于法律、行政法规规定须经批准的项目，应当依法经过批准。

5. 法定代表人

公司的法定代表人按照公司章程的规定，由代表公司执行公司事务的董事或者经理担任。担任法定代表人的董事或者经理辞任的，视为同时辞去法定代表人。法定代表人辞任的，公司应当在法定代表人辞任之日起三十日内确定新的法定代表人。

法定代表人以公司名义从事的民事活动，其法律后果由公司承受。公司章程或者股东会对法定代表人职权的限制，不得对抗善意相对人。法定代表人因执行职务造成他人损害的，由公司承担民事责任。公司承担民事责任后，依照法律或者公司章程的规定，可以向有过错的法定代表人追偿。

【练习 4-1】（多选题）某公司依照《中华人民共和国公司法》制定的公司章程，对以下哪些主体有约束力？（　　）
  A. 该公司   B. 股东   C. 高级管理人员 D. 董事

【练习 4-2】（判断题）公司的经营范围由公司营业执照规定。（　　）

【练习 4-3】（判断题）公司是企业法人，有独立的法人财产，享有法人财产权。公司以其全部财产对公司的债务承担责任。（　　）

【练习 4-4】（判断题）公司的法定代表人按照公司章程的规定，由代表公司执行公司事务的股东或者经理担任。（　　）

【练习 4-5】（判断题）担任法定代表人的董事或者经理辞任的，视为同时辞去法定代表人。（　　）

（二）子公司与分公司

公司可以设立子公司。子公司具有法人资格，依法独立承担民事责任。

公司可以设立分公司。分公司不具有法人资格，其民事责任由公司承担。

【练习 4-6】（单选题）A 公司的子公司 B 公司在其经营范围内以自己的名义对外签订了一份原材料买卖合同，根据公司法律制度的规定，下列关于该合同的效力及责任承担的表述中，正确的是（　　）。
  A. 该合同有效，其民事责任由 A 公司承担
  B. 该合同有效，其民事责任由 B 公司承担
  C. 该合同无效，其民事责任由 A 公司承担
  D. 该合同无效，其民事责任由 B 公司承担

（三）公司投资或担保

公司向其他企业投资或者为他人提供担保，按照公司章程的规定，由董事会或者股东会决议；公司章程对投资或者担保的总额及单项投资或者担保的数额有限额规定的，不得超过规定的限额。

《中华人民共和国公司法》第十五条第二款规定，公司为公司股东或者实际控制人提供担保的，应当经股东会决议。

《中华人民共和国公司法》第十五条第二款规定的股东或者受《中华人民共和国公司法》第十五条第二款规定的实际控制人支配的股东，不得参加《中华人民共和国公司法》第十五条第二款规定事项的表决。该项表决由出席会议的其他股东所持表决权的过半数通过。

【例 4-1】A 公司是由甲出资 20 万元、乙出资 50 万元、丙出资 30 万元、丁出资 80 万元共同设立的有限责任公司，丁申请 A 公司为其银行贷款提供担保，为此，A 公司召开股东会，甲、乙、丙、丁均出席会议，乙明确表示不同意。根据《中华人民共和国公司法》的规定，下列关于会议决议的表述中，正确的是（　　）。

  A. 该决议必须经甲、乙、丙、丁四个股东全部通过，因乙不同意，故不能通过
  B. 该决议必须经甲、乙、丙三个股东全部通过，因乙不同意，故不能通过
  C. 该决议必须经全体股东所持表决权的过半数通过，因甲、丙、丁所持表决权约占 72%，故通过
  D. 该决议必须经甲、乙、丙股东所持表决权的过半数通过，因甲、丙所持表决权仅占 50%，故不能通过

【答案】D

【解析】根据《中华人民共和国公司法》的规定，公司为公司股东或者实际控制人提供担保的，应当经股东会决议。《中华人民共和国公司法》第十五条第二款规定的股东或者受《中华人民共和国公司法》第十五条第二款规定的实际控制人支配的股东，不得参加《中华人民共和国公司法》第十五条第二款规定事项的表决。该项表决由出席会议的其他股东所持表决权的过半数通过。

题中决议必须经出席会议的甲、乙、丙三股东所持表决权的过半数通过，因乙不同意，而甲、丙所持表决权仅占 50%，未超过半数表决权，故决议不能通过。

（四）禁止滥用公司法人独立地位和股东有限责任

公司股东滥用公司法人独立地位和股东有限责任，逃避债务，严重损害公司债权人利益的，应当对公司债务承担连带责任。股东利用其控制的两个以上公司实施《中华人民共和国公司法》第二十三条第一款（即前述内容）规定行为的，各公司应当对任一公司的债务承担连带责任。

只有一个股东的公司，股东不能证明公司财产独立于股东自己的财产的，应当对公司债务承担连带责任。

(五)公司决议的无效或被撤销

1. 公司决议无效的情形

公司股东会、董事会的决议内容违反法律、行政法规的无效。

有下列情形之一的,公司股东会、董事会的决议不成立:

(1)未召开股东会、董事会会议作出决议;
(2)股东会、董事会会议未对决议事项进行表决;
(3)出席会议的人数或者所持表决权数未达到《中华人民共和国公司法》或者公司章程规定的人数或者所持表决权数;
(4)同意决议事项的人数或者所持表决权数未达到《中华人民共和国公司法》或者公司章程规定的人数或者所持表决权数。

公司股东会、董事会决议被人民法院宣告无效、撤销或者确认不成立的,公司应当向公司登记机关申请撤销根据该决议已办理的登记。

股东会、董事会决议被人民法院宣告无效、撤销或者确认不成立的,公司根据该决议与善意相对人形成的民事法律关系不受影响。

2. 公司决议可被撤销的情形

公司股东会、董事会的会议召集程序、表决方式违反法律、行政法规或者公司章程,或者决议内容违反公司章程的,股东自决议作出之日起六十日内,可以请求人民法院撤销。但是,股东会、董事会的会议召集程序或者表决方式仅有轻微瑕疵,对决议未产生实质影响的除外。未被通知参加股东会会议的股东自知道或者应当知道股东会决议作出之日起六十日内,可以请求人民法院撤销;自决议作出之日起一年内没有行使撤销权的,撤销权消灭。

二、公司登记

申请设立公司,应当提交设立登记申请书、公司章程等文件,提交的相关材料应当真实、合法和有效。法律、行政法规规定设立公司必须报经批准的,应当在公司登记前依法办理批准手续。

知识拓展

公司的名称由哪些部分组成?

企业名称一般应当由行政区划名称、字号、行业或者经营特点、组织形式组成,并依次排列。法律、行政法规和《企业名称登记管理规定实施办法》另有规定的除外。

申请办理市场主体登记,应当提交下列材料:

(1)申请书;
(2)申请人资格文件、自然人身份证明;
(3)住所或者主要经营场所相关文件;

（4）公司、非公司企业法人、农民专业合作社（联合社）章程或者合伙企业合伙协议；
（5）法律、行政法规和国务院市场监督管理部门规定提交的其他材料。

国务院市场监督管理部门应当根据市场主体类型分别制定登记材料清单和文书格式样本，通过政府网站、登记机关服务窗口等向社会公开。登记机关能够通过政务信息共享平台获取的市场主体登记相关信息，不得要求申请人重复提供。

（一）公司登记事项

公司登记事项包括：名称；住所；注册资本；经营范围；法定代表人的姓名；有限责任公司股东、股份有限公司发起人的姓名或者名称。

公司登记机关应当将《中华人民共和国公司法》第三十二条第一款规定的公司登记事项通过国家企业信用信息公示系统向社会公示。

（二）公司营业执照

依法设立的公司，由公司登记机关发给公司营业执照。公司营业执照签发日期为公司成立日期。公司营业执照应当载明公司的名称、住所、注册资本、经营范围、法定代表人姓名等事项。公司登记机关可以发给电子营业执照。电子营业执照与纸质营业执照具有同等法律效力。

（三）变更、注销、设立分公司应当登记

公司登记事项发生变更的，应当依法办理变更登记。公司登记事项未经登记或者未经变更登记，不得对抗善意相对人。公司申请变更登记，应当向公司登记机关提交公司法定代表人签署的变更登记申请书、依法作出的变更决议或者决定等文件。公司变更登记事项涉及修改公司章程的，应当提交修改后的公司章程。公司变更法定代表人的，变更登记申请书由变更后的法定代表人签署。

公司因解散、被宣告破产或者其他法定事由需要终止的，应当依法向公司登记机关申请注销登记，由公司登记机关公告公司终止。

公司设立分公司，应当向公司登记机关申请登记，领取营业执照。

虚报注册资本、提交虚假材料或者采取其他欺诈手段隐瞒重要事实取得公司设立登记的，公司登记机关应当依照法律、行政法规的规定予以撤销。

（四）公司应公示事项

公司应当按照规定通过国家企业信用信息公示系统公示下列事项：
（1）有限责任公司股东认缴和实缴的出资额、出资方式和出资日期，股份有限公司发起人认购的股份数；
（2）有限责任公司股东、股份有限公司发起人的股权、股份变更信息；
（3）行政许可取得、变更、注销等信息；
（4）法律、行政法规规定的其他信息。

公司应当确保上述公示信息真实、准确、完整。

【练习4-7】（多选题）公司营业执照应载明的信息包括（　　）。
A．公司的名称　　　　B．住所　　　　C．注册资本　　　　D．经营范围
E．法定代表人姓名

【练习4-8】（单选题）根据《中华人民共和国公司法》的规定，下列有关公司成立日期的表述中，正确的是（　　）。
A．公司营业执照签发日期
B．向公司登记机关申请设立登记之日
C．股东签订协议设立公司之日
D．首次股东会召开之日

【练习4-9】（判断题）公司登记事项发生变更的，应当依法办理变更登记。公司登记事项未经登记或者未经变更登记，不得对抗相对人。（　　）

任务二　有限责任公司的设立、组织机构和股权转让

一、有限责任公司的设立

（一）有限责任公司的设立条件

1. 股东

有限责任公司由一个以上五十个以下股东出资设立。

2. 设立协议

有限责任公司设立时的股东可以签订设立协议，明确各自在公司设立过程中的权利和义务。

有限责任公司设立时的股东为设立公司从事的民事活动，其法律后果由公司承受。公司未成立的，其法律后果由公司设立时的股东承受；设立时的股东为二人以上的，享有连带债权，承担连带债务。

设立时的股东为设立公司以自己的名义从事民事活动产生的民事责任，第三人有权选择请求公司或者公司设立时的股东承担。设立时的股东因履行公司设立职责造成他人损害的，公司或者无过错的股东承担赔偿责任后，可以向有过错的股东追偿。

3. 章程

有限责任公司章程应当载明下列事项：
（1）公司名称和住所；
（2）公司经营范围；
（3）公司注册资本；
（4）股东的姓名或者名称；

（5）股东的出资额、出资方式和出资日期；
（6）公司的机构及其产生办法、职权、议事规则；
（7）公司法定代表人的产生、变更办法；
（8）股东会认为需要规定的其他事项。

股东应当在公司章程上签名或者盖章。

4. 出资

（1）注册资本。

有限责任公司的注册资本为在公司登记机关登记的全体股东认缴的出资额。全体股东认缴的出资额由股东按照公司章程的规定自公司成立之日起五年内缴足。

法律、行政法规以及国务院决定对有限责任公司注册资本实缴、注册资本最低限额、股东出资期限另有规定的，从其规定。

【练习 4-10】（单选题）有限责任公司的注册资本为在公司登记机关登记的全体股东认缴的出资额。全体股东认缴的出资额由股东按照公司章程的规定自公司成立之日起（　　）年内缴足。

A．3　　　　　　B．5　　　　　　C．2　　　　　　D．无期限规定

（2）出资方式。

股东可以用货币出资，也可以用实物、知识产权、土地使用权、股权、债权等可以用货币估价并可以依法转让的非货币财产作价出资；但是，法律、行政法规规定不得作为出资的财产除外。

对作为出资的非货币财产应当评估作价，核实财产，不得高估或者低估作价。法律、行政法规对评估作价有规定的，从其规定。

【练习 4-11】（多选题）以下可以作为有限责任公司出资方式的是（　　）。

A．实物　　　　B．知识产权　　　C．土地使用权　　D．股权
E．债权　　　　F．信誉

（3）出资义务。

股东应当按期足额缴纳公司章程规定的各自所认缴的出资额。股东以货币出资的，应当将货币出资足额存入有限责任公司在银行开设的账户；以非货币财产出资的，应当依法办理其财产权的转移手续。股东未按期足额缴纳出资的，除应当向公司足额缴纳外，还应当对给公司造成的损失承担赔偿责任。

① 出资不足的责任承担。

有限责任公司设立时，股东未按照公司章程规定实际缴纳出资，或者实际出资的非货币财产的实际价额显著低于所认缴的出资额的，设立时的其他股东与该股东在出资不足的范围内承担连带责任。

有限责任公司成立后，董事会应当对股东的出资情况进行核查，发现股东未按期足额缴纳公司章程规定的出资的，应当由公司向该股东发出书面催缴书，催缴出资。未及时履

行《中华人民共和国公司法》第五十一条第一款（即前述内容）规定的义务，给公司造成损失的，负有责任的董事应当承担赔偿责任。

【练习 4-12】（单选题）有限责任公司设立时，股东未按照公司章程规定实际缴纳出资，或者实际出资的非货币财产的实际价额显著低于所认缴的出资额的，（　　）与该股东在出资不足的范围内承担连带责任。

A. 所有股东　　　　　　　　B. 设立时的其他股东
C. 董事　　　　　　　　　　D. 经理

② 未按期缴纳出资的股东股权丧失制度。

股东未按照公司章程规定的出资日期缴纳出资，公司依照《中华人民共和国公司法》第五十一条第一款规定发出书面催缴书催缴出资的，可以载明缴纳出资的宽限期；宽限期自公司发出催缴书之日起，不得少于六十日。宽限期届满，股东仍未履行出资义务的，公司经董事会决议可以向该股东发出失权通知，通知应当以书面形式发出。自通知发出之日起，该股东丧失其未缴纳出资的股权。

依照《中华人民共和国公司法》第五十二条第一款规定丧失的股权应当依法转让，或者相应减少注册资本并注销该股权；六个月内未转让或者注销的，由公司其他股东按照其出资比例足额缴纳相应出资。

股东对失权有异议的，应当自接到失权通知之日起三十日内，向人民法院提起诉讼。

公司成立后，股东不得抽逃出资。违反此规定的，股东应当返还抽逃的出资；给公司造成损失的，负有责任的董事、监事、高级管理人员应当与该股东承担连带赔偿责任。

知识拓展

股东的出资，是公司设立并从事生产经营活动的物质基础。同时，公司一旦成立，股东的出资就成为公司的财产，即股东的出资形成有限责任公司的全部法人财产，是公司对外承担债务责任的保证。因此，股东在公司成立之后，不得抽逃出资，使公司财产减少。如果违反法律规定抽逃出资，股东就要承担相应的法律责任。

③ 股东出资加速到期制。

公司不能清偿到期债务的，公司或者已到期债权的债权人有权要求已认缴出资但未届出资期限的股东提前缴纳出资。

股东出资加速到期制的具体案例

章某因 A 公司拖欠其工资，向劳动争议仲裁委员会申请仲裁，经劳动争议仲裁委员会调解，章某与 A 公司达成调解协议，约定 A 公司应于 2023 年 6 月 30 日前支付拖欠章某的工资 8 万余元，劳动争议仲裁委员会据此作出了生效调解书。后 A 公司未按期履行债务，章某申请强制执行，因 A 公司名下无可供执行的财产，人民法院作出终结此次执行程序的裁定书。2024 年 7 月，章某向人民法院申请追加 A 公司的股东吴某为被执行人，承担 A 公司对章某所负债务（吴某系 A 公司持股比例 70%的股东，认缴出资额 160 万元人民币，认缴出资日期为 2050 年 3 月 5 日）。人民法院收到追加被执行人申请后，根据《中华人民共和国公司法》第五十四条的规定（公司不能清偿到期债务的，公司或者已到期债权的债权人有权要求已认缴出资但未届出资期限的股东提前缴纳出资），以及《最高人民法院关于适用〈中华人民共和国公司法〉时间效力的若干规定》，作出了追加吴某为被执行人，并在未出资范围内，对 A 公司不能清偿的债务向章某承担补充清偿责任的裁定书。

【练习 4-13】（单选题）依照规定丧失的股权应当依法转让，或者相应减少注册资本并注销该股权；（　　）内未转让或者注销的，由公司其他股东按照其出资比例足额缴纳相应出资。

A．两年　　　　B．六个月　　　　C．三个月　　　　D．一年

【练习 4-14】（判断题）公司不能清偿到期债务的，公司或者已到期债权的债权人有权要求已认缴出资但未届出资期限的股东提前缴纳出资。（　　）

【练习 4-15】（单选题）宽限期届满，股东仍未履行出资义务的，公司经董事会决议可以向该股东发出（　　），通知应当以书面形式发出。自通知发出之日起，该股东丧失其未缴纳出资的股权。

A．补缴通知　　B．惩罚通知　　C．失权通知　　D．转让通知

（二）出资证明书及股东名册

有限责任公司成立后，应当向股东签发出资证明书，记载下列事项：①公司名称；②公司成立日期；③公司注册资本；④股东的姓名或者名称、认缴和实缴的出资额、出资方式和出资日期；⑤出资证明书的编号和核发日期。出资证明书由法定代表人签名，并由公司盖章。

有限责任公司应当置备股东名册，记载下列事项：①股东的姓名或者名称及住所；②股东认缴和实缴的出资额、出资方式和出资日期；③出资证明书编号；④取得和丧失股东资格的日期。记载于股东名册的股东，可以依股东名册主张行使股东权利。

（三）股东知情权

股东有权查阅、复制公司章程、股东名册、股东会会议记录、董事会会议决议、监事会会议决议和财务会计报告。

股东可以要求查阅公司会计账簿、会计凭证。股东要求查阅公司会计账簿、会计凭证的，应当向公司提出书面请求，说明目的。公司有合理根据认为股东查阅会计账簿、会计凭证有不正当目的，可能损害公司合法利益的，可以拒绝提供查阅，并应当自股东提出书面请求之日起十五日内书面答复股东并说明理由。公司拒绝提供查阅的，股东可以向人民法院提起诉讼。

股东查阅《中华人民共和国公司法》第五十七条第二款规定的材料，可以委托会计师事务所、律师事务所等中介机构进行。

股东及其委托的会计师事务所、律师事务所等中介机构查阅、复制有关材料，应当遵守有关保护国家秘密、商业秘密、个人隐私、个人信息等法律、行政法规的规定。股东要

求查阅、复制公司全资子公司相关材料的，适用《中华人民共和国公司法》第五十七条前四款的规定。

【练习 4-16】（多选题）股东有权查阅、复制以下哪些公司资料？（　　）
A. 股东名册　　　　　　　　　　　B. 公司章程
C. 股东会会议记录　　　　　　　　D. 会计账簿
E. 财务会计报告　　　　　　　　　F. 董事会、监事会会议决议

二、有限责任公司的组织机构

（一）股东会及职权

1. 股东会性质

有限责任公司股东会由全体股东组成。股东会是公司的权力机构，负责审议和决定公司的重大事项，如修改公司章程。

2. 有限责任公司股东会行使的职权

股东会行使下列职权：
（1）选举和更换董事、监事，决定有关董事、监事的报酬事项；
（2）审议批准董事会的报告；
（3）审议批准监事会的报告；
（4）审议批准公司的利润分配方案和弥补亏损方案；
（5）对公司增加或者减少注册资本作出决议；
（6）对发行公司债券作出决议；
（7）对公司合并、分立、解散、清算或者变更公司形式作出决议；
（8）修改公司章程；
（9）公司章程规定的其他职权。
股东会可以授权董事会对发行公司债券作出决议。
对《中华人民共和国公司法》第五十九条第一款所列事项（即以上事项）股东以书面形式一致表示同意的，可以不召开股东会会议，直接作出决定，并由全体股东在决定文件上签名或者盖章。
只有一个股东的有限责任公司不设股东会。股东作出《中华人民共和国公司法》第五十九条第一款所列事项的决定时，应当采用书面形式，并由股东签名或者盖章后置备于公司。

> **知识拓展**
>
> 股东会职权，可以概括为几个方面的内容：①投资经营决定权；②人事决定权；③重大事项审批权；④重大事项决议权；⑤公司章程修改权；⑥其他职权。

3. 有限责任公司股东会会议召集和主持

首次股东会会议由出资最多的股东召集和主持，依照《中华人民共和国公司法》规定行使职权。股东会会议分为定期会议和临时会议。定期会议应当按照公司章程的规定按时召开。代表十分之一以上表决权的股东、三分之一以上的董事或者监事会提议召开临时会议的，应当召开临时会议。

【练习 4-17】（多选题）甲有限责任公司注册资本为 120 万元，股东人数为 9 人，董事会成员为 5 人，监事会成员为 5 人。股东一次缴清出资，该公司的公司章程对股东表决权行使事项未作特别规定。根据《中华人民共和国公司法》的规定，该公司出现的下列情形中，属于应当召开临时股东会会议的有（　　）。
A. 出资 20 万元的某股东提议召开
B. 公司未弥补的亏损达到 40 万元
C. 2 名董事提议召开
D. 2 名监事提议召开

股东会会议由董事会召集，董事长主持；董事长不能履行职务或者不履行职务的，由副董事长主持；副董事长不能履行职务或者不履行职务的，由过半数的董事共同推举一名董事主持。董事会不能履行或者不履行召集股东会会议职责的，由监事会召集和主持；监事会不召集和主持的，代表十分之一以上表决权的股东可以自行召集和主持。

召开股东会会议，应当于会议召开十五日前通知全体股东；但是，公司章程另有规定或者全体股东另有约定的除外。

股东会应当对所议事项的决定作成会议记录，出席会议的股东应当在会议记录上签名或者盖章。

4. 有限责任公司股东的表决权

股东会会议由股东按照出资比例行使表决权；但是，公司章程另有规定的除外。

> **知识拓展**

有限责任公司股东表决权的分配

《中华人民共和国公司法》第六十五条规定"股东会会议由股东按照出资比例行使表决权；但是，公司章程另有规定的除外"。该规定表明，有限责任公司股东表决权的分配方式分为两种情况：一是在公司章程没有特殊规定的情况下，由股东按照出资比例来行使表决权；二是在公司章程对此有特殊规定的情况下，按照公司章程中的规定确定分配方式。《中华人民共和国公司法》对此赋予了公司股东充分的意思自治权。

股东会的议事方式和表决程序，除《中华人民共和国公司法》有规定的外，由公司章程规定。股东会作出决议，应当经代表过半数表决权的股东通过。股东会作出修改公司章程、增加或者减少注册资本的决议,以及公司合并、分立、解散或者变更公司形式的决议,应当经代表三分之二以上表决权的股东通过。

【练习4-18】(多选题)股东会作出以下哪些决议时,应当经代表三分之二以上表决权的股东通过?(　　)

A. 修改公司章程
B. 增加或者减少注册资本
C. 公司合并、分立、解散
D. 变更公司形式

【练习4-19】(多选题)张某、王某与李某共同出资设立甲有限责任公司,出资比例分别为20%、31%、49%。公司章程对于股东表决权行使以及股东会议事方式、表决程序没有特别规定,下列表决事项中,股东会表决通过的有(　　)。

A. 张某与李某同意修改公司章程,王某不同意
B. 王某与李某同意增加公司注册资本,张某弃权
C. 张某与王某同意把公司变更为股份有限公司,李某不同意
D. 张某、王某、李某一致同意公司的利润分配方案

【练习4-20】(单选题)有限责任公司股东会对下列哪些事项作出决议时,经代表过半数表决权的股东通过即可通过?(　　)

A. 公司增加注册资本
B. 修改公司章程
C. 公司解散
D. 审议批准董事会的报告

【练习4-21】(单选题)有限责任公司首次股东会会议由(　　)召集和主持,依照规定行使职权。

A. 董事长
B. 股东会选出的主席
C. 总经理
D. 出资最多的股东

【练习4-22】(单选题)有限责任公司股东会会议由股东按照(　　)行使表决权;但是,公司章程另有规定的除外。

A. 出资比例
B. 一人一票方式
C. 是否为董事会成员标准
D. 股份

(二)董事会及职权

1. 董事会性质

董事会是股东会的常设机构,负责执行股东会的决议,并对股东会负责。董事会成员由股东会选举产生。

2. 有限责任公司董事会行使的职权

(1)召集股东会会议,并向股东会报告工作;
(2)执行股东会的决议;
(3)决定公司的经营计划和投资方案;
(4)制订公司的利润分配方案和弥补亏损方案;
(5)制订公司增加或者减少注册资本以及发行公司债券的方案;

（6）制订公司合并、分立、解散或者变更公司形式的方案；

（7）决定公司内部管理机构的设置；

（8）决定聘任或者解聘公司经理及其报酬事项，并根据经理的提名决定聘任或者解聘公司副经理、财务负责人及其报酬事项；

（9）制定公司的基本管理制度；

（10）公司章程规定或者股东会授予的其他职权。

公司章程对董事会职权的限制不得对抗善意相对人。

3. 董事会的组成

有限责任公司董事会成员为三人以上，其成员中可以有公司职工代表。职工人数三百人以上的有限责任公司，除依法设监事会并有公司职工代表的外，其董事会成员中应当有公司职工代表。董事会中的职工代表由公司职工通过职工代表大会、职工大会或者其他形式民主选举产生。

董事会设董事长一人，可以设副董事长。董事长、副董事长的产生办法由公司章程规定。

有限责任公司可以按照公司章程的规定在董事会中设置由董事组成的审计委员会，行使《中华人民共和国公司法》规定的监事会的职权，不设监事会或者监事。公司董事会成员中的职工代表可以成为审计委员会成员。

4. 董事任期

董事任期由公司章程规定，但每届任期不得超过三年。董事任期届满，连选可以连任。

董事任期届满未及时改选，或者董事在任期内辞任导致董事会成员低于法定人数的，在改选出的董事就任前，原董事仍应当依照法律、行政法规和公司章程的规定，履行董事职务。

董事辞任的，应当以书面形式通知公司，公司收到通知之日辞任生效，但存在《中华人民共和国公司法》第七十条第二款规定情形的，董事应当继续履行职务。

股东会可以决议解任董事，决议作出之日解任生效。

无正当理由，在任期届满前解任董事的，该董事可以要求公司予以赔偿。

5. 董事会会议的召集与主持

董事会会议由董事长召集和主持；董事长不能履行职务或者不履行职务的，由副董事长召集和主持；副董事长不能履行职务或者不履行职务的，由过半数的董事共同推举一名董事召集和主持。

6. 董事会的议事方式和表决程序

董事会的议事方式和表决程序，除《中华人民共和国公司法》有规定的外，由公司章程规定。董事会会议应当有过半数的董事出席方可举行。董事会作出决议，应当经全体董事的过半数通过。董事会决议的表决，应当一人一票。董事会应当对所议事项的决定作成会议记录，出席会议的董事应当在会议记录上签名。

（三）监事会的设立与组成

1. 监事会的性质及产生

监事会是公司的监督机构，负责对董事会和高级管理人员的行为进行监督。监事会成员由股东会选举产生，通常包括股东代表和职工代表。监事会负责对公司的财务和业务状况进行监督和检查。

有限责任公司设监事会，《中华人民共和国公司法》第六十九条、第八十三条另有规定的除外。监事会成员为三人以上。监事会成员应当包括股东代表和适当比例的公司职工代表，其中职工代表的比例不得低于三分之一，具体比例由公司章程规定。监事会中的职工代表由公司职工通过职工代表大会、职工大会或者其他形式民主选举产生。

监事会设主席一人，由全体监事过半数选举产生。监事会主席召集和主持监事会会议；监事会主席不能履行职务或者不履行职务的，由过半数的监事共同推举一名监事召集和主持监事会会议。

董事、高级管理人员不得兼任监事。

2. 监事的任期

监事的任期每届为三年。监事任期届满，连选可以连任。

3. 监事会和监事的职权

监事会行使下列职权：

（1）检查公司财务；

（2）对董事、高级管理人员执行职务的行为进行监督，对违反法律、行政法规、公司章程或者股东会决议的董事、高级管理人员提出解任的建议；

（3）当董事、高级管理人员的行为损害公司的利益时，要求董事、高级管理人员予以纠正；

（4）提议召开临时股东会会议，在董事会不履行《中华人民共和国公司法》规定的召集和主持股东会会议职责时召集和主持股东会会议；

（5）向股东会会议提出提案；

（6）依照《中华人民共和国公司法》第一百八十九条的规定，对董事、高级管理人员提起诉讼；

（7）公司章程规定的其他职权。

监事可以列席董事会会议，并对董事会决议事项提出质询或者建议。监事会发现公司经营情况异常，可以进行调查；必要时，可以聘请会计师事务所等协助其工作，费用由公司承担。监事会可以要求董事、高级管理人员提交执行职务的报告。董事、高级管理人员应当如实向监事会提供有关情况和资料，不得妨碍监事会或者监事行使职权。

4. 监事会的会议制度

监事会每年度至少召开一次会议，监事可以提议召开临时监事会会议。监事会的议事方式和表决程序，除《中华人民共和国公司法》有规定的外，由公司章程规定。监事会决议应当经全体监事的过半数通过。监事会决议的表决，应当一人一票。监事会应当对所议事项的决定作成会议记录，出席会议的监事应当在会议记录上签名。监事会行使职权所必需的费用，由公司承担。

规模较小或者股东人数较少的有限责任公司，可以不设监事会，设一名监事，行使《中华人民共和国公司法》规定的监事会的职权；经全体股东一致同意，也可以不设监事。

（四）经理的设立与职权

经理是公司的行政负责人，负责公司的日常管理和运营。经理向董事会报告工作，并负责公司内部的组织协调和人员管理。经理通常拥有丰富的管理经验和专业知识。

有限责任公司可以设经理，由董事会决定聘任或者解聘。

经理对董事会负责，根据公司章程的规定或者董事会的授权行使职权。经理列席董事会会议。

（五）执行董事

规模较小或者股东人数较少的有限责任公司，可以不设董事会，设一名董事，行使《中华人民共和国公司法》规定的董事会的职权。该董事可以兼任公司经理。

三、有限责任公司的股权转让

（一）股权转让及优先购买权

有限责任公司的股东之间可以相互转让其全部或者部分股权。

股东向股东以外的人转让股权的，应当将股权转让的数量、价格、支付方式和期限等事项书面通知其他股东，其他股东在同等条件下有优先购买权。股东自接到书面通知之日起三十日内未答复的，视为放弃优先购买权。两个以上股东行使优先购买权的，协商确定各自的购买比例；协商不成的，按照转让时各自的出资比例行使优先购买权。

公司章程对股权转让另有规定的，从其规定。

人民法院依照法律规定的强制执行程序转让股东的股权时，应当通知公司及全体股东，其他股东在同等条件下有优先购买权。其他股东自人民法院通知之日起满二十日不行使优先购买权的，视为放弃优先购买权。

（二）股权转让的变更记载

股东转让股权的，应当书面通知公司，请求变更股东名册；需要办理变更登记的，并请求公司向公司登记机关办理变更登记。公司拒绝或者在合理期限内不予答复的，转让人、受让人可以依法向人民法院提起诉讼。

股权转让的，受让人自记载于股东名册时起可以向公司主张行使股东权利。

依照《中华人民共和国公司法》转让股权后，公司应当及时注销原股东的出资证明书，向新股东签发出资证明书，并相应修改公司章程和股东名册中有关股东及其出资额的记载。对公司章程的该项修改不需再由股东会表决。

股东转让已认缴出资但未届出资期限的股权的，由受让人承担缴纳该出资的义务；受让人未按期足额缴纳出资的，转让人对受让人未按期缴纳的出资承担补充责任。

未按照公司章程规定的出资日期缴纳出资或者作为出资的非货币财产的实际价额显著低于所认缴的出资额的股东转让股权的，转让人与受让人在出资不足的范围内承担连带责任；受让人不知道且不应当知道存在上述情形的，由转让人承担责任。

（三）异议股东股权收购请求权

有下列情形之一的，对股东会该项决议投反对票的股东可以请求公司按照合理的价格收购其股权：

（1）公司连续五年不向股东分配利润，而公司该五年连续盈利，并且符合《中华人民共和国公司法》规定的分配利润条件；

（2）公司合并、分立、转让主要财产；

（3）公司章程规定的营业期限届满或者章程规定的其他解散事由出现，股东会通过决议修改章程使公司存续。

自股东会决议作出之日起六十日内，股东与公司不能达成股权收购协议的，股东可以自股东会决议作出之日起九十日内向人民法院提起诉讼。

公司的控股股东滥用股东权利，严重损害公司或者其他股东利益的，其他股东有权请求公司按照合理的价格收购其股权。

公司因《中华人民共和国公司法》第八十九条第一款、第三款规定的情形收购的本公司股权，应当在六个月内依法转让或者注销。

（四）股东资格的继承

自然人股东死亡后，其合法继承人可以继承股东资格；但是，公司章程另有规定的除外。

【练习4-23】（多选题）根据《中华人民共和国公司法》的规定，对有限责任公司股东会某些事项决议投反对票的股东，可以请求公司按照合理的价格收购其股权，退出公司。这些事项包括（　　）。

A．公司章程规定的营业期限届满，股东会通过决议修改章程使公司存续

B．公司连续三年不向股东分配利润，而公司该三年连续盈利，并且符合《中华人民共和国公司法》规定的分配利润条件

C. 公司合并、分立
D. 公司转让主要财产

【练习 4-24】（单选题）股东身份或者资格的法定证明文件是（　　）。
A. 出资证明书　　　　　　　　　　B. 股东名册
C. 公司登记机关备置的相关文件　　　D. 公司章程

【练习 4-25】（多选题）股东向股东以外的人转让股权的，应当将股权转让的（　　）书面通知其他股东，其他股东在同等条件下有优先购买权。股东自接到书面通知之日起三十日内未答复的，视为放弃优先购买权。
A. 数量　　　　B. 价格　　　　C. 支付方式　　　　D. 期限

实务练习（一）

一、概念

监事会　　控股股东　　关联关系

二、简答

1. 简述公司股东会及其职能。
2. 简述有限责任公司的设立条件。
3. 简述公司章程的主要内容。
4. 简述公司登记事项包括哪些内容。
5. 简述董事会及其职权。
6. 简述经理及其职权。

三、实务训练

创业是现代青年面临的挑战和机遇，创业离不开法律护航，请阅读并学习以下示范文本，切实提高创业实战能力，降低创业风险。

设立有限责任公司发起人协议书　（示范文本）

遵照《中华人民共和国公司法》，本着合作共赢的原则，各发起人友好协商，一致决定共同发起设立_____有限责任公司，特签订本协议书，明确各自在公司设立过程中的权利与义务。

第一条　公司性质

本公司性质为有限责任公司，即各出资人以其认缴的出资额为限对公司承担责任，公司以其全部资产对公司债务承担责任。公司具有独立法人资格。

第二条　公司发起人

（一）甲方：　　　　　身份证号码（统一社会信用代码）：　　　　　住所：

（二）乙方：　　　　　　身份证号码（统一社会信用代码）：　　　　　　住所：
（三）丙方：　　　　　　身份证号码（统一社会信用代码）：　　　　　　住所：
（四）丁方：　　　　　　身份证号码（统一社会信用代码）：　　　　　　住所：

（注：《中华人民共和国公司法》规定有限责任公司由一个以上五十个以下股东出资设立。发起人各方均为具有独立民事行为能力的自然人或法人。）

各发起人共同委托股东_____或代理人_____办理设立公司的申请登记手续。

本公司筹备工作由_____组织召集。

第三条　公司的宗旨、经营范围、住所

（一）公司的宗旨：

（二）公司的经营范围：

（三）公司的住所：

第四条　注册资本

股东可以用货币出资，也可以用实物、知识产权、土地使用权、股权、债权等可以用货币估价并可以依法转让的非货币财产作价出资。作为出资的非货币财产应当经专业机构评估作价。

（一）公司拟注册资本为人民币_____万元。各发起人认缴出资情况如下。

（1）甲方：以_____出资，出资额_____元，占注册资本比例____%。

（2）乙方：以_____出资，出资额_____元，占注册资本比例____%。

（3）丙方：以_____出资，出资额_____元，占注册资本比例____%。

（4）丁方：以_____出资，出资额_____元，占注册资本比例____%。

（二）公司名称预先核准登记后，受委托股东或代理人应当在10日内到银行开设公司临时账户。各发起人应自临时账户开设之日起10日内将出资及时、足额地划入为设立本公司所指定的银行账户。对作为出资的非货币财产应当评估作价，并且发起人应在6个月内办理财产权的转移手续。发起人未能按照本协议约定按时缴纳出资的，除向本公司补足其应缴纳的出资外，还应对其未及时出资行为给其他发起人造成的损失承担赔偿责任。

（三）各发起人预先交付_____元作为开办费用，待公司正式成立后由公司返还。开办费用自本协议书签字后交付，由_____统一管理使用。

第五条　各发起人声明和保证

（一）发起人各方均为具有独立民事行为能力的自然人或法人，并拥有合法的权利或授权签订本协议。

（二）发起人各方投入本公司的资金，均为各发起人所拥有的合法财产。

（三）发起人各方向本公司提交的文件、资料等均是真实、准确和有效的。

（四）在本公司不能成立时，同意对设立行为所产生的债务和费用支出按各发起人的出资比例进行分摊，并承担连带责任。

（五）在本公司设立过程中，由于发起人的过失致使本公司受到损害的，发起人对本公司承担相应赔偿责任。

第六条　发起人的权利、义务

（一）发起人的权利

（1）共同制定公司章程；

（2）有权参与首届股东会会议，依法选举董事、监事或被选举为董事、监事；

（3）股东会会议由股东按照出资比例或公司章程规定行使表决权；

（4）法律、法规及公司章程所赋予的其他权利。

（二）发起人的义务

（1）遵守公司章程；

（2）依其所认购的股份和入股方式缴纳出资；

（3）除法律、法规规定的情形外，不得退股；

（4）法律、法规及公司章程规定应当承担的其他义务。

第七条　补充事宜

本公司的具体管理体制由公司章程另行规定。

未尽事宜，发起人各方应遵循诚实信用的原则协商签订补充协议。

第八条　协议解除的情形

（一）不可抗力。

（二）各方协商一致同意解除。

第九条　争议的解决

履行本协议过程中，发起人各方如发生争议，应尽可能通过协商途径解决；如协商不成，任何一方均可向人民法院起诉。

第十条　其他

筹备工作由_____统一调度，各发起人应积极予以配合。

本协议书一式_____份，自各发起人签名、盖章或按指印后正式生效（自然人为该自然人签名+按指印；法人为盖章+法定代表人签名）。

甲方：

乙方：

丙方：

丁方：

（签名或盖章）

签订时间：_____年____月____日

签订地点：

设立有限责任公司出资协议书（示范文本）

依据《中华人民共和国公司法》，各股东经过协商，对于股东出资特制定如下协议。

一、公司基本信息

1. 预申请设立的有限责任公司名称为"_____"，并有备选名称若干，公司名称以公司登记机关核准的为准。

2. 公司主要经营范围_____业务。

3. 公司住所：_____。

4. 公司股东共_____个，其中自然人_____个，企业法人_____个。股东具体信息如下。

（1）_____，住所：_____，证件号码（统一社会信用代码）：_____。

（2）_____，住所：_____，证件号码（统一社会信用代码）：_____。

（3）_____，住所：_____，证件号码（统一社会信用代码）：_____。

（4）_____，住所：_____，证件号码（统一社会信用代码）：_____。

二、公司注册资本及出资

1. 公司注册资本为人民币_____万元（大写_____）。

股东可以用货币出资，也可以用实物、知识产权、土地使用权、股权、债权等可以用货币估价并可以依法转让的非货币财产作价出资。作为出资的非货币财产应当经专业机构评估作价。

各股东出资额和出资方式如下。

（1）_____出资_____万元（大写_____），其中以非货币财产（例如实物、知识产权、土地使用权）出资_____万元。

（2）_____出资_____万元（大写_____），其中以非货币财产（例如实物、知识产权、土地使用权）出资_____万元。

（3）_____出资_____万元（大写_____），其中以非货币财产（例如实物、知识产权、土地使用权）出资_____万元。

（4）_____出资_____万元（大写_____），其中以非货币财产（例如实物、知识产权、土地使用权）出资_____万元。

2. 公司名称预先核准登记后，应当在_____天内到银行开设公司临时账户。股东以货币出资的，应当在公司临时账户开设后_____天内，将货币出资足额存入公司临时账户。股东以非货币财产出资的，应当在 6 个月内办理财产权的转移。

3. 全体股东同意指定_____（股东）为代表或者共同委托的代理人_____作为申请人，审核向公司登记机关提交的文件、证件的真实性、有效性和合法性，并承担责任。

三、股东权利和义务

1. 股东应按时出资，遵守公司章程，不得抽逃出资。
2. 股东转让股权依《中华人民共和国公司法》规定进行。

四、利润分配和亏损承担

1. 公司税后利润按股东实缴出资比例或按全体股东约定分配。
2. 公司亏损由股东以认缴出资额为限承担有限责任，公司以其全部资产对公司的债务承担责任。

五、违约责任

1. 任何一方未履行出资义务，需向守约方支付违约金（具体比例或金额为_____）。
2. 因违约导致公司损失的，违约方应全额赔偿。

六、争议解决

因本协议产生的争议，各方协商解决；协商不成的，提交_____法院诉讼解决。

七、其他

因各种原因导致申请设立公司已不能体现股东原本意愿时，经全体股东一致同意，可停止申请设立公司，所耗费用由各股东按_____办法承担。

本协议自各方签名、盖章或者按指印之日起生效（具体为自然人签名+指印；法人为公章+法定代表人签名）。

股东：
（签名、盖章）

签订协议地点：

签订协议时间：

有限责任公司首次出资人（股东）会议决议（示范文本）

本次会议召开的时间：_____年___月___日。

地点：_____省_____市_____区（县）_____。

1. 本次会议已于_____年___月___日以书面形式通知了全体股东。

2. 到会股东包括：_____（持股____%）；_____（持股____%）；_____（持股____%）；_____（持股____%）；_____（持股____%）；_____（持股____%）。

3. 会议由出资最多的股东_____召集主持。经代表公司表决权_____%的股东同意，会议审议并通过了以下事项。

根据公司章程规定，本次会议对公司的董事会、监事会组成成员进行了选举，下列人员分别为第一届董事会（或执行董事）、监事会（或监事）组成人员，分别按公司章程行使职权。

董事会：

（或决定不设董事会，选_____为执行董事）。

监事会：

（或不设监事会，设一名监事，由_____担任）。

4. 如设立董事会、监事会，则第一届董事会、监事会分别由_____和_____召集与主持，并分别选举出董事会的正副董事长和监事会的召集人。

出资人签名：

（法人股东章）

法定代表人签名：

_____年___月___日

任务三　股份有限公司的设立和组织机构

股份有限公司的股东以其认购的股份为限对公司承担责任,股份有限公司以其全部财产对公司的债务承担责任。

一、股份有限公司的设立

（一）股份有限公司的设立方式

设立股份有限公司,可以采取发起设立或者募集设立的方式。

发起设立,是指由发起人认购设立公司时应发行的全部股份而设立公司。

募集设立,是指由发起人认购设立公司时应发行股份的一部分,其余股份向特定对象募集或者向社会公开募集而设立公司。

> **知识拓展**
>
> 以发起设立方式设立股份有限公司和以募集设立方式设立股份有限公司有哪些不同?
>
> （1）以发起设立方式设立股份有限公司的,在设立时其股份全部由该公司的发起人认购,而不向发起人之外的任何社会公众发行股份。由于没有向社会公众公开募集股份,所以,以发起设立方式设立的股份有限公司,在其发行新股之前,其全部股份都由发起人持有,公司的全部股东都是设立公司的发起人。
>
> （2）以募集设立方式设立股份有限公司的,在公司设立时,认购公司应发行股份的人不仅有发起人,还有发起人以外的人。以募集设立方式设立股份有限公司,发起人只需投入较少的资金,就能够从社会上募集到较多的资金,从而使公司能够迅速募集到较高的资金额。但是,由于募集设立涉及发起人以外的人,所以,法律对募集设立规定了较为严格的程序,以保护广大投资者的利益,保证正常的经济秩序。

（二）股份有限公司的设立条件

1. 发起人符合法定人数

设立股份有限公司,应当有一人以上二百人以下为发起人,其中应当有半数以上的发起人在中华人民共和国境内有住所。

2. 签订发起人协议

发起人应当签订发起人协议,明确各自在公司设立过程中的权利和义务。

3. 公司章程

设立股份有限公司,应当由发起人共同制订公司章程。股份有限公司章程应当载明下列事项:

(1)公司名称和住所;
(2)公司经营范围;
(3)公司设立方式;
(4)公司注册资本、已发行的股份数和设立时发行的股份数,面额股的每股金额;
(5)发行类别股的,每一类别股的股份数及其权利和义务;
(6)发起人的姓名或者名称、认购的股份数、出资方式;
(7)董事会的组成、职权和议事规则;
(8)公司法定代表人的产生、变更办法;
(9)监事会的组成、职权和议事规则;
(10)公司利润分配办法;
(11)公司的解散事由与清算办法;
(12)公司的通知和公告办法;
(13)股东会认为需要规定的其他事项。

4. 认足注册资本

股份有限公司的注册资本为在公司登记机关登记的已发行股份的股本总额。在发起人认购的股份缴足前,不得向他人募集股份。法律、行政法规以及国务院决定对股份有限公司注册资本最低限额另有规定的,从其规定。

以发起设立方式设立股份有限公司的,发起人应当认足公司章程规定的公司设立时应发行的股份。

以募集设立方式设立股份有限公司的,发起人认购的股份不得少于公司章程规定的公司设立时应发行股份总数的百分之三十五;但是,法律、行政法规另有规定的,从其规定。

(三)股份有限公司的设立程序

1. 发起设立的程序

发起人应当在公司成立前按照其认购的股份全额缴纳股款。发起人的出资,适用《中华人民共和国公司法》第四十八条、第四十九条第二款关于有限责任公司股东出资的规定。

发起人不按照其认购的股份缴纳股款,或者作为出资的非货币财产的实际价额显著低于所认购的股份的,其他发起人与该发起人在出资不足的范围内承担连带责任。

2. 募集设立的程序

(1)招股说明书。

发起人向社会公开募集股份,应当公告招股说明书,并制作认股书。认股书应当载明

"面额股的票面金额和发行价格或者无面额股的发行价格；募集资金的用途"，由认股人填写认购的股份数、金额、住所，并签名或者盖章。认股人应当按照所认购股份足额缴纳股款。

向社会公开募集股份的股款缴足后，应当经依法设立的验资机构验资并出具证明。

知识拓展

招股说明书是指专门表达募集股份的意思并载明有关信息的书面文件，是首次公开发行股份的最基本法律文件。申请在中华人民共和国境内首次公开发行股份并在上海证券交易所、深圳证券交易所上市的公司应按相关准则编制招股说明书，作为申请首次公开发行股份并上市的必备法律文件，并按相关准则的规定进行披露。关于招股说明书的性质，认定为要约邀请较为恰当。

（2）成立大会。

募集设立股份有限公司的发起人应当自公司设立时应发行股份的股款缴足之日起三十日内召开公司成立大会。发起人应当在成立大会召开十五日前将会议日期通知各认股人或者予以公告。成立大会应当有持有表决权过半数的认股人出席，方可举行。

以发起设立方式设立股份有限公司成立大会的召开和表决程序由公司章程或者发起人协议规定。

公司成立大会行使下列职权：

① 审议发起人关于公司筹办情况的报告；

② 通过公司章程；

③ 选举董事、监事；

④ 对公司的设立费用进行审核；

⑤ 对发起人非货币财产出资的作价进行审核；

⑥ 发生不可抗力或者经营条件发生重大变化直接影响公司设立的，可以作出不设立公司的决议。

成立大会对上述所列事项作出决议，应当经出席会议的认股人所持表决权过半数通过。

公司设立时应发行的股份未募足，或者发行股份的股款缴足后，发起人在三十日内未召开成立大会的，认股人可以按照所缴股款并加算银行同期存款利息，要求发起人返还。

发起人、认股人缴纳股款或者交付非货币财产出资后，除未按期募足股份、发起人未按期召开成立大会或者成立大会决议不设立公司的情形外，不得抽回其股本。

（3）申请设立登记。

董事会应当授权代表，于公司成立大会结束后三十日内向公司登记机关申请设立登记。

发起人为设立股份有限公司从事的民事活动法律后果适用《中华人民共和国公司法》对有限责任公司的相关规定。

（四）股份有限公司的股东名册及股东权利

1. 股份有限公司的股东名册

股份有限公司应当制作股东名册并置备于公司。股东名册应当记载下列事项：
（1）股东的姓名或者名称及住所；
（2）各股东所认购的股份种类及股份数；
（3）发行纸面形式的股票的，股票的编号；
（4）各股东取得股份的日期。

2. 股份有限公司的股东权利

股份有限公司应当将公司章程、股东名册、股东会会议记录、董事会会议记录、监事会会议记录、财务会计报告、债券持有人名册置备于本公司。

股东有权查阅、复制公司章程、股东名册、股东会会议记录、董事会会议决议、监事会会议决议、财务会计报告，对公司的经营提出建议或者质询。

连续一百八十日以上单独或者合计持有公司百分之三以上股份的股东要求查阅公司的会计账簿、会计凭证的，适用《中华人民共和国公司法》第五十七条第二款、第三款、第四款的规定。公司章程对持股比例有较低规定的，从其规定。

股东要求查阅、复制公司全资子公司相关材料的，适用《中华人民共和国公司法》第一百一十条第一款、第二款的规定。

二、股份有限公司组织机构

（一）股东会

1. 股东会职权

股份有限公司股东会由全体股东组成。股东会是公司的权力机构，依照《中华人民共和国公司法》行使职权。

《中华人民共和国公司法》第五十九条第一款、第二款关于有限责任公司股东会职权的规定，适用于股份有限公司股东会。

《中华人民共和国公司法》第六十条关于只有一个股东的有限责任公司不设股东会的规定，适用于只有一个股东的股份有限公司。

2. 股东会会议的种类

（1）年会。股东会应当每年召开一次年会。
（2）临时股东会会议。有下列情形之一的，应当在两个月内召开临时股东会会议：
① 董事人数不足《中华人民共和国公司法》规定人数或者公司章程所定人数的三分之二时；
② 公司未弥补的亏损达股本总额三分之一时；

③ 单独或者合计持有公司百分之十以上股份的股东请求时；
④ 董事会认为必要时；
⑤ 监事会提议召开时；
⑥ 公司章程规定的其他情形。

3. 股东会会议的召开

（1）召集和主持。

股东会会议由董事会召集，董事长主持；董事长不能履行职务或者不履行职务的，由副董事长主持；副董事长不能履行职务或者不履行职务的，由过半数的董事共同推举一名董事主持。

董事会不能履行或者不履行召集股东会会议职责的，监事会应当及时召集和主持；监事会不召集和主持的，连续九十日以上单独或者合计持有公司百分之十以上股份的股东可以自行召集和主持。

单独或者合计持有公司百分之十以上股份的股东请求召开临时股东会会议的，董事会、监事会应当在收到请求之日起十日内作出是否召开临时股东会会议的决定，并书面答复股东。

（2）召开会议通知。

召开股东会会议，应当将会议召开的时间、地点和审议的事项于会议召开二十日前通知各股东；临时股东会会议应当于会议召开十五日前通知各股东。

单独或者合计持有公司百分之一以上股份的股东，可以在股东会会议召开十日前提出临时提案并书面提交董事会。临时提案应当有明确议题和具体决议事项。董事会应当在收到提案后二日内通知其他股东，并将该临时提案提交股东会审议；但临时提案违反法律、行政法规或者公司章程的规定，或者不属于股东会职权范围的除外。公司不得提高提出临时提案股东的持股比例。

公开发行股份的公司，应当以公告方式作出《中华人民共和国公司法》第一百一十五条第一款、第二款规定的通知。

股东会不得对通知中未列明的事项作出决议。

4. 股东表决规则

股东出席股东会会议，所持每一股份有一表决权，类别股股东除外。公司持有的本公司股份没有表决权。

股东会作出决议，应当经出席会议的股东所持表决权过半数通过。股东会作出修改公司章程、增加或者减少注册资本的决议，以及公司合并、分立、解散或者变更公司形式的决议，应当经出席会议的股东所持表决权的三分之二以上通过。

5. 董事、监事选举的累积投票制

股东会选举董事、监事，可以按照公司章程的规定或者股东会的决议，实行累积投票制。

《中华人民共和国公司法》所称累积投票制，是指股东会选举董事或者监事时，每一股份拥有与应选董事或者监事人数相同的表决权，股东拥有的表决权可以集中使用。

知识拓展

需要注意的是，上述关于累积投票制的规定，即《中华人民共和国公司法》第一百一十七条的相关性规定不是强制性规定，公司可自行决定股东会选举董事、监事的规则。公司实行累积投票制要符合一定的程序，需要经过公司章程的规定或者股东会的决议。

6. 出席股东会的代理人

股东委托代理人出席股东会会议的，应当明确代理人代理的事项、权限和期限；代理人应当向公司提交股东授权委托书，并在授权范围内行使表决权。

7. 股东会的会议记录

股东会应当对所议事项的决定作成会议记录，主持人、出席会议的董事应当在会议记录上签名。会议记录应当与出席股东的签名册及代理出席的委托书一并保存。

（二）董事会、经理

1. 董事会组成、董事任期及职权

股份有限公司设董事会，《中华人民共和国公司法》第一百二十八条另有规定的除外，即规模较小或者股东人数较少的股份有限公司，可以不设董事会，设一名董事，行使《中华人民共和国公司法》规定的董事会的职权。

《中华人民共和国公司法》关于有限责任公司董事任期、职权的规定适用于股份有限公司董事。

2. 审计委员会组成及职权

股份有限公司可以按照公司章程的规定在董事会中设置由董事组成的审计委员会，行使《中华人民共和国公司法》规定的监事会的职权，不设监事会或者监事。

审计委员会成员为三名以上，过半数成员不得在公司担任除董事以外的其他职务，且不得与公司存在任何可能影响其独立客观判断的关系。公司董事会成员中的职工代表可以成为审计委员会成员。

审计委员会作出决议，应当经审计委员会成员的过半数通过。

审计委员会决议的表决，应当一人一票。

审计委员会的议事方式和表决程序，除《中华人民共和国公司法》有规定的外，由公司章程规定。

公司可以按照公司章程的规定在董事会中设置其他委员会。

3. 董事长的产生及职权

董事会设董事长一人，可以设副董事长。董事长和副董事长由董事会以全体董事的过半数选举产生。

董事长召集和主持董事会会议，检查董事会决议的实施情况。副董事长协助董事长工作，董事长不能履行职务或者不履行职务的，由副董事长履行职务；副董事长不能履行职务或者不履行职务的，由过半数的董事共同推举一名董事履行职务。

4. 董事会会议的召集

董事会每年度至少召开两次会议，每次会议应当于会议召开十日前通知全体董事和监事。

代表十分之一以上表决权的股东、三分之一以上董事或者监事会，可以提议召开临时董事会会议。董事长应当自接到提议后十日内，召集和主持董事会会议。

董事会召开临时会议，可以另定召集董事会的通知方式和通知时限。

董事会会议应当有过半数的董事出席方可举行。董事会作出决议，应当经全体董事的过半数通过。

5. 董事会会议的议事规则

董事会决议的表决，应当一人一票。

董事会应当对所议事项的决定作成会议记录，出席会议的董事应当在会议记录上签名。

6. 董事会会议的出席规则及决议责任承担

董事会会议，应当由董事本人出席；董事因故不能出席，可以书面委托其他董事代为出席，委托书应当载明授权范围。

董事应当对董事会的决议承担责任。董事会的决议违反法律、行政法规或者公司章程、股东会决议，给公司造成严重损失的，参与决议的董事对公司负赔偿责任；经证明在表决时曾表明异议并记载于会议记录的，该董事可以免除责任。

7. 经理的设立与职权

股份有限公司设经理，由董事会决定聘任或者解聘。

经理对董事会负责，根据公司章程的规定或者董事会的授权行使职权。经理列席董事会会议。

公司董事会可以决定由董事会成员兼任经理。

规模较小或者股东人数较少的股份有限公司，可以不设董事会，设一名董事，行使《中华人民共和国公司法》规定的董事会的职权。该董事可以兼任公司经理。

公司应当定期向股东披露董事、监事、高级管理人员从公司获得报酬的情况。

【练习4-26】（多选题）某股份有限公司的董事会由11人组成，其中董事长1人，副董事长1人。该董事会某次会议的下列行为符合《中华人民共和国公司法》规定的有（　　）。

A. 若董事长不能出席会议，可以由副董事长主持该次会议
B. 若董事长和副董事长均不能出席会议，可以由过半数的董事共同推举一名董事主持该次会议
C. 通过了解聘公司现任经理的决议
D. 该次董事会会议有6名以上董事出席方可举行

【练习 4-27】（多选题）某股份有限公司召开董事会会议，以下符合《中华人民共和国公司法》规定的有（　　）。
  A. 董事长因故不能出席会议，会议由副董事长主持
  B. 通过了有关公司董事报酬的事项
  C. 通过了免除乙的经理职务，聘任副董事长甲担任经理的决议
  D. 董事会的决议违反法律，致使公司遭受严重损失的，参与决议的全体董事一律负赔偿责任

（三）监事会

股份有限公司设监事会，《中华人民共和国公司法》第一百二十一条第一款（关于设置"审计委员会"）、第一百三十三条（规模较小或者股东人数较少的股份有限公司，可以不设监事会，设一名监事，行使《中华人民共和国公司法》规定的监事会的职权）另有规定的除外。

1. 监事会的组成及任期

监事会成员为三人以上。监事会成员应当包括股东代表和适当比例的公司职工代表，其中职工代表的比例不得低于三分之一，具体比例由公司章程规定。监事会中的职工代表由公司职工通过职工代表大会、职工大会或者其他形式民主选举产生。

监事会设主席一人，可以设副主席。监事会主席和副主席由全体监事过半数选举产生。监事会主席召集和主持监事会会议；监事会主席不能履行职务或者不履行职务的，由监事会副主席召集和主持监事会会议；监事会副主席不能履行职务或者不履行职务的，由过半数的监事共同推举一名监事召集和主持监事会会议。

董事、高级管理人员不得兼任监事。

《中华人民共和国公司法》第七十七条关于有限责任公司监事任期的规定，适用于股份有限公司监事。

《中华人民共和国公司法》第七十八条至第八十条的规定，适用于股份有限公司监事会。

监事会行使职权所必需的费用，由公司承担。

2. 监事会的会议制度

监事会每六个月至少召开一次会议。监事可以提议召开临时监事会会议。

监事会的议事方式和表决程序，除《中华人民共和国公司法》有规定的外，由公司章程规定。

监事会决议应当经全体监事的过半数通过。

监事会决议的表决，应当一人一票。

监事会应当对所议事项的决定作成会议记录，出席会议的监事应当在会议记录上签名。

规模较小或者股东人数较少的股份有限公司，可以不设监事会，设一名监事，行使《中华人民共和国公司法》规定的监事会的职权。

【练习 4-28】（多选题）根据公司法律制度的规定，下列关于股份有限公司监事会的表述中，正确的有（　　）。
  A. 监事会成员中，职工代表的比例不得低于 1/3
  B. 总经理可以兼任监事
  C. 监事会成员不少于 3 人
  D. 监事会设主席 1 人

三、上市公司组织机构

（一）概念

上市公司，是指其股票在证券交易所上市交易的股份有限公司。

上市公司在一年内购买、出售重大资产或者向他人提供担保的金额超过公司资产总额百分之三十的，应当由股东会作出决议，并经出席会议的股东所持表决权的三分之二以上通过。

【练习 4-29】（多选题）甲上市公司拟为具有非关联关系的乙公司在丙银行的贷款提供担保，担保金额超过了甲公司最近一期经审计的公司资产总额的 30%。则下列说法中，符合公司法律制度规定的有（　　）。
  A. 该事项可由董事会审议决定
  B. 该事项应由股东会审议决定
  C. 该事项须经出席会议的股东所持表决权过半数通过
  D. 该事项须经出席会议的股东所持表决权的三分之二以上通过

（二）上市公司组织机构的特别规定

1. 独立董事

上市公司设独立董事，具体管理办法由国务院证券监督管理机构规定。

上市公司的公司章程除载明《中华人民共和国公司法》第九十五条规定的事项外，还应当依照法律、行政法规的规定载明董事会专门委员会的组成、职权以及董事、监事、高级管理人员薪酬考核机制等事项。

2. 审计委员会

上市公司在董事会中设置审计委员会的，董事会对下列事项作出决议前应当经审计委员会全体成员过半数通过：
  （1）聘用、解聘承办公司审计业务的会计师事务所；
  （2）聘任、解聘财务负责人；
  （3）披露财务会计报告；
  （4）国务院证券监督管理机构规定的其他事项。

3. 董事会秘书

上市公司设董事会秘书，负责公司股东会和董事会会议的筹备、文件保管以及公司股东资料的管理，办理信息披露事务等事宜。

4. 有关联关系的董事不得表决事项

上市公司董事与董事会会议决议事项所涉及的企业或者个人有关联关系的，该董事应当及时向董事会书面报告。有关联关系的董事不得对该项决议行使表决权，也不得代理其他董事行使表决权。该董事会会议由过半数的无关联关系董事出席即可举行，董事会会议所作决议须经无关联关系董事过半数通过。出席董事会会议的无关联关系董事人数不足三人的，应当将该事项提交上市公司股东会审议。

【例 4-2】某上市公司董事会成员有 11 人，根据公司章程的规定，董事会对与其甲股东签订重要采购合同的事宜召开临时董事会会议，其中，张董事是甲股东的公司董事长，王董事、刘董事因故没有参加会议（也未委托别的董事投票），表决时有 3 位董事不同意。下列关于该次董事会会议的表述中，正确的有（ ）。

A. 该董事会会议由过半数的无关联关系董事出席，因此可以举行
B. 该董事会会议决议经参加会议的无关联关系董事过半数通过，有效
C. 该董事会会议决议未经无关联关系董事过半数通过，无效
D. 该董事会会议决议经全体董事过半数以上通过，有效

【答案】AC
【解析】根据《中华人民共和国公司法》的规定，上市公司董事与董事会会议决议事项所涉及的企业或者个人有关联关系的，该董事不得对该项决议行使表决权，因此，能够行使表决权的董事只有 10 人。该董事会会议由过半数的无关联关系董事出席即可举行，题中有无关联关系董事 8 人出席，已过半数。董事会会议所作决议须经无关联关系董事（10 人）过半数通过，即至少应当经无关联关系董事 6 人通过，但决议只有 5 人通过，因此不通过，无效。

上市公司应当依法披露股东、实际控制人的信息，相关信息应当真实、准确、完整。
禁止违反法律、行政法规的规定代持上市公司股票。
上市公司控股子公司不得取得该上市公司的股份。
上市公司控股子公司因公司合并、质权行使等原因持有上市公司股份的，不得行使所持股份对应的表决权，并应当及时处分相关上市公司股份。

【练习 4-30】（判断题）董事会决议的表决，应当一人一票。（ ）

【练习 4-31】（判断题）董事会会议应当有过半数的董事出席方可举行。董事会作出决议，应当经全体董事的三分之二通过。（ ）

【练习 4-32】（单选题）股份有限公司可以按照公司章程的规定在董事会中设置由董事组成的（ ），行使《中华人民共和国公司法》规定的监事会的职权，不设监事会或者监事。

A. 独立董事　　　B. 审计委员会　　　C. 纪检委员会　　　D. 监督委员会

任务四　股份有限公司的股份发行和转让

一、股份发行

1. 股份的概念

公司的资本划分为股份。公司的全部股份,根据公司章程的规定择一采用面额股或者无面额股。采用面额股的,每一股的金额相等。

> **知识拓展**
>
> 无面额股是指在票面上不记载金额,只注明股份数量或占总股本比例的股份。无面额股的价值可以随股份有限公司财产的增减而变化。
>
> 采用无面额股的,应当将发行股份所得股款的二分之一以上计入注册资本。
>
> 股份的发行,实行公平、公正的原则,同类别的每一股份应当具有同等权利。同次发行的同类别股份,每股的发行条件和价格应当相同;认购人所认购的股份,每股应当支付相同价额。

2. 发行类别股相关规定

> **知识拓展**
>
> "类别股"——从"同股同权"到"同类股同权"
>
> 类别股,也称种类股,是同一公司发行的在权利义务内容上具有差异的不同类别的股份的统称。类别股制度的核心在于股权的类别化。
>
> (1) 公司可以按照公司章程的规定发行下列与普通股权利不同的类别股:
> ① 优先或者劣后分配利润或者剩余财产的股份;
> ② 每一股的表决权数多于或者少于普通股的股份;
> ③ 转让须经公司同意等转让受限的股份;
> ④ 国务院规定的其他类别股。
> 公开发行股份的公司不得发行《中华人民共和国公司法》第一百四十四条第一款第二项、第三项(即上文中第②、③项内容)规定的类别股;公开发行前已发行的除外。
> 公司发行《中华人民共和国公司法》第一百四十四条第一款第二项(即上文中第②项内容)规定的类别股的,对于监事或者审计委员会成员的选举和更换,类别股与普通股每一股的表决权数相同。
>
> (2) 发行类别股的公司,应当在公司章程中载明以下事项:
> ① 类别股分配利润或者剩余财产的顺序;
> ② 类别股的表决权数;

③ 类别股的转让限制；
④ 保护中小股东权益的措施；
⑤ 股东会认为需要规定的其他事项。

发行类别股的公司，有《中华人民共和国公司法》第一百一十六条第三款规定的事项等可能影响类别股股东权利的，除应当依照第一百一十六条第三款的规定经股东会决议外，还应当经出席类别股股东会议的股东所持表决权的三分之二以上通过。

> **知识链接**

《中华人民共和国公司法》第一百一十六条第三款：
股东会作出修改公司章程、增加或者减少注册资本的决议，以及公司合并、分立、解散或者变更公司形式的决议，应当经出席会议的股东所持表决权的三分之二以上通过。

公司章程可以对需经类别股股东会议决议的其他事项作出规定。

3. 股票的概念

股票是公司签发的证明股东所持股份的凭证。公司发行的股票，应当为记名股票。通常来说，发行股票是股份有限公司进行融资的重要渠道之一。

面额股股票的发行价格可以按票面金额，也可以超过票面金额，但不得低于票面金额。

股票采用纸面形式或者国务院证券监督管理机构规定的其他形式。

股票采用纸面形式的，应当载明下列主要事项：
（1）公司名称；
（2）公司成立日期或者股票发行的时间；
（3）股票种类、票面金额及代表的股份数，发行无面额股的，股票代表的股份数。

股票采用纸面形式的，还应当载明股票的编号，由法定代表人签名，公司盖章。发起人股票采用纸面形式的，应当标明发起人股票字样。

公司成立前不得向股东交付股票。

公司设立时发行股份的，还应当载明发起人认购的股份数。

4. 公司发行新股时股东会应作出决议的事项

公司发行新股，股东会应当对下列事项作出决议：
（1）新股种类及数额；
（2）新股发行价格；
（3）新股发行的起止日期；
（4）向原有股东发行新股的种类及数额；
（5）发行无面额股的，新股发行所得股款计入注册资本的金额。

公司发行新股，可以根据公司经营情况和财务状况，确定其作价方案。

公司章程或者股东会可以授权董事会在三年内决定发行不超过已发行股份百分之五十的股份。但以非货币财产作价出资的应当经股东会决议。

董事会依照《中华人民共和国公司法》第一百五十二条第一款规定决定发行股份导致

公司注册资本、已发行股份数发生变化的，对公司章程该项记载事项的修改不需再由股东会表决。

公司章程或者股东会授权董事会决定发行新股的，董事会决议应当经全体董事三分之二以上通过。

二、股份转让

1. 公司章程对股份转让限制的规定

公司章程对股份转让有限制的，其转让按照公司章程的规定进行。

股东转让其股份，应当在依法设立的证券交易场所进行或者按照国务院规定的其他方式进行。

2.《中华人民共和国公司法》对股份转让的限制性规定

（1）对公司公开发行股份前已发行股份的限制。

公司公开发行股份前已发行的股份，自公司股票在证券交易所上市交易之日起一年内不得转让。法律、行政法规或者国务院证券监督管理机构对上市公司的股东、实际控制人转让其所持有的本公司股份另有规定的，从其规定。

（2）对董事、监事、高级管理人员转让股份的限制。

公司董事、监事、高级管理人员应当向公司申报所持有的本公司的股份及其变动情况，在就任时确定的任职期间每年转让的股份不得超过其所持有本公司股份总数的百分之二十五；所持本公司股份自公司股票上市交易之日起一年内不得转让。上述人员离职后半年内，不得转让其所持有的本公司股份。公司章程可以对公司董事、监事、高级管理人员转让其所持有的本公司股份作出其他限制性规定。

（3）对限制转让期限内出质股份质权行使的限制。

股份在法律、行政法规规定的限制转让期限内出质的，质权人不得在限制转让期限内行使质权。

（4）对收购异议股东股份的规定。

有下列情形之一的，对股东会该项决议投反对票的股东可以请求公司按照合理的价格收购其股份，公开发行股份的公司除外：

① 公司连续五年不向股东分配利润，而公司该五年连续盈利，并且符合《中华人民共和国公司法》规定的分配利润条件；

② 公司转让主要财产；

③ 公司章程规定的营业期限届满或者章程规定的其他解散事由出现，股东会通过决议修改章程使公司存续。

自股东会决议作出之日起六十日内，股东与公司不能达成股份收购协议的，股东可以自股东会决议作出之日起九十日内向人民法院提起诉讼。

公司因《中华人民共和国公司法》第一百六十一条第一款规定的情形收购的本公司股份，应当在六个月内依法转让或者注销。

（5）对本公司收购自身股份的限制。

公司不得收购本公司股份。但是，有下列情形之一的除外：

① 减少公司注册资本；

② 与持有本公司股份的其他公司合并；

③ 将股份用于员工持股计划或者股权激励；

④ 股东因对股东会作出的公司合并、分立决议持异议，要求公司收购其股份；

⑤ 将股份用于转换公司发行的可转换为股票的公司债券；

⑥ 上市公司为维护公司价值及股东权益所必需。

公司因《中华人民共和国公司法》第一百六十二条第一款中第一项、第二项（即上文中第①、②项内容）规定的情形收购本公司股份的，应当经股东会决议；公司因《中华人民共和国公司法》第一百六十二条第一款中第三项、第五项、第六项（即上文中第③、⑤、⑥项内容）规定的情形收购本公司股份的，可以按照公司章程或者股东会的授权，经三分之二以上董事出席的董事会会议决议。

公司依照《中华人民共和国公司法》第一百六十二条第一款规定收购本公司股份后，属于第一项（即上文中第①项内容）情形的，应当自收购之日起十日内注销；属于第二项、第四项（即上文中第②、④项内容）情形的，应当在六个月内转让或者注销；属于第三项、第五项、第六项（即上文中第③、⑤、⑥项内容）情形的，公司合计持有的本公司股份数不得超过本公司已发行股份总数的百分之十，并应当在三年内转让或者注销。

上市公司收购本公司股份的，应当依照《中华人民共和国证券法》的规定履行信息披露义务。上市公司因《中华人民共和国公司法》第一百六十二条第一款第三项、第五项、第六项（即上文中第③、⑤、⑥项内容）规定的情形收购本公司股份的，应当通过公开的集中交易方式进行。

（6）对本公司股份质押的限制。

公司不得接受本公司的股份作为质权的标的。

（7）对公司为他人取得本公司或者其母公司的股份提供财务资助的限制。

公司不得为他人取得本公司或者其母公司的股份提供赠与、借款、担保以及其他财务资助，公司实施员工持股计划的除外。

为公司利益，经股东会决议，或者董事会按照公司章程或者股东会的授权作出决议，公司可以为他人取得本公司或者其母公司的股份提供财务资助，但财务资助的累计总额不得超过已发行股本总额的百分之十。董事会作出决议应当经全体董事的三分之二以上通过。

违反《中华人民共和国公司法》第一百六十三条第一款、第二款规定，给公司造成损失的，负有责任的董事、监事、高级管理人员应当承担赔偿责任。

3. 股票被盗、遗失或者灭失的救济

股票被盗、遗失或者灭失，股东可以依照《中华人民共和国民事诉讼法》规定的公示

催告程序,请求人民法院宣告该股票失效。人民法院宣告该股票失效后,股东可以向公司申请补发股票。

4. 上市公司的股票交易

上市公司的股票,依照有关法律、行政法规及证券交易所交易规则上市交易。

上市公司应当依照法律、行政法规的规定披露相关信息。

自然人股东死亡后,其合法继承人可以继承股东资格;但是,股份转让受限的股份有限公司的章程另有规定的除外。

【练习 4-33】(判断题)公司可以按照公司章程的规定发行与普通股权利不同的类别股。(　　)

【练习 4-34】(判断题)股份的发行,实行公平、公正的原则,同类别的每一股份应当具有同等权利。(　　)

任务五　国家出资公司组织机构的特别规定

国家出资公司,是指国家出资的国有独资公司、国有资本控股公司,包括国家出资的有限责任公司、股份有限公司。

国家出资公司,由国务院或者地方人民政府分别代表国家依法履行出资人职责,享有出资人权益。国务院或者地方人民政府可以授权国有资产监督管理机构或者其他部门、机构代表本级人民政府对国家出资公司履行出资人职责。

国家出资公司中中国共产党的组织,按照中国共产党章程的规定发挥领导作用,研究讨论公司重大经营管理事项,支持公司的组织机构依法行使职权。

国有独资公司章程由履行出资人职责的机构制定。

国有独资公司不设股东会,由履行出资人职责的机构行使股东会职权。履行出资人职责的机构可以授权公司董事会行使股东会的部分职权,但公司章程的制定和修改,公司的合并、分立、解散、申请破产,增加或者减少注册资本,分配利润,应当由履行出资人职责的机构决定。

国有独资公司的董事会依照《中华人民共和国公司法》规定行使职权。

国有独资公司的董事会成员中,应当过半数为外部董事,并应当有公司职工代表。

董事会成员由履行出资人职责的机构委派;但是,董事会成员中的职工代表由公司职工代表大会选举产生。

董事会设董事长一人,可以设副董事长。董事长、副董事长由履行出资人职责的机构从董事会成员中指定。

国有独资公司的经理由董事会聘任或者解聘。

经履行出资人职责的机构同意,董事会成员可以兼任经理。

国有独资公司的董事、高级管理人员，未经履行出资人职责的机构同意，不得在其他有限责任公司、股份有限公司或者其他经济组织兼职。

国有独资公司在董事会中设置由董事组成的审计委员会行使《中华人民共和国公司法》规定的监事会职权的，不设监事会或者监事。

【练习4-35】（单选题）国有独资公司在董事会中设置由董事组成的（　　）行使《中华人民共和国公司法》规定的监事会职权的，不设监事会或者监事。
A. 纪检委员会　　　　　　　　　　B. 审计委员会
C. 监督委员会　　　　　　　　　　D. 独立董事

任务六　公司法其他规定

一、公司董事、监事、高级管理人员的任职资格和义务

（一）公司董事、监事、高级管理人员的任职资格

公司董事、监事、高级管理人员的任职资格可分为积极资格和消极资格。积极资格是指成为公司董事、监事、高级管理人员应当具备的资格，而消极资格指成为公司董事、监事、高级管理人员不能有的情形。

有下列情形之一的，不得担任公司的董事、监事、高级管理人员：

（1）无民事行为能力或者限制民事行为能力；

（2）因贪污、贿赂、侵占财产、挪用财产或者破坏社会主义市场经济秩序，被判处刑罚，或者因犯罪被剥夺政治权利，执行期满未逾五年，被宣告缓刑的，自缓刑考验期满之日起未逾二年；

（3）担任破产清算的公司、企业的董事或者厂长、经理，对该公司、企业的破产负有个人责任的，自该公司、企业破产清算完结之日起未逾三年；

（4）担任因违法被吊销营业执照、责令关闭的公司、企业的法定代表人，并负有个人责任的，自该公司、企业被吊销营业执照、责令关闭之日起未逾三年；

（5）个人因所负数额较大债务到期未清偿被人民法院列为失信被执行人。

违反《中华人民共和国公司法》第一百七十八条第一款（即前述内容）规定选举、委派董事、监事或者聘任高级管理人员的，该选举、委派或者聘任无效。

董事、监事、高级管理人员在任职期间出现《中华人民共和国公司法》第一百七十八条第一款所列情形的，公司应当解除其职务。

（二）公司董事、监事、高级管理人员的义务

1. 守法合章、忠实和勤勉义务

董事、监事、高级管理人员应当遵守法律、行政法规和公司章程。

董事、监事、高级管理人员对公司负有忠实义务，应当采取措施避免自身利益与公司利益冲突，不得利用职权牟取不正当利益。董事、监事、高级管理人员对公司负有勤勉义务，执行职务应当为公司的最大利益尽到管理者通常应有的合理注意。

公司的控股股东、实际控制人不担任公司董事但实际执行公司事务的，适用《中华人民共和国公司法》第一百八十条第一款、第二款规定。

董事、监事、高级管理人员不得有下列行为：
（1）侵占公司财产、挪用公司资金；
（2）将公司资金以其个人名义或者以其他个人名义开立账户存储；
（3）利用职权贿赂或者收受其他非法收入；
（4）接受他人与公司交易的佣金归为己有；
（5）擅自披露公司秘密；
（6）违反对公司忠实义务的其他行为。

2. 关于谋取属于公司商业机会的禁止行为及例外

董事、监事、高级管理人员，不得利用职务便利为自己或者他人谋取属于公司的商业机会。但是，有下列情形之一的除外：
（1）向董事会或者股东会报告，并按照公司章程的规定经董事会或者股东会决议通过。
（2）根据法律、行政法规或者公司章程的规定，公司不能利用该商业机会。

3. 竞业限制

董事、监事、高级管理人员未向董事会或者股东会报告，并按照公司章程的规定经董事会或者股东会决议通过，不得自营或者为他人经营与其任职公司同类的业务。

4. 关联董事不得参与表决的事项

董事会对《中华人民共和国公司法》第一百八十二条至第一百八十四条规定的事项决议时，关联董事不得参与表决，其表决权不计入表决权总数。出席董事会会议的无关联关系董事人数不足三人的，应当将该事项提交股东会审议。

（三）公司董事、监事、高级管理人员责任追究

1. 执行职务违反相关规定给公司造成损失的赔偿责任

董事、监事、高级管理人员执行职务违反法律、行政法规或者公司章程的规定，给公司造成损失的，应当承担赔偿责任。

2. 公司权益受损的股东救济

董事、高级管理人员有《中华人民共和国公司法》第一百八十八条规定的情形的，有限责任公司的股东、股份有限公司连续一百八十日以上单独或者合计持有公司百分之一以上股份的股东，可以书面请求监事会向人民法院提起诉讼；监事有《中华人民共和国

公司法》第一百八十八条规定的情形的,前述股东可以书面请求董事会向人民法院提起诉讼。

3. 股东权益受损的诉讼

董事、高级管理人员违反法律、行政法规或者公司章程的规定,损害股东利益的,股东可以向人民法院提起诉讼。

4. 执行职务给他人造成损害的赔偿责任

董事、高级管理人员执行职务,给他人造成损害的,公司应当承担赔偿责任;董事、高级管理人员存在故意或者重大过失的,也应当承担赔偿责任。

5. 控股股东、实际控制人的连带责任

公司的控股股东、实际控制人指示董事、高级管理人员从事损害公司或者股东利益的行为的,与该董事、高级管理人员承担连带责任。

二、公司债券

(一) 公司债券发行

公司债券,是指公司发行的约定按期还本付息的有价证券。

公开发行公司债券,应当经国务院证券监督管理机构注册,公告公司债券募集办法。

(二) 公司债券票面的记载事项

公司以纸面形式发行公司债券的,应当在债券上载明公司名称、债券票面金额、利率、偿还期限等事项,并由法定代表人签名,公司盖章。

(三) 公司债券持有人名册

公司债券应当为记名债券。公司发行公司债券应当置备公司债券持有人名册。
发行公司债券的,应当在公司债券持有人名册上载明下列事项:
(1) 债券持有人的姓名或者名称及住所;
(2) 债券持有人取得债券的日期及债券的编号;
(3) 债券总额,债券的票面金额、利率、还本付息的期限和方式;
(4) 债券的发行日期。
公司债券的登记结算机构应当建立债券登记、存管、付息、兑付等相关制度。
公司债券可以转让,转让价格由转让人与受让人约定。

(四) 公司债券的转让方式

公司债券由债券持有人以背书方式或者法律、行政法规规定的其他方式转让;转让后由公司将受让人的姓名或者名称及住所记载于公司债券持有人名册。

三、公司财务、会计

（一）财务会计报告

财务会计报告，是指企业对外提供的反映企业某一特定日期的财务状况和某一会计期间的经营成果、现金流量等会计信息的文件。公司应当在每一会计年度终了时编制财务会计报告，并依法经会计师事务所审计。

（二）财务会计报告的公示

有限责任公司应当按照公司章程规定的期限将财务会计报告送交各股东。股份有限公司的财务会计报告应当在召开股东会年会的二十日前置备于本公司，供股东查阅；公开发行股份的股份有限公司应当公告其财务会计报告。

（三）法定公积金与任意公积金

公司分配当年税后利润时，应当提取利润的百分之十列入公司法定公积金。公司法定公积金累计额为公司注册资本的百分之五十以上的，可以不再提取。公司的法定公积金不足以弥补以前年度亏损的，在依照前述规定提取法定公积金之前，应当先用当年利润弥补亏损。公司从税后利润中提取法定公积金后，经股东会决议，还可以从税后利润中提取任意公积金。

公司弥补亏损和提取公积金后所余税后利润，有限责任公司按照股东实缴的出资比例分配利润，全体股东约定不按照出资比例分配利润的除外；股份有限公司按照股东所持有的股份比例分配利润，公司章程另有规定的除外。

公司持有的本公司股份不得分配利润。

股东会作出分配利润的决议的，董事会应当在股东会决议作出之日起六个月内进行分配。

（四）股份有限公司资本公积金

公司以超过股票票面金额的发行价格发行股份所得的溢价款、发行无面额股所得股款未计入注册资本的金额以及国务院财政部门规定列入资本公积金的其他项目，应当列为公司资本公积金。

（五）公积金的用途

公司的公积金用于弥补公司的亏损、扩大公司生产经营或者转为增加公司注册资本。

法定公积金转为增加注册资本时，所留存的该项公积金不得少于转增前公司注册资本的百分之二十五。

(六)真实提供会计资料

公司应当向聘用的会计师事务所提供真实、完整的会计凭证、会计账簿、财务会计报告及其他会计资料,不得拒绝、隐匿、谎报。

公司除法定的会计账簿外,不得另立会计账簿。

对公司资金,不得以任何个人名义开立账户存储。

【练习 4-36】(单选题)公司分配当年税后利润时,应当提取利润的(　　)列入公司法定公积金。
A. 5%至10%　　　B. 10%　　　C. 30%　　　D. 15%

【练习 4-37】(单选题)公司法定公积金累计额为公司注册资本的(　　)以上的,可以不再提取。
A. 30%　　　B. 25%　　　C. 50%　　　D. 40%

【练习 4-38】(判断题)公司的公积金用于弥补公司的亏损、扩大公司生产经营或者转为增加公司注册资本。(　　)

四、公司合并、分立、增资、减资

(一)公司合并

一个公司吸收其他公司为吸收合并,被吸收的公司解散。两个以上公司合并设立一个新的公司为新设合并,合并各方解散。

公司合并,应当由合并各方签订合并协议,并编制资产负债表及财产清单。公司应当自作出合并决议之日起十日内通知债权人,并于三十日内在报纸上或者国家企业信用信息公示系统公告。债权人自接到通知之日起三十日内,未接到通知的自公告之日起四十五日内,可以要求公司清偿债务或者提供相应的担保。

公司合并时,合并各方的债权、债务,应当由合并后存续的公司或者新设的公司承继。

(二)公司分立

公司分立,应当编制资产负债表及财产清单。公司应当自作出分立决议之日起十日内通知债权人,并于三十日内在报纸上或者国家企业信用信息公示系统公告。

公司分立前的债务由分立后的公司承担连带责任。但是,公司在分立前与债权人就债务清偿达成的书面协议另有约定的除外。

(三)公司减少、增加注册资本

公司减少注册资本,应当编制资产负债表及财产清单。

公司应当自股东会作出减少注册资本决议之日起十日内通知债权人,并于三十日内在报纸上或者国家企业信用信息公示系统公告。债权人自接到通知之日起三十日内，未接到通知的自公告之日起四十五日内，有权要求公司清偿债务或者提供相应的担保。

公司依照《中华人民共和国公司法》第二百二十五条第一款、第二款的规定减少注册资本后，在法定公积金和任意公积金累计额达到公司注册资本百分之五十前，不得分配利润。

有限责任公司增加注册资本时，股东在同等条件下有权优先按照实缴的出资比例认缴出资。但是，全体股东约定不按照出资比例优先认缴出资的除外。

股份有限公司为增加注册资本发行新股时，股东不享有优先认购权，公司章程另有规定或者股东会决议决定股东享有优先认购权的除外。

【练习 4-39】（单选题）某有限责任公司打算与另一公司合并，该合并方案必须经（　　）。

A. 代表二分之一以上表决权的股东通过
B. 代表三分之二以上表决权的股东通过
C. 全体股东通过
D. 出席股东会的全体股东通过

【练习 4-40】（单选题）A 公司有债务 50 万元人民币；B 公司有债务 30 万元人民币。现因生产经营需要，A 公司与 B 公司被 C 公司合并。A 公司和 B 公司的债务应由（　　）。

A. A 公司和 B 公司分别承担
B. A 公司和 B 公司的设立人分别承担
C. C 公司承担
D. A 公司、B 公司和 C 公司按照合并协议的规定承担

【练习 4-41】（多选题）甲公司分立为乙公司、丙公司，分立前与债权人达成书面协议约定由乙公司承担全部责任，丙公司不承担责任。根据公司法律制度的规定，下列表述中，正确的有（　　）。

A. 该协议无效
B. 该协议有效
C. 债权人只能请求乙公司承担清偿责任
D. 债权人可以请求乙公司、丙公司承担连带责任

五、公司解散和清算

（一）公司解散原因

1. 公司解散的法定情形

公司因下列原因解散：
（1）公司章程规定的营业期限届满或者公司章程规定的其他解散事由出现；

(2) 股东会决议解散；
(3) 因公司合并或者分立需要解散；
(4) 依法被吊销营业执照、责令关闭或者被撤销；
(5) 人民法院依照《中华人民共和国公司法》第二百三十一条的规定予以解散。

公司出现《中华人民共和国公司法》第二百二十九条第一款（即上述内容）规定的解散事由，应当在十日内将解散事由通过国家企业信用信息公示系统予以公示。

公司有《中华人民共和国公司法》第二百二十九条第一款第一项、第二项情形［即上述内容中的第（1）、（2）项］，且尚未向股东分配财产的，可以通过修改公司章程或者经股东会决议而存续。

依照《中华人民共和国公司法》第二百三十条第一款规定修改公司章程或者经股东会决议，有限责任公司须经持有三分之二以上表决权的股东通过，股份有限公司须经出席股东会会议的股东所持表决权的三分之二以上通过。

2. 司法解散

公司经营管理发生严重困难，继续存续会使股东利益受到重大损失，通过其他途径不能解决的，持有公司百分之十以上表决权的股东，可以请求人民法院解散公司。

（二）公司清算

1. 清算组的成立与组成

公司因《中华人民共和国公司法》第二百二十九条第一款第一项、第二项、第四项、第五项规定而解散的，应当清算。董事为公司清算义务人，应当在解散事由出现之日起十五日内组成清算组进行清算。清算组由董事组成，但是公司章程另有规定或者股东会决议另选他人的除外。清算义务人未及时履行清算义务，给公司或者债权人造成损失的，应当承担赔偿责任。

公司依照《中华人民共和国公司法》第二百三十二条第一款的规定应当清算，逾期不成立清算组进行清算或者成立清算组后不清算的，利害关系人可以申请人民法院指定有关人员组成清算组进行清算。

公司因"依法被吊销营业执照、责令关闭或者被撤销"而解散的，作出吊销营业执照、责令关闭或者撤销决定的部门或者公司登记机关，可以申请人民法院指定有关人员组成清算组进行清算。

2. 清算组在清算期间的职权

清算组在清算期间行使下列职权：
（1）清理公司财产，分别编制资产负债表和财产清单；
（2）通知、公告债权人；
（3）处理与清算有关的公司未了结的业务；
（4）清缴所欠税款以及清算过程中产生的税款；
（5）清理债权、债务；

（6）分配公司清偿债务后的剩余财产；
（7）代表公司参与民事诉讼活动。

3．债权人申报债权

清算组应当自成立之日起十日内通知债权人，并于六十日内在报纸上或者国家企业信用信息公示系统公告。债权人应当自接到通知之日起三十日内，未接到通知的自公告之日起四十五日内，向清算组申报其债权。

债权人申报债权，应当说明债权的有关事项，并提供证明材料。清算组应当对债权进行登记。

在申报债权期间，清算组不得对债权人进行清偿。

4．清算程序

清算组在清理公司财产、编制资产负债表和财产清单后，应当制订清算方案，并报股东会或者人民法院确认。

公司财产在分别支付清算费用、职工的工资、社会保险费用和法定补偿金，缴纳所欠税款，清偿公司债务后的剩余财产，有限责任公司按照股东的出资比例分配，股份有限公司按照股东持有的股份比例分配。

清算期间，公司存续，但不得开展与清算无关的经营活动。公司财产在未依照前述规定清偿前，不得分配给股东。

5．破产申请

清算组在清理公司财产、编制资产负债表和财产清单后，发现公司财产不足清偿债务的，应当依法向人民法院申请破产清算。

人民法院受理破产申请后，清算组应当将清算事务移交给人民法院指定的破产管理人。

清算组成员怠于履行清算职责，给公司造成损失的，应当承担赔偿责任；因故意或者重大过失给债权人造成损失的，应当承担赔偿责任。

6．公司注销

公司清算结束后，清算组应当制作清算报告，报股东会或者人民法院确认，并报送公司登记机关，申请注销公司登记。

公司在存续期间未产生债务，或者已清偿全部债务的，经全体股东承诺，可以按照规定通过简易程序注销公司登记。

公司被吊销营业执照、责令关闭或者被撤销，满三年未向公司登记机关申请注销公司登记的，公司登记机关可以通过国家企业信用信息公示系统予以公告，公告期限不少于六十日。公告期限届满后，未有异议的，公司登记机关可以注销公司登记。

公司被依法宣告破产的，依照有关企业破产的法律实施破产清算。

某球拍公司破产清算案

H 市某球拍公司主要业务为生产经营网球拍及相关产品，后陷入债务危机并歇业。2021 年 11 月，H 市 F 区人民法院依据债权人的申请，裁定受理 H 市某球拍公司破产清算一案，并指定了管理人。管理人在清产核资过程中发现，该公司厂区内残存大量废油漆、废磷酸、废有机溶剂等危废物。这些危废物具有易燃、腐蚀、剧毒等特点，如不妥善处置，不仅会严重影响公司破产财产安全和变现价值，使破产财产处置陷入被动，而且极易发生泄漏等现象，污染周边生态环境。为妥善处理破产公司所涉环境问题，F 区人民法院通过"破产智审"系统将破产案件信息推送给 H 市生态环境局 F 分局；F 分局再将核查出的破产公司所涉环境问题及时反馈给人民法院和管理人，并对危废物处置工作提供专业指导和帮助。后管理人委托有资质的处置机构对危废物进行分类处置，H 市生态环境局 F 分局组织进行现场验收。管理人共处置废油漆、废磷酸、废有机溶剂等 7 个品类的危废物大约 43 吨，处置费用合计 26 万余元，经债权人会议同意，该处置费用被列为破产费用。

根据谁污染谁治理原则，实施环境污染的破产公司是治理污染的义务主体，环境污染治理工作也是破产程序中不可或缺的一环。根据《中华人民共和国企业破产法》的相关规定，将案涉危废物处置费用认定为破产费用合法、合理。H 市 F 区人民法院遂裁定认可将案涉危废物处置费用作为破产费用列支。

实务练习（二）

一、概念
控股股东　　　关联关系　　　累积投票制

二、简答
1. 简述公司清算时的清偿顺序。
2. 简述债权人申报债权的相关规定。
3. 简述公司减少注册资本的程序。

模块四（练习）：参考答案

三、实务训练
在公司治理结构中，董事会是股东会的常设机构，负责执行股东会的决议，并对股东会负责。董事会决议的内容是公司管理过程中的重要资料。请阅读以下内容，了解现代公司治理制度。

董事会会议召集通知

尊敬的＿＿＿＿＿＿＿＿＿＿董事（或相关人员）：

您好！

经公司研究决定，现召集＿＿＿＿＿＿＿＿＿＿公司第＿＿＿＿届第＿＿＿＿次董事会会议。具体事项通知如下。

一、会议时间

本次董事会会议定于＿＿＿＿年＿＿月＿＿日（星期＿＿）上午＿＿＿＿时召开。请各位董事及相关人员提前安排好工作，确保准时出席。

二、会议地点

会议地点为＿＿＿＿＿＿＿＿＿市＿＿＿＿＿＿＿区＿＿＿＿＿＿＿路＿＿＿＿＿＿＿号＿＿＿＿＿＿＿大厦＿＿＿＿层＿＿＿＿会议室。请各位参会人员根据会议地点提前规划好行程。

三、参会人员

1. 公司全体董事；
2. 公司监事（如需列席）；
3. 高级管理人员（如需列席）；
4. 其他相关人员（如有需要，可安排相关部门负责人列席）。

四、会议议程（例举）

1. 决定公司＿＿＿＿＿＿＿＿＿＿年度的经营计划和投资方案。
2. 制定公司＿＿＿＿＿＿＿＿＿＿年度的利润分配方案和弥补亏损方案。
3. 审议并批准公司高级管理人员任免及薪酬调整方案。

……

五、注意事项

1. 请各位董事及相关人员务必准时出席会议，如因故不能参加，请提前向董事会秘书处请假。董事因故不能出席，可以书面委托其他董事代为出席，委托书应当载明授权范围。
2. 会议期间，请将手机调至静音状态。
3. 会议结束后，将形成董事会决议。

六、联系方式

如有任何疑问或需进一步了解会议详情，请联系董事会秘书处。

联系人：×××

联系电话：××××××××××

电子邮箱：××××××××

敬请各位董事及相关人员按时参加会议，共同为公司的发展贡献力量。

特此通知。

＿＿＿＿＿＿年＿＿月＿＿日

公司董事会决议书

（　　）董决字第_____号

一、会议时间

本次董事会会议于_____年____月____日（星期____）上午_____时召开。

二、会议地点

会议地点为_____市_____区_____路_____号_____大厦_____层_____会议室。

三、参会人员

出席董事：

缺席董事：

列席人员（如监事、高级管理人员等）：

主持人：

应参加会议的董事为_____人，实际参加会议的董事为_____人，符合公司章程的规定，会议有效。

四、会议议题（例举）

1. 讨论并决议关于（具体投资项目）的事项。

2.

3.

五、决议内容（例举）

1. 关于_____项目的讨论决议。经与会董事深入讨论，形成如下决议。

（1）同意公司开展_____投资项目，认为该项目决策符合公司长远利益和发展方向。

（2）具体实施方案：_____。

（3）资金安排：_____。

具体投票："赞成票（　　）票，反对票（　　）票，弃权票（　　）票"。符合公司章程的规定，决议有效。

赞成董事：_____。

反对董事：_____。

弃权董事：_____。

2. 其他决议事项：_____。

3. ……

本决议书自与会董事签字之日起生效。

出席会议的董事签名：

（公司盖章）
_____年____月____日

模块五

市场主体登记管理条例

> **导　学**
>
> 《中华人民共和国市场主体登记管理条例》规定了市场主体的概念、登记事项、登记程序、登记管理等内容，旨在规范市场主体登记管理行为，推进法治化市场建设，维护市场秩序和市场主体合法权益。

> **学习目标**
>
> - 掌握市场主体的概念及类型；
> - 掌握市场主体的登记事项；
> - 了解市场主体的登记规范；
> - 掌握市场主体的法律责任。

任务一　适用范围

一、市场主体的概念及类型

为了规范市场主体登记管理行为，推进法治化市场建设，维护良好市场秩序和市场主体合法权益，优化营商环境，制定《中华人民共和国市场主体登记管理条例》。《中华人民共和国市场主体登记管理条例》于2021年7月27日公布，2022年3月1日起施行。

市场主体，是指在中华人民共和国境内以营利为目的从事经营活动的下列自然人、法人及非法人组织：

（1）公司、非公司企业法人及其分支机构；
（2）个人独资企业、合伙企业及其分支机构；
（3）农民专业合作社（联合社）及其分支机构；
（4）个体工商户；
（5）外国公司分支机构；
（6）法律、行政法规规定的其他市场主体。

二、市场主体登记制度

市场主体应当依照《中华人民共和国市场主体登记管理条例》办理登记。未经登记，不得以市场主体名义从事经营活动。法律、行政法规规定无需办理登记的除外。

市场主体登记包括设立登记、变更登记和注销登记。

国务院市场监督管理部门主管全国市场主体登记管理工作。

县级以上地方人民政府市场监督管理部门主管本辖区市场主体登记管理工作，加强统筹指导和监督管理。

【练习5-1】（单选题）《中华人民共和国市场主体登记管理条例》于（　　）起施行。
A. 2022年1月1日　　　　　　　　B. 2022年3月1日
C. 2022年5月1日　　　　　　　　D. 2022年7月1日

【练习5-2】（多选题）《中华人民共和国市场主体登记管理条例》所称的市场主体包括（　　）。
A. 公司、非公司企业法人及其分支机构
B. 个人独资企业、合伙企业及其分支机构
C. 个体工商户
D. 外国公司分支机构

任务二　登　记　事　项

一、市场主体的登记事项

（一）市场主体的一般登记事项

市场主体的一般登记事项包括：
（1）名称；
（2）主体类型；
（3）经营范围；
（4）住所或者主要经营场所；
（5）注册资本或者出资额；
（6）法定代表人、执行事务合伙人或者负责人姓名。

（二）不同类型市场主体的登记事项

除上述一般登记事项外，还应当根据市场主体类型登记下列事项：
（1）有限责任公司股东、股份有限公司发起人、非公司企业法人出资人的姓名或者名称；

（2）个人独资企业的投资人姓名及居所；
（3）合伙企业的合伙人名称或者姓名、住所、承担责任方式；
（4）个体工商户的经营者姓名、住所、经营场所；
（5）法律、行政法规规定的其他事项。

> **知识拓展**

关于个体工商户经营地址的问题

1. 个体工商户开户的经营地址是否可以填写住宅地址？
2. 个体工商户开户的经营地址是否可以填写商住房？
3. 一个地址可以开办多个个体工商户，或者公司吗？

解答：

1. 住宅登记为个体工商户经营地址的，应遵守所在地市场主体住所（主要经营场所、经营场所）登记管理办法规定，需征得有利害关系的业主一致同意。
2. 商住房可以登记为个体工商户经营地址。
3. 一个地址只能作为一个个体工商户经营地址；按一些地方的规定，多个企业可以以一家集群注册托管机构的地址作为其住所（主要经营场所）进行登记，以下机构可以作为托管机构：①按照有关规定认定的各类产业园、工业园、创业园、科技园、创业孵化器、创客空间等创业创新载体的运营管理单位；②依法设立的会计师事务所、审计师事务所、律师事务所以及其他从事托管服务的机构；③各级人民政府（管委会）统一规划、指定的托管机构。

二、市场主体应当向登记机关办理备案的事项

市场主体的下列事项应当向登记机关办理备案：
（1）章程或者合伙协议；
（2）经营期限或者合伙期限；
（3）有限责任公司股东或者股份有限公司发起人认缴的出资数额，合伙企业合伙人认缴或者实际缴付的出资数额、缴付期限和出资方式；
（4）公司董事、监事、高级管理人员；
（5）农民专业合作社（联合社）成员；
（6）参加经营的个体工商户家庭成员姓名；
（7）市场主体登记联络员、外商投资企业法律文件送达接受人；
（8）公司、合伙企业等市场主体受益所有人相关信息；
（9）法律、行政法规规定的其他事项。

三、其他登记事项的相关规定

市场主体只能登记一个名称，经登记的市场主体名称受法律保护。

市场主体名称由申请人依法自主申报。

市场主体只能登记一个住所或者主要经营场所。

电子商务平台内的自然人经营者可以根据国家有关规定，将电子商务平台提供的网络经营场所作为经营场所。

除法律、行政法规或者国务院决定另有规定外，市场主体的注册资本或者出资额实行认缴登记制，以人民币表示。

出资方式应当符合法律、行政法规的规定。公司股东、非公司企业法人出资人、农民专业合作社（联合社）成员不得以劳务、信用、自然人姓名、商誉、特许经营权或者设定担保的财产等作价出资。

市场主体的经营范围包括一般经营项目和许可经营项目。经营范围中属于在登记前依法须经批准的许可经营项目，市场主体应当在申请登记时提交有关批准文件。

【练习 5-3】（多选题）股份有限公司登记事项包括（　　）。
A. 经营范围　　　　　　　　　　B. 主体类型
C. 股份有限公司发起人的姓名或者名称　　D. 法定代表人姓名

【练习 5-4】（多选题）下列属于市场主体应当向登记机关办理备案的事项有（　　）。
A. 章程或者合伙协议
B. 经营期限或者合伙期限
C. 公司董事、监事、高级管理人员
D. 市场主体登记联络员、外商投资企业法律文件送达接受人

任务三　登记规范

一、核验身份信息

市场主体实行实名登记。申请人应当配合登记机关核验身份信息。

二、提交材料

申请办理市场主体登记，应当提交下列材料：
（1）申请书；
（2）申请人资格文件、自然人身份证明；
（3）住所或者主要经营场所相关文件；

(4) 公司、非公司企业法人、农民专业合作社（联合社）章程或者合伙企业合伙协议；

(5) 法律、行政法规和国务院市场监督管理部门规定提交的其他材料。

登记机关能够通过政务信息共享平台获取的市场主体登记相关信息，不得要求申请人重复提供。

申请人应当对提交材料的真实性、合法性和有效性负责。

三、营业执照签发

申请人申请市场主体设立登记，登记机关依法予以登记的，签发营业执照。营业执照签发日期为市场主体的成立日期。

法律、行政法规或者国务院决定规定设立市场主体须经批准的，应当在批准文件有效期内向登记机关申请登记。

营业执照分为正本和副本，具有同等法律效力。

电子营业执照与纸质营业执照具有同等法律效力。

营业执照样式、电子营业执照标准由国务院市场监督管理部门统一制定。

四、分支机构登记

市场主体设立分支机构，应当向分支机构所在地的登记机关申请登记。

五、变更登记

市场主体变更登记事项，应当自作出变更决议、决定或者法定变更事项发生之日起30日内向登记机关申请变更登记。

市场主体变更登记事项属于依法须经批准的，申请人应当在批准文件有效期内向登记机关申请变更登记。

公司、非公司企业法人的法定代表人在任职期间发生《中华人民共和国市场主体登记管理条例》第十二条所列情形之一的，应当向登记机关申请变更登记。

市场主体变更经营范围，属于依法须经批准的项目的，应当自批准之日起30日内申请变更登记。许可证或者批准文件被吊销、撤销或者有效期届满的，应当自许可证或者批准文件被吊销、撤销或者有效期届满之日起30日内向登记机关申请变更登记或者办理注销登记。

市场主体变更住所或者主要经营场所跨登记机关辖区的，应当在迁入新的住所或者主要经营场所前，向迁入地登记机关申请变更登记。迁出地登记机关无正当理由不得拒绝移交市场主体档案等相关材料。

市场主体变更登记涉及营业执照记载事项的，登记机关应当及时为市场主体换发营业执照。

市场主体变更《中华人民共和国市场主体登记管理条例》第九条规定的备案事项的，应当自作出变更决议、决定或者法定变更事项发生之日起30日内向登记机关办理备案。农民专业合作社（联合社）成员发生变更的，应当自本会计年度终了之日起 90 日内向登记机关办理备案。

【练习 5-5】（单选题）市场主体变更登记备案事项，应当自作出变更决议、决定或者法定变更事项发生之日起（　　）内向登记机关办理备案。

A. 10 日　　　　B. 15 日　　　　C. 30 日　　　　D. 60 日

六、歇业备案登记

因自然灾害、事故灾难、公共卫生事件、社会安全事件等原因造成经营困难的，市场主体可以自主决定在一定时期内歇业。法律、行政法规另有规定的除外。

市场主体应当在歇业前与职工依法协商劳动关系处理等有关事项。

市场主体应当在歇业前向登记机关办理备案。登记机关通过国家企业信用信息公示系统向社会公示歇业期限、法律文书送达地址等信息。

市场主体歇业的期限最长不得超过 3 年。市场主体在歇业期间开展经营活动的，视为恢复营业，市场主体应当通过国家企业信用信息公示系统向社会公示。

市场主体歇业期间，可以以法律文书送达地址代替住所或者主要经营场所。

【练习 5-6】（多选题）下列关于歇业说法正确的是（　　）。

A. 市场主体歇业应当办理注销手续
B. 市场主体歇业时间最长不得超过 3 年
C. 市场主体歇业期间，可以以法律文书送达地址代替住所或者主要经营场所
D. 市场主体歇业累计满 3 年，视为解散

知识拓展

国家企业信用信息公示系统（以下简称"公示系统"）是国家级企业信用信息归集公示平台，是企业报送并公示年度报告和即时信息的法定平台，是各级政府部门实施信用监管的重要工作平台。自 2021 年 11 月 26 日起，公示系统用户实名认证查询正式上线。公示系统提供全国企业、农民专业合作社、个体工商户等市场主体信用信息的填报、公示、查询和异议等功能。

七、注销登记

市场主体因解散、被宣告破产或者其他法定事由需要终止的，应当依法向登记机关申请注销登记。经登记机关注销登记，市场主体终止。

市场主体注销依法须经批准的，应当经批准后向登记机关申请注销登记。

市场主体注销登记前依法应当清算的，清算组应当自成立之日起 10 日内将清算组成员、清算组负责人名单通过国家企业信用信息公示系统公告。清算组可以通过国家企业信用信息公示系统发布债权人公告。

清算组应当自清算结束之日起 30 日内向登记机关申请注销登记。市场主体申请注销登记前，应当依法办理分支机构注销登记。

市场主体未发生债权债务或者已将债权债务清偿完结，未发生或者已结清清偿费用、职工工资、社会保险费用、法定补偿金、应缴纳税款（滞纳金、罚款），并由全体投资人书面承诺对上述情况的真实性承担法律责任的，可以按照简易程序办理注销登记。

市场主体应当将承诺书及注销登记申请通过国家企业信用信息公示系统公示，公示期为 20 日。在公示期内无相关部门、债权人及其他利害关系人提出异议的，市场主体可以于公示期届满之日起 20 日内向登记机关申请注销登记。

个体工商户按照简易程序办理注销登记的，无需公示，由登记机关将个体工商户的注销登记申请推送至税务等有关部门，有关部门在 10 日内没有提出异议的，可以直接办理注销登记。

市场主体注销依法须经批准的，或者市场主体被吊销营业执照、责令关闭、撤销，或者被列入经营异常名录的，不适用简易注销程序。

人民法院裁定强制清算或者裁定宣告破产的，有关清算组、破产管理人可以持人民法院终结强制清算程序的裁定或者终结破产程序的裁定，直接向登记机关申请办理注销登记。

【练习 5-7】（多选题）市场主体办理简易注销程序需满足的条件有（   ）。
A. 未发生债权债务或者已将债权债务清偿完结
B. 未发生或者已结清清偿费用、职工工资、社会保险费用、法定补偿金、应缴纳税款（滞纳金、罚款）
C. 全体投资人书面承诺对上述情况的真实性承担法律责任
D. 按规定公示

【练习 5-8】（单选题）除个体工商户外，市场主体办理简易注销的公示期为（   ）。
A. 15 日　　　　B. 20 日　　　　C. 30 日　　　　D. 45 日

任务四　监督管理

市场主体应当按照国家有关规定公示年度报告和登记相关信息。

市场主体应当将营业执照置于住所或者主要经营场所的醒目位置。从事电子商务经营的市场主体应当在其首页显著位置持续公示营业执照信息或者相关链接标识。

任何单位和个人不得伪造、涂改、出租、出借、转让营业执照。

营业执照遗失或者毁坏的，市场主体应当通过国家企业信用信息公示系统声明作废，申请补领。

登记机关依法作出变更登记、注销登记和撤销登记决定的，市场主体应当缴回营业执照。拒不缴回或者无法缴回营业执照的,由登记机关通过国家企业信用信息公示系统公告营业执照作废。

提交虚假材料或者采取其他欺诈手段隐瞒重要事实取得市场主体登记的,受虚假市场主体登记影响的自然人、法人和其他组织可以向登记机关提出撤销市场主体登记的申请。

任务五 法律责任

（1）未经设立登记从事经营活动的,由登记机关责令改正,没收违法所得;拒不改正的,处1万元以上10万元以下的罚款;情节严重的,依法责令关闭停业,并处10万元以上50万元以下的罚款。

（2）提交虚假材料或者采取其他欺诈手段隐瞒重要事实取得市场主体登记的,由登记机关责令改正,没收违法所得,并处5万元以上20万元以下的罚款;情节严重的,处20万元以上100万元以下的罚款,吊销营业执照。

（3）虚报注册资本的法律责任。实行注册资本实缴登记制的市场主体虚报注册资本取得市场主体登记的,由登记机关责令改正,处虚报注册资本金额5%以上15%以下的罚款;情节严重的,吊销营业执照。

（4）实行注册资本实缴登记制的市场主体的发起人、股东虚假出资,未交付或者未按期交付作为出资的货币或者非货币财产的,或者在市场主体成立后抽逃出资的,由登记机关责令改正,处虚假出资金额5%以上15%以下的罚款。

（5）未办理变更登记。市场主体未依照《中华人民共和国市场主体登记管理条例》办理变更登记的,由登记机关责令改正;拒不改正的,处1万元以上10万元以下的罚款;情节严重的,吊销营业执照。

（6）市场主体未依照《中华人民共和国市场主体登记管理条例》办理备案的,由登记机关责令改正;拒不改正的,处5万元以下的罚款。

（7）市场主体未依照《中华人民共和国市场主体登记管理条例》将营业执照置于住所或者主要经营场所醒目位置的,由登记机关责令改正;拒不改正的,处3万元以下的罚款。

（8）从事电子商务经营的市场主体未在其首页显著位置持续公示营业执照信息或者相关链接标识的,由登记机关依照《中华人民共和国电子商务法》处罚。

（9）市场主体伪造、涂改、出租、出借、转让营业执照的,由登记机关没收违法所得,处10万元以下的罚款;情节严重的,处10万元以上50万元以下的罚款,吊销营业执照。

（10）登记机关及其工作人员违反《中华人民共和国市场主体登记管理条例》规定未履行职责或者履行职责不当的,对直接负责的主管人员和其他直接责任人员依法给予处分。

违反《中华人民共和国市场主体登记管理条例》规定,构成犯罪的,依法追究刑事责任。

法律、行政法规对市场主体登记管理违法行为处罚另有规定的,从其规定。

《中华人民共和国市场主体登记管理条例》自 2022 年 3 月 1 日起施行。《中华人民共和国公司登记管理条例》《中华人民共和国企业法人登记管理条例》《中华人民共和国合伙企业登记管理办法》《农民专业合作社登记管理条例》《企业法人法定代表人登记管理规定》同时废止。

【练习 5-9】(多选题)市场主体未依照《中华人民共和国市场主体登记管理条例》办理变更登记的,将可能承担的法律责任有(　　)。
A. 由登记机关责令改正
B. 拒不改正的,处 1 万元以上 10 万元以下的罚款
C. 情节严重的,吊销营业执照
D. 情节严重的,责令关闭

实务练习

一、概念

市场主体　　国家企业信用信息公示系统

二、简答

1．《中华人民共和国市场主体登记管理条例》适用于哪些市场主体的登记管理?
2．市场主体的一般登记事项包括哪些?
3．未经设立登记就从事经营活动的市场主体,需要承担什么后果?
4．简述市场主体的发起人、股东虚假出资应受的处罚。
5．简述市场主体伪造、涂改、出租、出借、转让营业执照应受的处罚。

模块五(练习):参考答案

模块六

市场规制法律制度

导学

市场规制法律制度是国家干预市场运行、维护竞争秩序、保障公平竞争营商环境，以公共利益为核心的法律规范体系，其核心作用是通过法定权力规范市场主体行为。

学习目标

- 掌握《中华人民共和国消费者权益保护法》《中华人民共和国产品质量法》《中华人民共和国反不正当竞争法》《中华人民共和国反垄断法》的相关规定。

任务一 消费者权益保护法

一、概述

（一）消费者的概念及特征

消费者为生活消费需要购买、使用商品或者接受服务，其权益受《中华人民共和国消费者权益保护法》[①]保护；《中华人民共和国消费者权益保护法》未作规定的，受其他有关法律、法规保护。

国家保护消费者的合法权益不受侵害。国家采取措施，保障消费者依法行使权利，维护消费者的合法权益。

另外，农民购买、使用直接用于农业生产的生产资料，参照《中华人民共和国消费者权益保护法》执行。农民购买、使用直接用于农业生产的生产资料，虽然不是生活性消费，但是作为经营者的相对方，其弱者的地位是不言而喻的。所以，《中华人民共和国消费者权益保护法》将农民购买、使用直接用于农业生产的生产资料行为纳入该法的调整范围。

---

① 本书引用《中华人民共和国消费者权益保护法》内容为 2013 年修正版本，其公布日期为 2013 年 10 月 25 日，施行日期为 2014 年 3 月 15 日。

（二）消费者权益保护法

消费者权益保护法是调整国家、经营者和消费者三者之间因保护消费者利益而产生的社会关系的法律规范的总称。

（三）《中华人民共和国消费者权益保护法》的立法宗旨和基本原则

（1）立法宗旨：为保护消费者的合法权益，维护社会经济秩序，促进社会主义市场经济健康发展，制定本法。

（2）基本原则：经营者与消费者进行交易，应当遵循自愿、平等、公平、诚实信用的原则。

二、消费者的权利

预付卡未使用金额经营者应向消费者返还

预付卡在服务领域，如餐饮、美容美发、洗车、洗衣、健身等服务领域中广泛存在。在预付卡机制运行过程中，存在经营者办卡后不退、丢失后不补办、逾期作废概不退款等霸王条款，以及办卡后扣款不明及服务水平下降等问题。部分经营者甚至以装修、维护、停业整顿为名，携款跑路，或在重新整修后，改换门面，终止服务，造成预付卡消费者的消费困境。

闭店、跑路、退钱难……健身中心成消费者投诉重灾区。

2018年至2020年，李某等人到某健身中心办卡消费并签订入会协议，每人预存了几千元至上万元不等的费用。2020年年初，该健身中心便处于闭店状态，后该健身中心的承租场地合同到期终止，健身中心不再继续经营。该健身中心在向少部分消费者退还未使用费用后便不再进行退款。李某等人与该健身中心协商无果后诉至人民法院，请求判决健身中心退还剩余服务费用，获人民法院支持。

（一）保障人身、财产安全权

消费者在购买、使用商品和接受服务时享有人身、财产安全不受损害的权利。

消费者有权要求经营者提供的商品和服务，符合保障人身、财产安全的要求。

（二）知悉权

消费者享有知悉其购买、使用的商品或者接受的服务的真实情况的权利。

消费者有权根据商品或者服务的不同情况，要求经营者提供商品的价格、产地、生产者、用途、性能、规格、等级、主要成分、生产日期、有效期限、检验合格证明、使用方法说明书、售后服务，或者服务的内容、规格、费用等有关情况。

（三）自主选择权

消费者享有自主选择商品或者服务的权利。

消费者有权自主选择提供商品或者服务的经营者，自主选择商品品种或者服务方式，自主决定购买或者不购买任何一种商品、接受或者不接受任何一项服务。

消费者在自主选择商品或者服务时，有权进行比较、鉴别和挑选。

（四）公平交易权

消费者在购买商品或者接受服务时，有权获得质量保障、价格合理、计量正确等公平交易条件，有权拒绝经营者的强制交易行为。

（五）获得赔偿权

消费者因购买、使用商品或者接受服务受到人身、财产损害的，享有依法获得赔偿的权利。

（六）依法结社权

消费者享有依法成立维护自身合法权益的社会组织的权利。

（七）知识获取权

消费者享有获得有关消费和消费者权益保护方面的知识的权利。

消费者应当努力掌握所需商品或者服务的知识和使用技能，正确使用商品，提高自我保护意识。

（八）人格尊严权

消费者在购买、使用商品和接受服务时，享有人格尊严、民族风俗习惯得到尊重的权利，享有个人信息依法得到保护的权利。

典型案例

商家因"差评"擅自公布消费者个人信息构成侵权

原告张某等人因不满被告某商家的服务，上网发布"差评"，该商家遂在微信公众号发布其与张某等人的微信群聊记录、游戏包厢监控录像片段、张某等人的微信个人账号信息，还称"可向公众提供全程监控录像"。张某等人认为商家上述行为侵害其隐私权和个人信息权益，起诉要求商家停止侵权、赔礼道歉及赔偿精神损失，获支持。

相关法律规定如下。

《中华人民共和国民法典》（2020年5月28日公布，2021年1月1日施行）第一千零三十二条规定，自然人享有隐私权。任何组织或者个人不得以刺探、侵扰、泄露、公开等方式侵害他人的隐私权。隐私是自然人的私人生活安宁和不愿为他人知晓的私密空间、私密活动、私密信息。

《中华人民共和国民法典》第一千零三十三条规定，除法律另有规定或者权利人明确同意外，任何组织或者个人不得实施下列行为：

（一）以电话、短信、即时通讯工具、电子邮件、传单等方式侵扰他人的私人生活安宁；

（二）进入、拍摄、窥视他人的住宅、宾馆房间等私密空间；

（三）拍摄、窥视、窃听、公开他人的私密活动；

（四）拍摄、窥视他人身体的私密部位；

（五）处理他人的私密信息；

（六）以其他方式侵害他人的隐私权。

《中华人民共和国民法典》第一千零三十四条规定，自然人的个人信息受法律保护。个人信息是以电子或者其他方式记录的能够单独或者与其他信息结合识别特定自然人的各种信息，包括自然人的姓名、出生日期、身份证件号码、生物识别信息、住址、电话号码、电子邮箱、健康信息、行踪信息等。个人信息中的私密信息，适用有关隐私权的规定；没有规定的，适用有关个人信息保护的规定。

《中华人民共和国个人信息保护法》（2021年8月20日公布，2021年11月1日施行）第四条规定，个人信息是以电子或者其他方式记录的与已识别或者可识别的自然人有关的各种信息，不包括匿名化处理后的信息。个人信息的处理包括个人信息的收集、存储、使用、加工、传输、提供、公开、删除等。

《中华人民共和国个人信息保护法》第十三条规定，符合下列情形之一的，个人信息处理者方可处理个人信息：

（一）取得个人的同意；

（二）为订立、履行个人作为一方当事人的合同所必需，或者按照依法制定的劳动规章制度和依法签订的集体合同实施人力资源管理所必需；

（三）为履行法定职责或者法定义务所必需；

（四）为应对突发公共卫生事件，或者紧急情况下为保护自然人的生命健康和财产安全所必需；

（五）为公共利益实施新闻报道、舆论监督等行为，在合理的范围内处理个人信息；

（六）依照本法规定在合理的范围内处理个人自行公开或者其他已经合法公开的个人信息；

（七）法律、行政法规规定的其他情形。

依照本法其他有关规定，处理个人信息应当取得个人同意，但是有前款第二项至第七项规定情形的，不需取得个人同意。

（九）监督批评权

消费者享有对商品和服务以及保护消费者权益工作进行监督的权利。

消费者有权检举、控告侵害消费者权益的行为和国家机关及其工作人员在保护消费者权益工作中的违法失职行为，有权对保护消费者权益工作提出批评、建议。

三、经营者的义务

（一）依法律、法规或约定履行义务

经营者向消费者提供商品或者服务，应当依照《中华人民共和国消费者权益保护法》和其他有关法律、法规的规定履行义务。

经营者和消费者有约定的，应当按照约定履行义务，但双方的约定不得违背法律、法规的规定。

经营者向消费者提供商品或者服务，应当恪守社会公德，诚信经营，保障消费者的合法权益；不得设定不公平、不合理的交易条件，不得强制交易。

（二）听取意见和接受监督的义务

经营者应当听取消费者对其提供的商品或者服务的意见，接受消费者的监督。

（三）保证商品或服务安全的义务

经营者应当保证其提供的商品或者服务符合保障人身、财产安全的要求。对可能危及人身、财产安全的商品和服务，应当向消费者作出真实的说明和明确的警示，并说明和标明正确使用商品或者接受服务的方法以及防止危害发生的方法。

宾馆、商场、餐馆、银行、机场、车站、港口、影剧院等经营场所的经营者，应当对消费者尽到安全保障义务。

（四）对存在缺陷的商品和服务及时采取措施的义务

经营者发现其提供的商品或者服务存在缺陷，有危及人身、财产安全危险的，应当立即向有关行政部门报告和告知消费者，并采取停止销售、警示、召回、无害化处理、销毁、停止生产或者服务等措施。采取召回措施的，经营者应当承担消费者因商品被召回支出的必要费用。

（五）提供真实信息的义务

经营者向消费者提供有关商品或者服务的质量、性能、用途、有效期限等信息，应当真实、全面，不得作虚假或者引人误解的宣传。

经营者对消费者就其提供的商品或者服务的质量和使用方法等问题提出的询问，应当作出真实、明确的答复。

经营者提供商品或者服务应当明码标价。

（六）标明真实名称和标记的义务

经营者应当标明其真实名称和标记。

租赁他人柜台或者场地的经营者，应当标明其真实名称和标记。

 **典型案例**

杜绝价格陷阱

2024年5月1日，一博主发视频称在某零食店发现了"辣条刺客"，价签上写着0.17元，看似很便宜，却是以"克"为单位，实际价格为170元1千克。付款时收银员没有说商品价格，该博主购买自己挑选的辣条一共花费187元。商家以"克"为单位标价，很容易误导消费者。

该区市场监督管理局关注到网上关于该零食店的相关舆情后，第一时间联合属地分局执法人员至该零食店进行现场检查。经核实，网上反映的情况基本属实。现场商品虽有明码标价，未违反有关法律、法规，但不符合消费者对普通商品价格标识的认知。该区市场监督管理局已敦促店方整改，现场所售辣条已改为以包计价。市场监督管理部门将持续加强日常检查，依法查处经营者不明码标价、进行价格欺诈、不履行承诺等行为。

（七）出具购货凭证或者服务单据的义务

经营者提供商品或者服务，应当按照国家有关规定或者商业惯例向消费者出具发票等购货凭证或者服务单据；消费者索要发票等购货凭证或者服务单据的，经营者必须出具。

（八）瑕疵担保义务、瑕疵举证责任

经营者应当保证在正常使用商品或者接受服务的情况下其提供的商品或者服务应当具有的质量、性能、用途和有效期限；但消费者在购买该商品或者接受该服务前已经知道其存在瑕疵，且存在该瑕疵不违反法律强制性规定的除外。

经营者以广告、产品说明、实物样品或者其他方式表明商品或者服务的质量状况的，应当保证其提供的商品或者服务的实际质量与表明的质量状况相符。

经营者提供的机动车、计算机、电视机、电冰箱、空调器、洗衣机等耐用商品或者装饰装修等服务，消费者自接受商品或者服务之日起六个月内发现瑕疵，发生争议的，由经营者承担有关瑕疵的举证责任。

（九）退货、更换、修理的"三包"义务

经营者提供的商品或者服务不符合质量要求的，消费者可以依照国家规定、当事人约定退货，或者要求经营者履行更换、修理等义务。没有国家规定和当事人约定的，消费者可以自收到商品之日起七日内退货；七日后符合法定解除合同条件的，消费者可以及时退货，不符合法定解除合同条件的，可以要求经营者履行更换、修理等义务。

依照《中华人民共和国消费者权益保护法》第二十四条第一款规定进行退货、更换、修理的，经营者应当承担运输等必要费用。

（十）无理由退货制度

经营者采用网络、电视、电话、邮购等方式销售商品，消费者有权自收到商品之日起七日内退货，且无需说明理由，但下列商品除外：

（1）消费者定作的；

（2）鲜活易腐的；

（3）在线下载或者消费者拆封的音像制品、计算机软件等数字化商品；

（4）交付的报纸、期刊。

除以上《中华人民共和国消费者权益保护法》第二十五条第一款所列商品外，其他根据商品性质并经消费者在购买时确认不宜退货的商品，不适用无理由退货。

消费者退货的商品应当完好。经营者应当自收到退回商品之日起七日内返还消费者支付的商品价款。退回商品的运费由消费者承担；经营者和消费者另有约定的，按照约定。

【练习 6-1】（多选题）根据《中华人民共和国消费者权益保护法》的规定，适用七天无理由退货的商品是（　　）。

A. 新鲜的山竹

B. 迪士尼圣诞限定款水杯

C. 拆封的偶像男团的 CD

D. 烧水壶

（十一）正确使用格式条款的义务

经营者在经营活动中使用格式条款的，应当以显著方式提请消费者注意商品或者服务的数量和质量、价款或者费用、履行期限和方式、安全注意事项和风险警示、售后服务、民事责任等与消费者有重大利害关系的内容，并按照消费者的要求予以说明。

经营者不得以格式条款、通知、声明、店堂告示等方式，作出排除或者限制消费者权利、减轻或者免除经营者责任、加重消费者责任等对消费者不公平、不合理的规定，不得利用格式条款并借助技术手段强制交易。

格式条款、通知、声明、店堂告示等含有以上《中华人民共和国消费者权益保护法》第二十六条第二款所列内容的，其内容无效。

【练习 6-2】（单选题）某手机卖场在大门口显著位置张贴大字标语"绝对真品，假一赔五"，小张在这里花了 3000 元买了一部手机，后经有关部门鉴定为仿冒品，小张向该卖场提出 15000 元的赔偿请求，而卖场只同意按《中华人民共和国消费者权益保护法》"退一赔三"的规定，给小张赔偿 9000 元，小张应当得到的赔偿数额是（　　）。

A. 3000 元　　　　B. 9000 元　　　　C. 15000 元　　　　D. 18000 元

（十二）不得侵犯消费者人格尊严和人身自由的义务

经营者不得对消费者进行侮辱、诽谤，不得搜查消费者的身体及其携带的物品，不得侵犯消费者的人身自由。

（十三）特定领域经营者的信息披露义务

采用网络、电视、电话、邮购等方式提供商品或者服务的经营者，以及提供证券、保险、银行等金融服务的经营者，应当向消费者提供经营地址、联系方式、商品或者服务的数量和质量、价款或者费用、履行期限和方式、安全注意事项和风险警示、售后服务、民事责任等信息。

（十四）保护消费者个人信息的义务

经营者收集、使用消费者个人信息，应当遵循合法、正当、必要的原则，明示收集、使用信息的目的、方式和范围，并经消费者同意。经营者收集、使用消费者个人信息，应当公开其收集、使用规则，不得违反法律、法规的规定和双方的约定收集、使用信息。

经营者及其工作人员对收集的消费者个人信息必须严格保密，不得泄露、出售或者非法向他人提供。经营者应当采取技术措施和其他必要措施，确保信息安全，防止消费者个人信息泄露、丢失。在发生或者可能发生信息泄露、丢失的情况时，应当立即采取补救措施。

经营者未经消费者同意或者请求，或者消费者明确表示拒绝的，不得向其发送商业性信息。

四、国家对消费者合法权益的保护

（一）消费者及消费者协会等组织的立法参与权

国家制定有关消费者权益的法律、法规、规章和强制性标准，应当听取消费者和消费者协会等组织的意见。

（二）各级人民政府保护消费者合法权益的职责

各级人民政府应当加强领导，组织、协调、督促有关行政部门做好保护消费者合法权益的工作，落实保护消费者合法权益的职责。各级人民政府应当加强监督，预防危害消费者人身、财产安全行为的发生，及时制止危害消费者人身、财产安全的行为。

（三）各级人民政府工商行政管理部门和其他有关行政部门的职责

各级人民政府工商行政管理部门和其他有关行政部门应当依照法律、法规的规定，在各自的职责范围内，采取措施，保护消费者的合法权益。

有关行政部门应当听取消费者和消费者协会等组织对经营者交易行为、商品和服务质量问题的意见，及时调查处理。

有关行政部门在各自的职责范围内，应当定期或者不定期对经营者提供的商品和服务进行抽查检验，并及时向社会公布抽查检验结果。

有关行政部门发现并认定经营者提供的商品或者服务存在缺陷，有危及人身、财产安全危险的，应当立即责令经营者采取停止销售、警示、召回、无害化处理、销毁、停止生产或者服务等措施。

（四）有关国家机关的处罚权

有关国家机关应当依照法律、法规的规定，惩处经营者在提供商品和服务中侵害消费者合法权益的违法犯罪行为。

（五）人民法院的职责

人民法院应当采取措施，方便消费者提起诉讼。对符合《中华人民共和国民事诉讼法》起诉条件的消费者权益争议，必须受理，及时审理。

大学生拍写真被套路，人民法院支持其依法行使解除权

莎莎（化名）和丽丽（化名）是在校大学生，她们看到一则广告——仅需19.9元就能拍摄古装写真。经向影楼确认后，莎莎和丽丽就报了名。但在化妆、拍摄过程中，莎莎和丽丽在工作人员的诱导劝说下先后签订5份协议，花费一再升级，先签订了1100元、1588元的合同，后又签订了2.4万元的合同。两人通过借款向影楼还款，最终还欠了影楼5900元。返校后，在室友的分析下，莎莎和丽丽意识到其被影楼"套路"了，当晚，莎莎和丽丽联系影楼员工，要求解除后面新增的2.4万元的合同并退款，但影楼却以合同已生效为由拒绝退款。

两人向区消费者权益保护委员会寻求帮助，在区消费者权益保护委员会的联络与对接下，区人民法院建议当事人直接起诉立案。区人民检察院履行监督职能，支持起诉并参与庭审。

2021年2月，这起因天价写真引发的合同纠纷在某区人民法院公开开庭审理。原告莎莎和丽丽要求解除此前签订的1100元、1588元和最后签订的2.4万元的合同。

人民法院经审理认为，莎莎和丽丽跟影楼签订的合同属于承揽合同。对于承揽合同，根据《中华人民共和国民法典》的规定，符合法定条件的，定作人享有任意解除权。但是，任意解除权的行使应有三大限制条件：解除应有效通知到承揽人；解除通知应在承揽人完成承揽工作之前到达承揽人；如因解除行为给承揽人造成损失的，定作人应当赔偿损失。合同解除后，定作人按合同约定预先支付报酬的，承揽人在扣除已完成部分的报酬后，应当将剩余价款返还定作人。故人民法院判决合同中尚未履行的合同全部解除，未全部履行的合同部分解除，已履行完毕的合同不能解除，被告退还两原告合同款项1.86万元。

五、消费者组织

（一）消费者协会和其他消费者组织的职责

消费者协会和其他消费者组织是依法成立的对商品和服务进行社会监督的保护消费者合法权益的社会组织。

消费者协会履行下列公益性职责：

（1）向消费者提供消费信息和咨询服务，提高消费者维护自身合法权益的能力，引导文明、健康、节约资源和保护环境的消费方式；

（2）参与制定有关消费者权益的法律、法规、规章和强制性标准；

（3）参与有关行政部门对商品和服务的监督、检查；

（4）就有关消费者合法权益的问题，向有关部门反映、查询，提出建议；

（5）受理消费者的投诉，并对投诉事项进行调查、调解；

（6）投诉事项涉及商品和服务质量问题的，可以委托具备资格的鉴定人鉴定，鉴定人应当告知鉴定意见；

（7）就损害消费者合法权益的行为，支持受损害的消费者提起诉讼或者依照《中华人民共和国消费者权益保护法》提起诉讼；

（8）对损害消费者合法权益的行为，通过大众传播媒介予以揭露、批评。

各级人民政府对消费者协会履行职责应当予以必要的经费等支持。

消费者协会应当认真履行保护消费者合法权益的职责，听取消费者的意见和建议，接受社会监督。

依法成立的其他消费者组织依照法律、法规及其章程的规定，开展保护消费者合法权益的活动。

（二）消费者组织的禁止行为

消费者组织不得从事商品经营和营利性服务，不得以收取费用或者其他牟取利益的方式向消费者推荐商品和服务。

六、争议的解决

（一）争议解决的途径

消费者和经营者发生消费者权益争议的，可以通过下列途径解决：

（1）与经营者协商和解；

（2）请求消费者协会或者依法成立的其他调解组织调解；

（3）向有关行政部门投诉；

（4）根据与经营者达成的仲裁协议提请仲裁机构仲裁；

（5）向人民法院提起诉讼。

（二）消费者的求偿对象

1. 向销售者或生产者求偿

消费者在购买、使用商品时，其合法权益受到损害的，可以向销售者要求赔偿。销售者赔偿后，属于生产者的责任或者属于向销售者提供商品的其他销售者的责任的，销售者有权向生产者或者其他销售者追偿。

消费者或者其他受害人因商品缺陷造成人身、财产损害的，可以向销售者要求赔偿，也可以向生产者要求赔偿。属于生产者责任的，销售者赔偿后，有权向生产者追偿。属于销售者责任的，生产者赔偿后，有权向销售者追偿。

消费者在接受服务时，其合法权益受到损害的，可以向服务者要求赔偿。

2. 企业变更后的求偿对象

消费者在购买、使用商品或者接受服务时，其合法权益受到损害，因原企业分立、合并的，可以向变更后承受其权利义务的企业要求赔偿。

【练习6-3】（多选题）甲从乙商城购买了丙公司生产的一个充电宝，后在正常使用过程中因充电宝漏电烧坏了价值3000元的手机。对此，下列说法中正确的是（　　）。

A. 甲可以要求乙商城承担赔偿责任
B. 甲可以要求丙公司承担赔偿责任
C. 乙商城和丙公司应承担连带责任
D. 甲可以要求丙公司赔偿3000元或赔偿同款手机

3. 营业执照出借人和借用人的连带责任

使用他人营业执照的违法经营者提供商品或者服务，损害消费者合法权益的，消费者可以向其要求赔偿，也可以向营业执照的持有人要求赔偿。

【练习6-4】（单选题）甲借用乙的营业执照开了一家酒店，由于疏忽，服务员丙将暖水瓶打翻，热水洒到顾客丁的身上，将其左脚烫伤，丁花费医药费等共计3016元。丁就其损失请求赔偿的对象（　　）。

A. 只能是甲
B. 只能是乙
C. 只能是丙
D. 可以是甲，也可以是乙

4. 销售者、服务者和展销会、租赁柜台的连带责任

消费者在展销会、租赁柜台购买商品或者接受服务，其合法权益受到损害的，可以向销售者或者服务者要求赔偿。展销会结束或者柜台租赁期满后，也可以向展销会的举办者、

柜台的出租者要求赔偿。展销会的举办者、柜台的出租者赔偿后，有权向销售者或者服务者追偿。

5. 网络交易平台提供者的责任

消费者通过网络交易平台购买商品或者接受服务，其合法权益受到损害的，可以向销售者或者服务者要求赔偿。网络交易平台提供者不能提供销售者或者服务者的真实名称、地址和有效联系方式的，消费者也可以向网络交易平台提供者要求赔偿；网络交易平台提供者作出更有利于消费者的承诺的，应当履行承诺。网络交易平台提供者赔偿后，有权向销售者或者服务者追偿。

网络交易平台提供者明知或者应知销售者或者服务者利用其平台侵害消费者合法权益，未采取必要措施的，依法与该销售者或者服务者承担连带责任。

6. 虚假广告或者其他虚假宣传方式相关责任人的责任

消费者因经营者利用虚假广告或者其他虚假宣传方式提供商品或者服务，其合法权益受到损害的，可以向经营者要求赔偿。广告经营者、发布者发布虚假广告的，消费者可以请求行政主管部门予以惩处。广告经营者、发布者不能提供经营者的真实名称、地址和有效联系方式的，应当承担赔偿责任。

广告经营者、发布者设计、制作、发布关系消费者生命健康商品或者服务的虚假广告，造成消费者损害的，应当与提供该商品或者服务的经营者承担连带责任。

【练习6-5】（单选题）消费者因经营者利用虚假广告提供商品或者服务，其合法权益受到损害的，可以向（　　）要求赔偿。
A. 生产者　　　　　　　　　　B. 广告发布者
C. 经营者　　　　　　　　　　D. 生产者及广告发布者

社会团体或者其他组织、个人在关系消费者生命健康商品或者服务的虚假广告或者其他虚假宣传中向消费者推荐商品或者服务，造成消费者损害的，应当与提供该商品或者服务的经营者承担连带责任。

（三）投诉处理期限

消费者向有关行政部门投诉的，该部门应当自收到投诉之日起七个工作日内，予以处理并告知消费者。

（四）消费者协会的公益诉讼权

对侵害众多消费者合法权益的行为，中国消费者协会以及在省、自治区、直辖市设立的消费者协会，可以向人民法院提起诉讼。

七、法律责任

（一）民事责任

1. 经营者承担民事责任的情形

经营者提供商品或者服务有下列情形之一的，除《中华人民共和国消费者权益保护法》另有规定外，应当依照其他有关法律、法规的规定，承担民事责任：

（1）商品或者服务存在缺陷的；
（2）不具备商品应当具备的使用性能而出售时未作说明的；
（3）不符合在商品或者其包装上注明采用的商品标准的；
（4）不符合商品说明、实物样品等方式表明的质量状况的；
（5）生产国家明令淘汰的商品或者销售失效、变质的商品的；
（6）销售的商品数量不足的；
（7）服务的内容和费用违反约定的；
（8）对消费者提出的修理、重作、更换、退货、补足商品数量、退还货款和服务费用或者赔偿损失的要求，故意拖延或者无理拒绝的；
（9）法律、法规规定的其他损害消费者权益的情形。

2. 经营者承担侵权责任的情形

经营者对消费者未尽到安全保障义务，造成消费者损害的，应当承担侵权责任。

（1）人身伤害的赔偿责任。

经营者提供商品或者服务，造成消费者或者其他受害人人身伤害的，应当赔偿医疗费、护理费、交通费等为治疗和康复支出的合理费用，以及因误工减少的收入。造成残疾的，还应当赔偿残疾生活辅助具费和残疾赔偿金。造成死亡的，还应当赔偿丧葬费和死亡赔偿金。

（2）侵害消费者的人格尊严、人身自由、个人信息依法得到保护权利的赔偿责任。

经营者侵害消费者的人格尊严、侵犯消费者人身自由或者侵害消费者个人信息依法得到保护的权利的，应当停止侵害、恢复名誉、消除影响、赔礼道歉，并赔偿损失。

典型案例

未经许可不得将消费者肖像用于商业宣传

2023年5月1日，未经许可，某公司在其经营所用的微信朋友圈使用张某与其女儿的写真宣传业务。张某认为该公司侵害其肖像权、隐私权，向人民法院起诉要求该公司赔礼道歉、赔偿损失，获支持。人民法院审理认为，经营者在业务活动中使用其收集到的消费者信息，应当遵循合法、正当、必要的原则，且不得违反法律、行政法规的规定和双方的约定。

(3) 精神损害的赔偿责任。

经营者有侮辱诽谤、搜查身体、侵犯人身自由等侵害消费者或者其他受害人人身权益的行为，造成严重精神损害的，受害人可以要求精神损害赔偿。

(4) 财产损害的民事责任。

经营者提供商品或者服务，造成消费者财产损害的，应当依照法律规定或者当事人约定承担修理、重作、更换、退货、补足商品数量、退还货款和服务费用或者赔偿损失等民事责任。

(5) 预收款后未履约的赔偿责任。

经营者以预收款方式提供商品或者服务的，应当按照约定提供。未按照约定提供的，应当按照消费者的要求履行约定或者退回预付款；并应当承担预付款的利息、消费者必须支付的合理费用。

(6) 退货责任。

依法经有关行政部门认定为不合格的商品，消费者要求退货的，经营者应当负责退货。

(7) 惩罚性赔偿责任。

经营者提供商品或者服务有欺诈行为的，应当按照消费者的要求增加赔偿其受到的损失，增加赔偿的金额为消费者购买商品的价款或者接受服务的费用的三倍；增加赔偿的金额不足五百元的，为五百元。法律另有规定的，依照其规定。

经营者明知商品或者服务存在缺陷，仍然向消费者提供，造成消费者或者其他受害人死亡或者健康严重损害的，受害人有权要求经营者依照《中华人民共和国消费者权益保护法》第四十九条、第五十一条等法律规定赔偿损失，并有权要求所受损失二倍以下的惩罚性赔偿。

典型案例

以营利为目的持续性销售二手商品的典型案例

甲在某二手交易平台中的乙处下单购买某品牌计算机一台，收货后发现该计算机与乙所宣传的九成新明显不符，甲联系乙退货退款遭拒。甲认为乙的行为构成欺诈，诉至人民法院请求乙退款并按照商品价款三倍赔偿。乙辩称其在二手交易平台处理自用二手物品，不属于《中华人民共和国消费者权益保护法》规定的经营者。人民法院审理认为，结合乙之前的销售记录可以看出，乙具有以营利为目的持续性销售二手商品获利的意图及行为，故乙具有电子商务经营者身份。涉案计算机经检查鉴定并非正品。被告行为构成欺诈，依据《中华人民共和国消费者权益保护法》第五十五条规定，人民法院判决乙退款并按照商品价款的三倍赔偿。

（二）行政责任

经营者有下列情形之一，除承担相应的民事责任外，其他有关法律、法规对处罚机关和处罚方式有规定的，依照法律、法规的规定执行；法律、法规未作规定的，由工商行政管理部门或者其他有关行政部门责令改正，可以根据情节单处或者并处警告、没收违法所得、处以违法所得一倍以上十倍以下的罚款，没有违法所得的，处以五十万元以下的罚款；情节严重的，责令停业整顿、吊销营业执照：

（1）提供的商品或者服务不符合保障人身、财产安全要求的；

（2）在商品中掺杂、掺假，以假充真，以次充好，或者以不合格商品冒充合格商品的；

（3）生产国家明令淘汰的商品或者销售失效、变质的商品的；

（4）伪造商品的产地，伪造或者冒用他人的厂名、厂址，篡改生产日期，伪造或者冒用认证标志等质量标志的；

（5）销售的商品应当检验、检疫而未检验、检疫或者伪造检验、检疫结果的；

（6）对商品或者服务作虚假或者引人误解的宣传的；

（7）拒绝或者拖延有关行政部门责令对缺陷商品或者服务采取停止销售、警示、召回、无害化处理、销毁、停止生产或者服务等措施的；

（8）对消费者提出的修理、重作、更换、退货、补足商品数量、退还货款和服务费用或者赔偿损失的要求，故意拖延或者无理拒绝的；

（9）侵害消费者人格尊严、侵犯消费者人身自由或者侵害消费者个人信息依法得到保护的权利的；

（10）法律、法规规定的对损害消费者权益应当予以处罚的其他情形。

经营者有《中华人民共和国消费者权益保护法》第五十六条第一款规定情形的，除依照法律、法规规定予以处罚外，处罚机关应当记入信用档案，向社会公布。

（三）刑事责任

经营者违反《中华人民共和国消费者权益保护法》规定提供商品或者服务，侵害消费者合法权益，构成犯罪的，依法追究刑事责任。

（四）民事赔偿责任优先原则

经营者违反《中华人民共和国消费者权益保护法》规定，应当承担民事赔偿责任和缴纳罚款、罚金，其财产不足以同时支付的，先承担民事赔偿责任。

（五）经营者行政责任的救济

经营者对行政处罚决定不服的，可以依法申请行政复议或者提起行政诉讼。

（六）暴力抗法的责任

以暴力、威胁等方法阻碍有关行政部门工作人员依法执行职务的，依法追究刑事责任；拒绝、阻碍有关行政部门工作人员依法执行职务，未使用暴力、威胁方法的，由公安机关依照《中华人民共和国治安管理处罚法》的规定处罚。

（七）国家机关工作人员的责任

国家机关工作人员玩忽职守或者包庇经营者侵害消费者合法权益的行为的，由其所在单位或者上级机关给予行政处分；情节严重，构成犯罪的，依法追究刑事责任。

实务练习（一）

一、概念
消费者　　知悉权　　人格尊严权

二、简答
1．我国消费者享有哪些权利？
2．简述经营者的义务。
3．消费纠纷解决的途径有哪些？

三、实务案例分析
1．某婚庆服务公司将录制的婚礼过程摄像资料丢失，无法向合同方张某某、王某某夫妻交付该资料。协商无果后，张某某、王某某向人民法院起诉，要求该婚庆服务公司返还婚庆服务费 6500 元并赔偿精神抚慰金 60000 元。请分析该婚庆服务公司是否应返还婚庆服务费并赔偿精神抚慰金，同时说明理由。

2．在宠物陪伴需求渐增的大背景下，一些消费者在购买宠物时却被"坑"。郑某从某宠物直播平台购买了一只宠物猫，宠物猫在交付时状态很好，几天后却出现严重疾病并最终死亡。郑某认为宠物销售商家涉嫌销售"星期猫"（即健康状况不佳的猫），提起诉讼要求商户赔偿。

人民法院审理认为，商家有义务在售卖宠物时将宠物真实的健康状况告知消费者，如果故意售卖存在传染疾病风险的活体动物，则涉嫌违法，应当进行赔偿。

试分析，当购买的宠物在短期内死亡时，消费者应该保留好哪些证据以进一步维权？

任务二　产品质量法

典型案例

2022 年 3 月 15 日，中央广播电视总台 3·15 晚会对某农副产品有限公司以木薯淀粉代替红薯淀粉制售粉条等问题进行了曝光。经某市场监督管理局调查，当事人在生产过程中未使用红薯淀粉，使用了木薯淀粉代替红薯淀粉。因当事人为牟取利益，以次充好，违反了《中华人民共和国产品质量法》《中华人民共和国食品安全法》等法律法规，且主观故意明显、性质恶劣，某市场监督管理局依法对当事人作出责令停止生产销售、没收违法所得、罚款、吊销营业执照等处罚。同时，某市场监督管理局依据《市场监督管理严重违法失信名单管理办法》第二条和第五条规定，将当事人列入严重违法失信名单。

（一）适用范围

党的二十大报告强调，高质量发展是全面建设社会主义现代化国家的首要任务。人类社会发展历程中，每一次质量领域变革创新都促进了生产技术进步、增进了人民生活品质。

制定《中华人民共和国产品质量法》[①]是为了加强对产品质量的监督管理，提高产品质量水平，明确产品质量责任，保护消费者的合法权益，维护社会经济秩序。该法涉及产品质量的监督，生产者、销售者的产品质量责任和义务等。

在中华人民共和国境内从事产品生产、销售活动，必须遵守《中华人民共和国产品质量法》。

《中华人民共和国产品质量法》所称产品是指经过加工、制作，用于销售的产品。

建设工程不适用《中华人民共和国产品质量法》规定；但是，建设工程使用的建筑材料、建筑构配件和设备，属于《中华人民共和国产品质量法》第二条第二款规定的产品范围的，适用《中华人民共和国产品质量法》规定。

【练习6-6】（单选题）下列不属于《中华人民共和国产品质量法》保护范围的是（　　）。
A. 公司出厂的电视
B. 小王买的手机
C. 开发商建设的房子
D. 小李自己雕的用于销售的玉石

（二）禁止行为

禁止伪造或者冒用认证标志等质量标志；禁止伪造产品的产地，伪造或者冒用他人的厂名、厂址；禁止在生产、销售的产品中掺杂、掺假，以假充真，以次充好。

2024年6月29日，某市场监督管理局执法人员根据省局"打非治违"的工作部署，到某液化石油气储配站经营场所开展执法抽检。经法定检验机构检验，当事人经营的液化石油气为不合格产品（检出二甲醚）。经查实，当事人购进了25.43吨不合格液化石油气，货值金额为27.96万元。当事人充装销售不合格液化石油气的行为，违反了《中华人民共和国产品质量法》的规定。2024年12月，某市场监督管理局依法对当事人作出了没收违法所得和罚款合计36.96万元的行政处罚。

[①] 本书引用的《中华人民共和国产品质量法》内容源自2018年第三次修正版本，其公布日期为2018年12月29日，施行日期为2018年12月29日。

（三）监督管理机构

国务院市场监督管理部门主管全国产品质量监督工作。国务院有关部门在各自的职责范围内负责产品质量监督工作。县级以上地方市场监督管理部门主管本行政区域内的产品质量监督工作。县级以上地方人民政府有关部门在各自的职责范围内负责产品质量监督工作。法律对产品质量的监督部门另有规定的，依照有关法律的规定执行。

各级地方人民政府和其他国家机关有包庇、放纵产品生产、销售中违反《中华人民共和国产品质量法》规定的行为的，依法追究其主要负责人的法律责任。

任何单位和个人有权对违反《中华人民共和国产品质量法》规定的行为，向市场监督管理部门或者其他有关部门检举。

市场监督管理部门和有关部门应当为检举人保密，并按照省、自治区、直辖市人民政府的规定给予奖励。

（四）禁止产品垄断经营

任何单位和个人不得排斥非本地区或者非本系统企业生产的质量合格产品进入本地区、本系统。

一、产品质量的监督

（一）产品质量要求

产品质量应当检验合格，不得以不合格产品冒充合格产品。

可能危及人体健康和人身、财产安全的工业产品，必须符合保障人体健康和人身、财产安全的国家标准、行业标准；未制定国家标准、行业标准的，必须符合保障人体健康和人身、财产安全的要求。

禁止生产、销售不符合保障人体健康和人身、财产安全的标准和要求的工业产品。具体管理办法由国务院规定。

典型案例

2023年至2024年期间，浙江某车业有限公司因生产的电动自行车"过流保护功能""蓄电池防篡改""车速提示音""反射器""整车质量""短路保护"项目的检验结果不合格，多次受到某市某区市场监督管理局作出的行政处罚。

鉴于当事人多次因生产不合格电动自行车产品被处罚，存在"屡禁不止、屡罚不改"情形，其主观对产品质量管理不重视，产品危及人民群众生命健康安全，某市某区市场监督管理局依据《中华人民共和国产品质量法》，责令当事人停止生产不合格的电动自行车，处以没收违法所得4000元、罚款10000元的行政处罚。同时，某市某区市场监督管理局依据《市场监督管理严重违法失信名单管理办法》第二条和第七条规定，将当事人列入严重违法失信名单。

（二）以抽查为主要方式的监督检查制度

1. 质量监督检查

国家对产品质量实行以抽查为主要方式的监督检查制度，对可能危及人体健康和人身、财产安全的产品，影响国计民生的重要工业产品以及消费者、有关组织反映有质量问题的产品进行抽查。

【练习 6-7】（单选题）根据《中华人民共和国产品质量法》规定，应予以监督检查的产品范围不包括（　　）。
A. 消费者、有关组织反映有质量问题的产品
B. 影响国计民生的重要工业产品
C. 建设工程
D. 可能危及人体健康的产品

国家监督抽查的产品，地方不得另行重复抽查；上级监督抽查的产品，下级不得另行重复抽查。

根据监督抽查的需要，可以对产品进行检验。检验抽取样品的数量不得超过检验的合理需要，并不得向被检查人收取检验费用。监督抽查所需检验费用按照国务院规定列支。

生产者、销售者对抽查检验的结果有异议的，可以自收到检验结果之日起十五日内向实施监督抽查的市场监督管理部门或者其上级市场监督管理部门申请复检，由受理复检的市场监督管理部门作出复检结论。

对依法进行的产品质量监督检查，生产者、销售者不得拒绝。

2. 监督抽查的产品质量不合格的行政责任

依照《中华人民共和国产品质量法》规定进行监督抽查的产品质量不合格的，由实施监督抽查的市场监督管理部门责令其生产者、销售者限期改正。逾期不改正的，由省级以上人民政府市场监督管理部门予以公告；公告后经复查仍不合格的，责令停业，限期整顿；整顿期满后经复查产品质量仍不合格的，吊销营业执照。

监督抽查的产品有严重质量问题的，依照《中华人民共和国产品质量法》第五章的有关规定处罚。

 典型案例

销售不合格食品！一家网红店因销售不合格食品被罚 40 多万元

2024 年 4 月 28 日，某市某区市场监督管理局发布行政处罚信息，19 家企业（单位）因侵害消费者权益、销售不合格食品等违法行为，被处以行政处罚。其中某市某区"陈某松甜白酒"店因销售不合格食品被处以罚款 40 多万元。

"陈某松甜白酒"店是某市某区一大型农贸市场里的一家网红店，经常出现在网友的打卡视频里。因为名气大，每天前来尝鲜、打卡的市民和全国各地的游客络绎不绝。

经某市某区市场监督管理局抽检，该店 2023 年 10 月 27 日及 11 月 11 日两个批次所销售的甜白酒产品质量不合格。

店主陈某松回顾事件时说道："确实是我自己的疏忽，我对食品安全的了解也不够充分，为避免食品安全问题再次发生，我们提高了食品检测的频率，事发以后的几个月，我们每个月都会将甜白酒送检两次。"陈某松坦言，自己会正视这次事件导致的问题、发生的原因，承担责任，引以为戒，以后也将一直接受大家的监督。

（三）县级以上市场监督管理部门的职权范围

县级以上市场监督管理部门根据已经取得的违法嫌疑证据或者举报，对涉嫌违反《中华人民共和国产品质量法》规定的行为进行查处时，可以行使下列职权：

（1）对当事人涉嫌从事违反《中华人民共和国产品质量法》的生产、销售活动的场所实施现场检查；

（2）向当事人的法定代表人、主要负责人和其他有关人员调查、了解与涉嫌从事违反《中华人民共和国产品质量法》的生产、销售活动有关的情况；

（3）查阅、复制当事人有关的合同、发票、账簿以及其他有关资料；

（4）对有根据认为不符合保障人体健康和人身、财产安全的国家标准、行业标准的产品或者有其他严重质量问题的产品，以及直接用于生产、销售该项产品的原辅材料、包装物、生产工具，予以查封或者扣押。

典型案例

2024 年 10 月 15 日，某市市场监督管理局执法人员对该市某五金机电批发商行进行执法检查，发现该商行销售的开关和插座不能提供国家强制性产品认证证书。经查，当事人购进销售的 16 类 1546 个开关和插座未取得国家强制性产品认证证书，该行为违反了《中华人民共和国认证认可条例》第二十七条的规定，某市市场监督管理局依法对其作出了行政处罚。

（四）消费者的查询、申诉权

消费者有权就产品质量问题，向产品的生产者、销售者查询；向市场监督管理部门及有关部门申诉，接受申诉的部门应当负责处理。

保护消费者权益的社会组织可以就消费者反映的产品质量问题建议有关部门负责处理，支持消费者对因产品质量造成的损害向人民法院起诉。

（五）抽查产品质量状况定期公告

国务院和省、自治区、直辖市人民政府的市场监督管理部门应当定期发布其监督抽查的产品的质量状况公告。

（六）监督管理机构的禁止行为

市场监督管理部门或者其他国家机关以及产品质量检验机构不得向社会推荐生产者的产品；不得以对产品进行监制、监销等方式参与产品经营活动。

二、生产者、销售者的产品质量责任和义务

（一）生产者的产品质量责任和义务

1. 生产者应当对其生产的产品质量负责

生产者应当对其生产的产品质量负责。产品质量应当符合下列要求：

（1）不存在危及人身、财产安全的不合理的危险，有保障人体健康和人身、财产安全的国家标准、行业标准的，应当符合该标准；

（2）具备产品应当具备的使用性能，但是，对产品存在使用性能的瑕疵作出说明的除外；

（3）符合在产品或者其包装上注明采用的产品标准，符合以产品说明、实物样品等方式表明的质量状况。

2. 产品或者其包装上的标识要求

产品或者其包装上的标识必须真实，并符合下列要求：

（1）有产品质量检验合格证明；

（2）有中文标明的产品名称、生产厂厂名和厂址；

（3）根据产品的特点和使用要求，需要标明产品规格、等级、所含主要成份的名称和含量的，用中文相应予以标明；需要事先让消费者知晓的，应当在外包装上标明，或者预先向消费者提供有关资料；

（4）限期使用的产品，应当在显著位置清晰地标明生产日期和安全使用期或者失效日期；

（5）使用不当，容易造成产品本身损坏或者可能危及人身、财产安全的产品，应当有警示标志或者中文警示说明。

裸装的食品和其他根据产品的特点难以附加标识的裸装产品，可以不附加产品标识。

3. 危险物品以及有特殊要求的产品的包装质量要求

易碎、易燃、易爆、有毒、有腐蚀性、有放射性等危险物品以及储运中不能倒置和其他有特殊要求的产品，其包装质量必须符合相应要求，依照国家有关规定作出警示标志或者中文警示说明，标明储运注意事项。

4. 生产者的禁止行为

生产者不得生产国家明令淘汰的产品。

生产者不得伪造产地，不得伪造或者冒用他人的厂名、厂址。

生产者不得伪造或者冒用认证标志等质量标志。

生产者生产产品，不得掺杂、掺假，不得以假充真、以次充好，不得以不合格产品冒充合格产品。

（二）销售者的产品质量责任和义务

销售者应当建立并执行进货检查验收制度，验明产品合格证明和其他标识。

销售者应当采取措施，保持销售产品的质量。

销售者不得销售国家明令淘汰并停止销售的产品和失效、变质的产品。

销售者销售的产品的标识应当符合《中华人民共和国产品质量法》第二十七条的规定。

销售者不得伪造产地，不得伪造或者冒用他人的厂名、厂址。

销售者不得伪造或者冒用认证标志等质量标志。

销售者销售产品，不得掺杂、掺假，不得以假充真、以次充好，不得以不合格产品冒充合格产品。

三、损害赔偿

（一）销售者的"三包责任"

售出的产品有下列情形之一的，销售者应当负责修理、更换、退货；给购买产品的消费者造成损失的，销售者应当赔偿损失：

（1）不具备产品应当具备的使用性能而事先未作说明的；

（2）不符合在产品或者其包装上注明采用的产品标准的；

（3）不符合以产品说明、实物样品等方式表明的质量状况的。

销售者依照《中华人民共和国产品质量法》第四十条第一款规定负责修理、更换、退货、赔偿损失后，属于生产者的责任或者属于向销售者提供产品的其他销售者（以下简称供货者）的责任的，销售者有权向生产者、供货者追偿。

销售者未按照《中华人民共和国产品质量法》第四十条第一款规定给予修理、更换、退货或者赔偿损失的，由市场监督管理部门责令改正。

（二）缺陷产品的损害赔偿责任

1. 生产者责任

因产品存在缺陷造成人身、缺陷产品以外的其他财产（以下简称他人财产）损害的，生产者应当承担赔偿责任。

生产者能够证明有下列情形之一的，不承担赔偿责任：

（1）未将产品投入流通的；

（2）产品投入流通时，引起损害的缺陷尚不存在的；

（3）将产品投入流通时的科学技术水平尚不能发现缺陷的存在的。

2. 销售者的赔偿责任

由于销售者的过错使产品存在缺陷，造成人身、他人财产损害的，销售者应当承担赔偿责任。

销售者不能指明缺陷产品的生产者也不能指明缺陷产品的供货者的，销售者应当承担赔偿责任。

3. 受害人的选择赔偿权

因产品存在缺陷造成人身、他人财产损害的，受害人可以向产品的生产者要求赔偿，也可以向产品的销售者要求赔偿。属于产品的生产者的责任，产品的销售者赔偿的，产品的销售者有权向产品的生产者追偿。属于产品的销售者的责任，产品的生产者赔偿的，产品的生产者有权向产品的销售者追偿。

4. 赔偿范围

（1）人身伤害的赔偿范围。

因产品存在缺陷造成受害人人身伤害的，侵害人应当赔偿医疗费、治疗期间的护理费、因误工减少的收入等费用；造成残疾的，还应当支付残疾者生活自助具费、生活补助费、残疾赔偿金以及由其扶养的人所必需的生活费等费用；造成受害人死亡的，并应当支付丧葬费、死亡赔偿金以及由死者生前扶养的人所必需的生活费等费用。

（2）财产损失的赔偿范围。

因产品存在缺陷造成受害人财产损失的，侵害人应当恢复原状或者折价赔偿。受害人因此遭受其他重大损失的，侵害人应当赔偿损失。

5. 诉讼时效期间

因产品存在缺陷造成损害要求赔偿的诉讼时效期间为二年，自当事人知道或者应当知道其权益受到损害时起计算。

因产品存在缺陷造成损害要求赔偿的请求权，在造成损害的缺陷产品交付最初消费者满十年丧失；但是，尚未超过明示的安全使用期的除外。

【练习6-8】（多选题）根据《中华人民共和国产品质量法》，下列说法正确的是（　　）。
A. 因产品存在缺陷造成人身、他人财产损害的，生产者应当承担赔偿责任。但生产者能够证明未将产品投入流通的，可以不承担赔偿责任
B. 因产品存在缺陷造成人身、他人财产损害的，受害人只能向产品的生产者要求赔偿
C. 因产品存在缺陷造成损害要求赔偿的诉讼时效期间为三年，自当事人知道或者应当知道其权益受到损害时起计算
D. 不具备产品应当具备的使用性能而事先未作说明，给购买产品的消费者造成损失的，销售者应当赔偿损失

6. 缺陷的含义

《中华人民共和国产品质量法》所称缺陷，是指产品存在危及人身、他人财产安全的不合理的危险；产品有保障人体健康和人身、财产安全的国家标准、行业标准的，是指不符合该标准。

7. 纠纷解决方式

因产品质量发生民事纠纷时，当事人可以通过协商或者调解解决。当事人不愿通过协商、调解解决或者协商、调解不成的，可以根据当事人各方的协议向仲裁机构申请仲裁；当事人各方没有达成仲裁协议或者仲裁协议无效的，可以直接向人民法院起诉。

仲裁机构或者人民法院可以委托《中华人民共和国产品质量法》第十九条规定的产品质量检验机构，对有关产品质量进行检验。

四、罚则

（一）生产者、销售者的行政责任及刑事责任

【销售伪劣种子案】

生产、销售不符合保障人体健康和人身、财产安全的国家标准、行业标准的产品的，责令停止生产、销售，没收违法生产、销售的产品，并处违法生产、销售产品（包括已售出和未售出的产品，下同）货值金额等值以上三倍以下的罚款；有违法所得的，并处没收违法所得；情节严重的，吊销营业执照；构成犯罪的，依法追究刑事责任。

在产品中掺杂、掺假，以假充真，以次充好，或者以不合格产品冒充合格产品的，责令停止生产、销售，没收违法生产、销售的产品，并处违法生产、销售产品货值金额百分之五十以上三倍以下的罚款；有违法所得的，并处没收违法所得；情节严重的，吊销营业执照；构成犯罪的，依法追究刑事责任。

生产国家明令淘汰的产品的，销售国家明令淘汰并停止销售的产品的，责令停止生产、销售，没收违法生产、销售的产品，并处违法生产、销售产品货值金额等值以下的罚款；有违法所得的，并处没收违法所得；情节严重的，吊销营业执照。

销售失效、变质的产品的，责令停止销售，没收违法销售的产品，并处违法销售产品货值金额二倍以下的罚款；有违法所得的，并处没收违法所得；情节严重的，吊销营业执照；构成犯罪的，依法追究刑事责任。

伪造产品产地的，伪造或者冒用他人厂名、厂址的，伪造或者冒用认证标志等质量标志的，责令改正，没收违法生产、销售的产品，并处违法生产、销售产品货值金额等值以下的罚款；有违法所得的，并处没收违法所得；情节严重的，吊销营业执照。

产品标识不符合《中华人民共和国产品质量法》第二十七条关于"产品或者其包装上的标识"规定的，责令改正；有包装的产品标识不符合《中华人民共和国产品质量法》第二十七条第（四）项、第（五）项规定，情节严重的，责令停止生产、销售，并处违法生产、销售产品货值金额百分之三十以下的罚款；有违法所得的，并处没收违法所得。

（二）拒绝接受依法进行的产品质量监督检查的行政处罚

拒绝接受依法进行的产品质量监督检查的，给予警告，责令改正；拒不改正的，责令停业整顿；情节特别严重的，吊销营业执照。

（三）产品质量检验机构、认证机构违法的行政责任、刑事责任

产品质量检验机构、认证机构伪造检验结果或者出具虚假证明的，责令改正，对单位处五万元以上十万元以下的罚款，对直接负责的主管人员和其他直接责任人员处一万元以上五万元以下的罚款；有违法所得的，并处没收违法所得；情节严重的，取消其检验资格、认证资格；构成犯罪的，依法追究刑事责任。

产品质量检验机构、认证机构出具的检验结果或者证明不实，造成损失的，应当承担相应的赔偿责任；造成重大损失的，撤销其检验资格、认证资格。

产品质量认证机构违反《中华人民共和国产品质量法》第二十一条第二款的规定，对不符合认证标准而使用认证标志的产品，未依法要求其改正或者取消其使用认证标志资格的，对因产品不符合认证标准给消费者造成的损失，与产品的生产者、销售者承担连带责任；情节严重的，撤销其认证资格。

（四）社会团体、社会中介机构的连带赔偿责任

社会团体、社会中介机构对产品质量作出承诺、保证，而该产品又不符合其承诺、保证的质量要求，给消费者造成损失的，与产品的生产者、销售者承担连带责任。

（五）虚假广告的责任承担

在广告中对产品质量作虚假宣传，欺骗和误导消费者的，依照《中华人民共和国广告法》的规定追究法律责任。

（六）隐匿、转移、变卖、损毁被依法查封、扣押的物品的行政责任

隐匿、转移、变卖、损毁被市场监督管理部门查封、扣押的物品的，处被隐匿、转移、变卖、损毁物品货值金额等值以上三倍以下的罚款；有违法所得的，并处没收违法所得。

违反《中华人民共和国产品质量法》规定，应当承担民事赔偿责任和缴纳罚款、罚金，其财产不足以同时支付时，先承担民事赔偿责任。

（七）市场监督管理部门工作人员的违法行为的责任承担

市场监督管理部门在产品质量监督抽查中超过规定的数量索取样品或者向被检查人收取检验费用的，由上级市场监督管理部门或者监察机关责令退还；情节严重的，对直接负责的主管人员和其他直接责任人员依法给予行政处分。

市场监督管理部门的工作人员滥用职权、玩忽职守、徇私舞弊，构成犯罪的，依法追究刑事责任；尚不构成犯罪的，依法给予行政处分。

（八）妨碍市场监督管理公务的行政责任

以暴力、威胁方法阻碍市场监督管理部门的工作人员依法执行职务的，依法追究刑事责任；拒绝、阻碍未使用暴力、威胁方法的，由公安机关依照治安管理处罚法①的规定处罚。

实务练习（二）

一、概念

缺陷产品

二、简答

1. 简述受害人的选择赔偿权。
2. 简述人身伤害的赔偿范围。
3. 简述危险物品的包装质量要求。
4. 简述生产者的禁止行为。

三、实务案例分析

三无玩具：玩具伤害是造成儿童意外死亡的主要原因之一。例如，一些仿真枪、仿真箭等设计不规范，容易伤人；有些电动玩具零部件容易拆卸脱落，造成儿童误食；"黑心娃娃"内的填充物，可引发儿童皮肤瘙痒、腹泻、哮喘、肺炎等病症；娃娃上脱落的饰物被儿童吞食后，容易造成窒息死亡。

三无餐盒：生产厂家为降低产品成本，大量使用废塑料甚至医疗垃圾制造餐盒。

三无产品是指什么？简述《中华人民共和国产品质量法》对产品及其包装上的标识的要求。

---

① 即《中华人民共和国治安管理处罚法》。

任务三　反不正当竞争法

一、概念

党的二十大报告指出，要"加强反垄断和反不正当竞争，破除地方保护和行政性垄断，依法规范和引导资本健康发展"。

《中华人民共和国反不正当竞争法》[①]是为了促进社会主义市场经济健康发展，鼓励和保护公平竞争，预防和制止不正当竞争行为，保护经营者和消费者的合法权益而制定的法律。

经营者在生产经营活动中，应当遵循自愿、平等、公平、诚信的原则，遵守法律和商业道德，公平参与市场竞争。

不正当竞争行为，是指经营者在生产经营活动中，违反《中华人民共和国反不正当竞争法》规定，扰乱市场竞争秩序，损害其他经营者或者消费者的合法权益的行为。

经营者，是指从事商品生产、经营或者提供服务（以下所称商品包括服务）的自然人、法人和非法人组织。

县级以上人民政府履行市场监督管理职责的部门对不正当竞争行为进行监督检查；法律、行政法规规定由其他部门监督检查的，依照其规定。

典型案例

利用竞争对手名称设置搜索关键词进行商业推广构成侵害名称权

某公司系某搜索引擎运营商，旗下拥有搜索广告业务。甲公司为宣传企业购买了上述服务，并在 3 年内间断使用同行业乙公司的名称为搜索关键词对甲公司进行商业推广。乙公司通过案涉搜索引擎搜索乙公司关键词，结果页面前两条词条均指向甲公司，乙公司认为甲公司在利用网络进行商业推广时，擅自使用乙公司名称进行客户引流，侵犯其名称权，某公司（搜索引擎运营商）明知上述行为构成侵权仍施以帮助，故诉至人民法院，要求甲公司、某公司（搜索引擎运营商）停止侵权，赔礼道歉，消除影响并连带赔偿损失，获支持。

---

① 本书引用《中华人民共和国反不正当竞争法》内容源自 2025 年第二次修订版本，其公布日期为 2025 年 6 月 27 日，施行日期为 2025 年 10 月 15 日，本书出版时尚未生效。

二、不正当竞争行为

（一）混淆行为

经营者不得实施下列混淆行为，引人误认为是他人商品或者与他人存在特定联系：

（1）擅自使用与他人有一定影响的商品名称、包装、装潢等相同或者近似的标识；

（2）擅自使用他人有一定影响的名称（包括简称、字号等）、姓名（包括笔名、艺名、网名、译名等）；

（3）擅自使用他人有一定影响的域名主体部分、网站名称、网页、新媒体账号名称、应用程序名称或者图标等；

（4）其他足以引人误认为是他人商品或者与他人存在特定联系的混淆行为。

（二）商业贿赂行为

经营者不得采用给予财物或者其他手段贿赂下列单位或者个人，以谋取交易机会或者竞争优势：

（1）交易相对方的工作人员；

（2）受交易相对方委托办理相关事务的单位或者个人；

（3）利用职权或者影响力影响交易的单位或者个人。

上文规定的单位和个人不得收受贿赂。

经营者在交易活动中，可以以明示方式向交易相对方支付折扣，或者向中间人支付佣金。经营者向交易相对方支付折扣、向中间人支付佣金的，应当如实入账。接受折扣、佣金的经营者也应当如实入账。

经营者的工作人员进行贿赂的，应当认定为经营者的行为；但是，经营者有证据证明该工作人员的行为与为经营者谋取交易机会或者竞争优势无关的除外。

（三）虚假宣传行为

经营者不得对其商品的性能、功能、质量、销售状况、用户评价、曾获荣誉等作虚假或者引人误解的商业宣传，欺骗、误导消费者和其他经营者。

经营者不得通过组织虚假交易、虚假评价等方式，帮助其他经营者进行虚假或者引人误解的商业宣传。

典型案例

【案例1】某化妆品有限公司虚假宣传光子能量产品案

2021年4月，某化妆品有限公司在某宴会中心组织开展"凤凰阳光，光子床养生项目发布会"美培会，宣传光子能量产品。宣传牌的内容包括"+睡眠质量优化85%""+新陈代谢加速13%""+体内毒素净化69%""+寒湿气排出72%""+亚健康改善90%"等。某化妆品有限公司经营的光子能量垫、光子能量腰带为一般产品（非医疗器械），该公司却宣传其具有疾病防治效果、医疗功能，通过制作宣传资料、编写使用宣传话术资料、组织开展美培会等方式虚假宣传其产品性能、功效，以达到诱导客户购买的目的。截至被执法人员查获之日，当事人销售金额共计 335915 元，销售利润为 67715 元。当事人的行为违反了《中华人民共和国反不正当竞争法》的规定，监督检查部门依据《中华人民共和国反不正当竞争法》责令当事人停止违法行为，处 20 万元罚款。

【案例 2】某公司编造用户评价虚假宣传案

某公司为了尽快打开市场，自 2021 年 6 月起，雇用李某等 20 名刷单人员，在大众点评平台该公司网上店铺以消费者的身份下单并支付费用，交易完成后，该公司将下单的费用退还给上述 20 名刷单人员，并按照 30 元/单的标准给予刷单佣金。2021 年 6 月至 2022 年 1 月，该公司以实际下单、事后退款的方式虚构交易，编造用户评价，在大众点评平台形成虚假的销售状况及用户评价，该公司共计刷单 600 多笔，刷单佣金 1 万多元，支付刷单费用 23.48 万元，构成不正当竞争行为。

当事人的行为违反了《中华人民共和国反不正当竞争法》的规定，监督检查部门依据《中华人民共和国反不正当竞争法》责令当事人停止违法行为，处 55 万元罚款。

（四）侵犯商业秘密行为

经营者不得实施下列侵犯商业秘密的行为：

（1）以盗窃、贿赂、欺诈、胁迫、电子侵入或者其他不正当手段获取权利人的商业秘密；

（2）披露、使用或者允许他人使用以前项手段获取的权利人的商业秘密；

（3）违反保密义务或者违反权利人有关保守商业秘密的要求，披露、使用或者允许他人使用其所掌握的商业秘密；

（4）教唆、引诱、帮助他人违反保密义务或者违反权利人有关保守商业秘密的要求，获取、披露、使用或者允许他人使用权利人的商业秘密。

经营者以外的其他自然人、法人和非法人组织实施前文所列违法行为的，视为侵犯商业秘密。

第三人明知或者应知商业秘密权利人的员工、前员工或者其他单位、个人实施前文所列违法行为，仍获取、披露、使用或者允许他人使用该商业秘密的，视为侵犯商业秘密。

《中华人民共和国反不正当竞争法》所称的商业秘密，是指不为公众所知悉、具有商业价值并经权利人采取相应保密措施的技术信息、经营信息等商业信息。

（五）不当有奖销售行为

经营者进行有奖销售不得存在下列情形：

（1）所设奖的种类、兑奖条件、奖金金额或者奖品等有奖销售信息不明确，影响兑奖；

（2）有奖销售活动开始后，无正当理由变更所设奖的种类、兑奖条件、奖金金额或者奖品等有奖销售信息；

（3）采用谎称有奖或者故意让内定人员中奖等欺骗方式进行有奖销售；
（4）抽奖式的有奖销售，最高奖的金额超过五万元。

"微信抽奖"有奖销售行政处罚案

某公司在微信公众号"趣游亲子游泳俱乐部"举办抽奖活动，参与者需要填写个人信息，转发朋友圈邀请他人报名还可获得额外抽奖机会。王某抽中终极大奖，但领奖后发现奖品实物与公众号发布的图片不一致，且差距较大，故向区市场监督管理局举报。区市场监督管理局调查后认定，该公司兑奖宣传页面未明确奖品的价格、品牌等具体信息，误导了消费者，该公司的行为违反《中华人民共和国反不正当竞争法》规定，遂责令其停止违法行为并处以罚款。该公司不服处罚决定，提起行政诉讼。区人民法院判决认为，该公司举办的抽奖活动虽不以消费为前提，但目的在于扩大公司知名度，宣传商品或服务，发掘潜在客户，获取更大利润，实质上是一种有奖销售活动，应当受到《中华人民共和国反不正当竞争法》规制。市场监督管理部门认定该公司举办的抽奖活动属于有奖销售活动并无不当，遂判决驳回该公司的诉讼请求。一审宣判后，各方当事人均未上诉。

（六）商业诽谤行为

经营者不得编造、传播或者指使他人编造、传播虚假信息或者误导性信息，损害其他经营者的商业信誉、商品声誉。

（七）关于网络产品或者服务的不正当竞争行为

经营者不得利用数据和算法、技术、平台规则等，通过影响用户选择或者其他方式，实施下列妨碍、破坏其他经营者合法提供的网络产品或者服务正常运行的行为：

（1）未经其他经营者同意，在其合法提供的网络产品或者服务中，插入链接、强制进行目标跳转；
（2）误导、欺骗、强迫用户修改、关闭、卸载其他经营者合法提供的网络产品或者服务；
（3）恶意对其他经营者合法提供的网络产品或者服务实施不兼容；
（4）其他妨碍、破坏其他经营者合法提供的网络产品或者服务正常运行的行为。

某乙 App 数据抓取不正当竞争纠纷案

甲科技有限公司运营短视频平台某甲 App。乙文化传媒有限公司未经许可，采用技术手段或人工方式获取来源于某甲 App 中的几万余条视频文件、上万份用户信息、100 多条评论内容并通过某乙 App 向公众提供。甲科技有限公司以乙文化传媒有限公司的前述行为构成不正当竞争为由提起诉讼。某区人民法院一审认为，乙文化传媒有限公司的被诉行为构成不正当竞争行为，并判令其赔偿甲科技有限公司经济损失 500 万元。乙文化传媒有限公司不服，提起上诉。二审人民法院经审理驳回其上诉，维持原判。

【练习 6-9】（单选题）经营者擅自使用与他人有一定影响的商品名称、包装等相同或者近似的标识的行为属于（　　）。

  A. 商业贿赂行为   C. 侵犯商业秘密行为
  B. 商业诋毁行为   D. 混淆行为

【练习 6-10】（单选题）根据《中华人民共和国反不正当竞争法》规定，以下属于虚假宣传行为的是（　　）。

  A. 某商场在有奖销售中故意让内定人员中奖
  B. 某网络购物平台的商户李某，夸大其词地介绍其商品，并花钱为该商品刷好评
  C. 某科技公司甲为打败竞争对手乙，编造谎言、散布虚假信息，致使公众对乙的信任度降低
  D. 某鞋厂在自己生产的鞋上使用的商标无论名称还是样式都与某驰名商标非常相似，让人很难分辨

【练习 6-11】（多选题）下列行为违反《中华人民共和国反不正当竞争法》规定的有（　　）。

  A. 某糕点店雇用黄牛排队，制造门店红火的假象吸引消费者购买糕点
  B. 某房地产销售中心举行购房抽奖活动，特等奖为一辆价值 10 万元的小汽车
  C. B 火锅店编造谣言，说 A 火锅店锅底使用的是地沟油，导致 A 火锅店生意惨淡
  D. 吴某掌握 A 公司辣椒酱核心配方，并签有保密协议，B 公司花高价从吴某手中买走了配方进行生产

【练习 6-12】（单选题）《中华人民共和国反不正当竞争法》所称的商业秘密，是指不为公众所知悉、具有商业价值并经权利人（　　）。

  A. 采用的生产技术
  B. 采用的科学成果
  C. 采取相应保密措施的技术信息、经营信息等商业信息
  D. 采用的经营方式

【练习 6-13】（多选题）根据《中华人民共和国反不正当竞争法》的规定，引人误解的不正当竞争行为包括（　　）。

  A. 在商品上使用假冒认证标志
  B. 在商品上使用假冒名优标志
  C. 在商品上伪造产地
  D. 在商品上使用假冒注册商标

【练习 6-14】（单选题）经营者进行抽奖式的有奖销售，最高奖的金额不得超过（　　）。

  A. 500 元   B. 5000 元   C. 50000 元   D. 1000 元

三、对涉嫌不正当竞争行为的调查

监督检查部门调查涉嫌不正当竞争行为,可以采取下列措施:

(1)进入涉嫌不正当竞争行为的经营场所进行检查;

(2)询问被调查的经营者、利害关系人及其他有关单位、个人,要求其说明有关情况或者提供与被调查行为有关的其他资料;

(3)查询、复制与涉嫌不正当竞争行为有关的协议、账簿、单据、文件、记录、业务函电和其他资料;

(4)查封、扣押与涉嫌不正当竞争行为有关的财物;

(5)查询涉嫌不正当竞争行为的经营者的银行账户。

采取《中华人民共和国反不正当竞争法》第十六条第一款(即前述内容)规定的措施,应当向监督检查部门主要负责人书面报告,并经批准。采取《中华人民共和国反不正当竞争法》第十六条第一款第四项、第五项[即前述第(4)项、第(5)项]规定的措施,应当向设区的市级以上人民政府监督检查部门主要负责人书面报告,并经批准。

监督检查部门调查涉嫌不正当竞争行为,应当遵守《中华人民共和国行政强制法》和其他有关法律、行政法规的规定,并应当依法将查处结果及时向社会公开。

监督检查部门及其工作人员对调查过程中知悉的商业秘密、个人隐私和个人信息依法负有保密义务。

对涉嫌不正当竞争行为,任何单位和个人有权向监督检查部门举报,监督检查部门接到举报后应当依法及时处理。

监督检查部门应当向社会公开受理举报的电话、信箱或者电子邮件地址,并为举报人保密。对实名举报并提供相关事实和证据的,监督检查部门应当将处理结果告知举报人。

四、法律责任

(一)民事责任

经营者违反《中华人民共和国反不正当竞争法》规定,给他人造成损害的,应当依法承担民事责任。经营者的合法权益受到不正当竞争行为损害的,可以向人民法院提起诉讼。

因不正当竞争行为受到损害的经营者的赔偿数额,按照其因被侵权所受到的实际损失或者侵权人因侵权所获得的利益确定。经营者故意实施侵犯商业秘密行为,情节严重的,可以在按照上述方法确定数额的一倍以上五倍以下确定赔偿数额。赔偿数额还应当包括经营者为制止侵权行为所支付的合理开支。

经营者违反《中华人民共和国反不正当竞争法》第七条、第十条规定,权利人因被侵权所受到的实际损失、侵权人因侵权所获得的利益难以确定的,由人民法院根据侵权行为的情节判决给予权利人五百万元以下的赔偿。

【练习 6-15】（多选题）经营者违反《中华人民共和国反不正当竞争法》规定给其他经营者造成的损失难以计算的，其赔偿范围包括（　　）。

A. 权利人因制止侵权行为所支付的合理费用
B. 侵权人在侵权期间的全部所得
C. 权利人在被侵权期间的全部经营损失
D. 侵权人在侵权期间因侵权所获利益

（二）行政责任

经营者违反《中华人民共和国反不正当竞争法》第七条规定实施混淆行为或者帮助他人实施混淆行为的，由监督检查部门责令停止违法行为，没收违法商品。违法经营额五万元以上的，可以并处违法经营额五倍以下的罚款；没有违法经营额或者违法经营额不足五万元的，可以并处二十五万元以下的罚款；情节严重的，并处吊销营业执照。

"西门子"仿冒混淆纠纷案

核准注册在洗衣机商品上的涉案注册商标"西门子"由西门子股份公司及西门子（中国）有限公司享有专用权，具有较高知名度。N市QS电器有限公司在其生产销售的洗衣机产品、产品外包装及相关宣传活动中使用了"N市西门子电器有限公司"标识；个人独资企业KS新维创电器有限公司销售了前述被诉侵权产品。西门子股份公司及西门子（中国）有限公司以QS电器有限公司和KS新维创电器有限公司的前述行为侵害了其注册商标专用权并构成不正当竞争为由提起诉讼，请求赔偿经济损失1亿元及合理开支163000元。J省高级人民法院一审认为，QS电器有限公司、KS新维创电器有限公司的行为构成侵权及不正当竞争，全额支持了西门子股份公司及西门子（中国）有限公司的赔偿请求。QS电器有限公司和KS新维创电器有限公司不服，提起上诉。二审判决，驳回上诉，维持原判。

经营者登记的名称违反《中华人民共和国反不正当竞争法》第七条规定的，应当及时办理名称变更登记；名称变更前，由登记机关以统一社会信用代码代替其名称。

有关单位违反《中华人民共和国反不正当竞争法》第八条规定贿赂他人或者收受贿赂的，由监督检查部门没收违法所得，处十万元以上一百万元以下的罚款；情节严重的，处一百万元以上五百万元以下的罚款，可以并处吊销营业执照。

经营者违反《中华人民共和国反不正当竞争法》第九条规定对其商品作虚假或者引人误解的商业宣传，或者通过组织虚假交易、虚假评价等方式帮助其他经营者进行虚假或者引人误解的商业宣传的，由监督检查部门责令停止违法行为，处一百万元以下的罚款；情节严重的，处一百万元以上二百万元以下的罚款，可以并处吊销营业执照。

典型案例

利用"大V"帮助"刷单"打造"网红店"被罚

2020年年底,某品牌管理有限公司根据平台入驻商家打造"网红店"的需求,招募大量大众点评平台"大V"到店付费用餐。"大V"在用餐后,编造好评"作业"发布并予以高分点评。某品牌管理有限公司在对"大V"的"作业"审核后,将餐费予以返还。某品牌管理有限公司通过此类方式在大众点评平台内提高了相关商家的星级并大量增加优质评价,通过内容和流量双重造假,帮助商家欺骗误导相关消费者。当事人的行为违反了《中华人民共和国反不正当竞争法》的规定,监督检查部门依据《中华人民共和国反不正当竞争法》责令当事人停止违法行为,处20万元罚款。

经营者违反《中华人民共和国反不正当竞争法》第九条规定,属于发布虚假广告的,依照《中华人民共和国广告法》的规定处罚。

经营者以及其他自然人、法人和非法人组织违反《中华人民共和国反不正当竞争法》第十条规定侵犯商业秘密的,由监督检查部门责令停止违法行为,没收违法所得,处十万元以上一百万元以下的罚款;情节严重的,处一百万元以上五百万元以下的罚款。

经营者违反《中华人民共和国反不正当竞争法》第十一条规定进行有奖销售的,由监督检查部门责令停止违法行为,处五万元以上五十万元以下的罚款。

经营者违反《中华人民共和国反不正当竞争法》第十二条规定损害其他经营者商业信誉、商品声誉的,由监督检查部门责令停止违法行为、消除影响,处十万元以上一百万元以下的罚款;情节严重的,处一百万元以上五百万元以下的罚款。

经营者违反《中华人民共和国反不正当竞争法》第十三条第二款、第三款、第四款规定利用网络从事不正当竞争的,由监督检查部门责令停止违法行为,处十万元以上一百万元以下的罚款;情节严重的,处一百万元以上五百万元以下的罚款。

经营者违反《中华人民共和国反不正当竞争法》规定从事不正当竞争,有主动消除或者减轻违法行为危害后果等法定情形的,依法从轻或者减轻行政处罚;违法行为轻微并及时纠正,没有造成危害后果的,不予行政处罚。

经营者违反《中华人民共和国反不正当竞争法》规定从事不正当竞争,受到行政处罚的,由监督检查部门记入信用记录,并依照有关法律、行政法规的规定予以公示。

经营者违反《中华人民共和国反不正当竞争法》规定,应当承担民事责任、行政责任和刑事责任,其财产不足以支付的,优先用于承担民事责任。

妨害监督检查部门依照《中华人民共和国反不正当竞争法》履行职责,拒绝、阻碍调查的,由监督检查部门责令改正,对个人可以处一万元以下的罚款,对单位可以处十万元以下的罚款。

当事人对监督检查部门作出的决定不服的,可以依法申请行政复议或者提起行政诉讼。

监督检查部门的工作人员滥用职权、玩忽职守、徇私舞弊或者泄露调查过程中知悉的商业秘密、个人隐私或者个人信息的,依法给予处分。

（三）刑事责任

违反《中华人民共和国反不正当竞争法》规定，构成违反治安管理行为的，依法给予治安管理处罚；构成犯罪的，依法追究刑事责任。

（四）涉嫌侵权人举证责任

在侵犯商业秘密的民事审判程序中，商业秘密权利人提供初步证据，证明其已经对所主张的商业秘密采取保密措施，且合理表明商业秘密被侵犯，涉嫌侵权人应当证明权利人所主张的商业秘密不属于《中华人民共和国反不正当竞争法》规定的商业秘密。

商业秘密权利人提供初步证据合理表明商业秘密被侵犯，且提供以下证据之一的，涉嫌侵权人应当证明其不存在侵犯商业秘密的行为：

（1）有证据表明涉嫌侵权人有渠道或者机会获取商业秘密，且其使用的信息与该商业秘密实质上相同；

（2）有证据表明商业秘密已经被涉嫌侵权人披露、使用或者有被披露、使用的风险；

（3）有其他证据表明商业秘密被涉嫌侵权人侵犯。

实务练习（三）

一、概念

不正当竞争行为　　经营者　　商业秘密

二、简答

1. 简述不正当竞争行为的类型。
2. 简述关于网络产品或者服务的不正当竞争行为。

三、实训

以小组为单位，去实体店寻找"混淆行为"。

四、实务案例分析

随着医疗反腐的进一步深入，一些医药企业采取更为隐蔽、复杂的手段，为其不正当竞争行为披上"合法外衣"。有的企业以赞助科研费用、学术会议费等名义，进行不法利益输送。有的通过生产环节虚抬药品价格，在医药购销环节给付医院工作人员回扣。

2023年5月，某医疗技术有限公司与某县人民医院耳鼻喉科签订协议，通过给付科研费用的方式，使其经营的矫正用耳模型进入该县人民医院推广销售，销售时间为2023年6月至2024年8月。在此期间某医疗技术有限公司在该县人民医院共销售178个矫正用耳模型，其工作人员白某某分2次以现金方式给该县人民医院耳鼻喉科支付科研费用3.5万元。该县人民医院耳鼻喉科医生收受当事人赞助费用，已移送医院纪检部门进一步核查处置。

试分析该医疗技术有限公司的行为是否属于不正当竞争行为，其有可能受到怎样的处罚？

任务四 反垄断法

一、概述

（一）垄断的概念

垄断是指经营者或其利益代表者，滥用已经具备的市场支配地位，或者通过协议、合并或其他方式谋求并滥用市场支配地位，借以排除或限制竞争，牟取超额利益，依法应予规制的行为。

2010年11月，欧盟委员会对包括英国航空公司、法荷航集团、加拿大航空公司、日本航空公司、新加坡航空公司在内的全球11家航空公司处以7.99亿欧元罚款，以惩罚它们在货运业务领域结成非法卡特尔，操控燃油附加费等垄断行为。

资料来源：https://it.people.com.cn/n/2014/0801/c1009-25383840.html[2025-06-01]。

（二）《中华人民共和国反垄断法》

反垄断法，是指调整市场主体的垄断行为和限制竞争行为过程中所发生的各种社会关系的法律规范的总称。

《中华人民共和国反垄断法》①是为了预防和制止垄断行为，保护市场公平竞争，鼓励创新，提高经济运行效率，维护消费者利益和社会公共利益，促进社会主义市场经济健康发展而制定的法律。

1. 适用范围

中华人民共和国境内经济活动中的垄断行为，适用《中华人民共和国反垄断法》；中华人民共和国境外的垄断行为，对境内市场竞争产生排除、限制影响的，适用《中华人民共和国反垄断法》。

---

① 2007年8月30日第十届全国人民代表大会常务委员会第二十九次会议通过，根据2022年6月24日第十三届全国人民代表大会常务委员会第三十五次会议《关于修改〈中华人民共和国反垄断法〉的决定》修正。本书引用《中华人民共和国反垄断法》内容为2022年修正版本，其公布日期为2022年6月24日，施行日期为2022年8月1日。

经营者依照有关知识产权的法律、行政法规规定行使知识产权的行为，不适用《中华人民共和国反垄断法》；但是，经营者滥用知识产权，排除、限制竞争的行为，适用《中华人民共和国反垄断法》。

农业生产者及农村经济组织在农产品生产、加工、销售、运输、储存等经营活动中实施的联合或者协同行为，不适用《中华人民共和国反垄断法》。

2. 垄断行为的种类

《中华人民共和国反垄断法》规定的垄断行为包括：
（1）经营者达成垄断协议；
（2）经营者滥用市场支配地位；
（3）具有或者可能具有排除、限制竞争效果的经营者集中。

经营者可以通过公平竞争、自愿联合，依法实施集中，扩大经营规模，提高市场竞争能力。

具有市场支配地位的经营者，不得滥用市场支配地位，排除、限制竞争。

3. 对国有经济的监管和调控

国有经济占控制地位的关系国民经济命脉和国家安全的行业以及依法实行专营专卖的行业，国家对其经营者的合法经营活动予以保护，并对经营者的经营行为及其商品和服务的价格依法实施监管和调控，维护消费者利益，促进技术进步。《中华人民共和国反垄断法》第八条第一款规定行业（即前述行业）的经营者应当依法经营，诚实守信，严格自律，接受社会公众的监督，不得利用其控制地位或者专营专卖地位损害消费者利益。

4. 禁止利用技术和行政权力垄断

经营者不得利用数据和算法、技术、资本优势以及平台规则等从事《中华人民共和国反垄断法》禁止的垄断行为。

行政机关和法律、法规授权的具有管理公共事务职能的组织不得滥用行政权力，排除、限制竞争。

5. 反垄断执法机构和行业协会的职责

国务院反垄断执法机构负责反垄断统一执法工作。国务院反垄断执法机构根据工作需要，可以授权省、自治区、直辖市人民政府相应的机构，依照《中华人民共和国反垄断法》规定负责有关反垄断执法工作。

行业协会应当加强行业自律，引导本行业的经营者依法竞争，合规经营，维护市场竞争秩序。

经营者，是指从事商品生产、经营或者提供服务的自然人、法人和非法人组织。

相关市场，是指经营者在一定时期内就特定商品或者服务（以下统称商品）进行竞争的商品范围和地域范围。

二、垄断行为的类型

（一）经营者达成垄断协议

垄断协议，是指排除、限制竞争的协议、决定或者其他协同行为。

"商砼联营"反垄断行政处罚案——实施横向垄断协议的认定

某市 JD 建材有限公司与案外人某市 JS 混凝土有限公司是某市某县内仅有的两家商砼（商砼也称商品混凝土）生产企业，两公司为避免价格战于 2019 年 4 月达成固定销售价格、分割销售市场、分配商砼方量和销售利润的协议，此后双方互派人员到对方公司现场监督，确保协议得到执行。某市市场监督管理局于 2019 年 10 月对 JD 建材有限公司、JS 混凝土有限公司涉嫌垄断行为启动调查，认定两公司达成并实施固定销售价格、分割销售市场的行为违反《中华人民共和国反垄断法》，对 JD 建材有限公司作出处上一年度销售额的 5%，共计 12149260.88 元罚款的行政处罚决定（对 JS 混凝土有限公司另案处理）。JD 建材有限公司不服，提起行政诉讼，请求撤销前述行政处罚决定。一审人民法院判决驳回 JD 建材有限公司的诉讼请求。JD 建材有限公司不服，提起上诉。

二审人民法院认为，"固定销售价格""分割销售市场"均属于典型的横向垄断协议类型。JD 建材有限公司和 JS 混凝土有限公司达成固定销售价格、分割销售市场的协议并予以实施，直接导致所在区域没有价格竞争，明显具有排除、限制价格竞争的效果。被诉行政处罚决定对 JD 建材有限公司的行为定性准确，作出程序合法，处罚结果符合过罚相当原则。人民法院终审判决，驳回上诉，维持原判。

1. 横向垄断协议及其表现形式

横向垄断协议是指在经济生产、流通过程中处于同一经济环节的经营者，达成的垄断协议。例如同为生产者、同为销售者、同为购买者达成的垄断协议。协议主体具有直接竞争关系。

根据《中华人民共和国反垄断法》规定，禁止具有竞争关系的经营者达成下列垄断协议：

（1）固定或者变更商品价格；

（2）限制商品的生产数量或者销售数量；

（3）分割销售市场或者原材料采购市场；

（4）限制购买新技术、新设备或者限制开发新技术、新产品；

（5）联合抵制交易；

（6）国务院反垄断执法机构认定的其他垄断协议。

【练习 6-16】（单选题）某市的一些食用油厂家签订合作框架合同，统一上调了食用油出厂价,该行为被反垄断主管机关依法认定为垄断。根据反垄断法律制度的规定,该垄断行为的具体类型是( )。

A. 垄断高价
B. 掠夺性定价
C. 经营者达成纵向垄断协议
D. 经营者达成横向垄断协议

2. 纵向垄断协议及其表现形式

纵向垄断协议是指处于不同经济环节的经营者达成的垄断协议。

第一,纵向垄断协议与滥用市场支配地位具有紧密的联系。第二,协议主体是处于不同经济环节上的经营者(如生产者与销售者)。第三,协议的内容,往往涉及两层交易关系,即"初次销售"和"转售"。

根据《中华人民共和国反垄断法》规定,禁止经营者与交易相对人达成下列垄断协议:

(1) 固定向第三人转售商品的价格;
(2) 限定向第三人转售商品的最低价格;
(3) 国务院反垄断执法机构认定的其他垄断协议。

对《中华人民共和国反垄断法》第十八条第一款中第一项和第二项[即前述内容中第(1)项、第(2)项]规定的协议,经营者能够证明其不具有排除、限制竞争效果的,不予禁止。

经营者能够证明其在相关市场的市场份额低于国务院反垄断执法机构规定的标准,并符合国务院反垄断执法机构规定的其他条件的,不予禁止。

经营者不得组织其他经营者达成垄断协议或者为其他经营者达成垄断协议提供实质性帮助。

典型案例

国家市场监督管理总局依法对 Y 药业集团实施垄断协议行为作出行政处罚

2019 年 11 月,国家市场监督管理总局根据举报,对 Y 药业集团涉嫌达成并实施垄断协议行为立案调查。

经查,2015 年至 2019 年,Y 药业集团在全国范围内(不含港澳台地区)通过签署合作协议、下发调价函、口头通知等方式,与药品批发商、零售药店等下游企业达成固定药品转售价格和限定药品最低转售价格的协议,并通过制定实施规则、强化考核监督、惩罚低价销售经销商、委托中介机构监督线上销售药品价格等措施保证该协议实施。Y 药业集团上述行为排除、限制了竞争,损害了消费者合法权益和社会公共利益,违反了《中华人民共和国反垄断法》的规定。

2021 年 4 月 15 日,国家市场监督管理总局根据《中华人民共和国反垄断法》规定作出行政处罚决定,责令 Y 药业集团停止违法行为,并处以其 2018 年销售额 254.67 亿元的 3%的罚款,计 7.64 亿元。

3. 豁免情形

经营者能够证明所达成的协议属于下列情形之一的，不适用《中华人民共和国反垄断法》第十七条、第十八条第一款、第十九条关于"垄断协议"的规定：

（1）为改进技术、研究开发新产品的；

（2）为提高产品质量、降低成本、增进效率，统一产品规格、标准或者实行专业化分工的；

（3）为提高中小经营者经营效率，增强中小经营者竞争力的；

（4）为实现节约能源、保护环境、救灾救助等社会公共利益的；

（5）因经济不景气，为缓解销售量严重下降或者生产明显过剩的；

（6）为保障对外贸易和对外经济合作中的正当利益的；

（7）法律和国务院规定的其他情形。

属于《中华人民共和国反垄断法》第二十条第一款中第一项至第五项［即前述内容中第（1）项至第（5）项］情形，不适用《中华人民共和国反垄断法》第十七条、第十八条第一款、第十九条关于"垄断协议"规定的，经营者还应当证明所达成的协议不会严重限制相关市场的竞争，并且能够使消费者分享由此产生的利益。

行业协会不得组织本行业的经营者从事《中华人民共和国反垄断法》第二章"垄断协议"禁止的垄断行为。

【练习 6-17】（单选题）根据《中华人民共和国反垄断法》的规定，下列各项中，属于法律禁止的纵向垄断协议的是（   ）。

A. 限制开发新技术、新产品的协议

B. 限制商品的生产数量或者销售数量的协议

C. 限制购买新技术、新设备的协议

D. 限定向第三人转售商品的最低价格的协议

【练习 6-18】（多选题）根据《中华人民共和国反垄断法》的规定，下列各项中，属于法律禁止的横向垄断协议的有（   ）。

A. 固定或者变更商品价格的协议

B. 限制购买新技术、新设备或者限制开发新技术、新产品的协议

C. 联合抵制交易的协议

D. 固定向第三人转售商品的价格的协议

【练习 6-19】（多选题）根据《中华人民共和国反垄断法》的规定，下列各项中，可被豁免的垄断协议有（   ）。

A. 为改进技术、研究开发新产品的

B. 限制开发新技术、新产品的

C. 为提高产品质量、降低成本、增进效率，统一产品规格、标准或者实行专业化分工的

D. 为实现节约能源、保护环境、救灾救助等社会公共利益的

（二）经营者滥用市场支配地位

国家市场监督管理总局依法对某集团控股有限公司在中国境内网络零售平台服务市场实施"二选一"垄断行为作出行政处罚

2020年12月，国家市场监督管理总局依据《中华人民共和国反垄断法》对某集团控股有限公司在中国境内网络零售平台服务市场滥用市场支配地位行为立案调查。

经查，某集团在中国境内网络零售平台服务市场具有支配地位。自2015年以来，该集团滥用市场支配地位，对平台内商家提出"二选一"要求，禁止平台内商家在其他竞争性平台开店或参加促销活动，并借助市场力量、平台规则和数据、算法等技术手段，采取多种奖惩措施保障"二选一"要求执行，维持、增强自身市场力量，获取不正当竞争优势。

调查表明，该集团提出的"二选一"要求排除、限制了中国境内网络零售平台服务市场的竞争，妨碍了商品服务和资源要素自由流通，影响了平台经济创新发展，侵害了平台内商家的合法权益，损害了消费者利益，构成《中华人民共和国反垄断法》第二十二条第一款第（四）项"没有正当理由，限定交易相对人只能与其进行交易或者只能与其指定的经营者进行交易"的滥用市场支配地位行为。

根据《中华人民共和国反垄断法》的规定，综合考虑该集团违法行为的性质、程度和持续时间等因素，2021年4月10日，国家市场监督管理总局依法作出行政处罚决定，责令该集团停止违法行为，并处以其2019年中国境内销售额4557.12亿元的4%的罚款，计182.28亿元。

1. 概念

滥用市场支配地位是指具有市场支配地位的经营者，没有正当理由而违法实施的排除、限制竞争行为。

市场支配地位，是指经营者在相关市场内具有能够控制商品价格、数量或其他交易条件，或者能够阻碍、影响其他经营者进入相关市场能力的市场地位。

2. 禁止具有市场支配地位的经营者从事的滥用市场支配地位行为

《中华人民共和国反垄断法》禁止具有市场支配地位的经营者从事下列滥用市场支配地位的行为：

（1）以不公平的高价销售商品或者以不公平的低价购买商品；
（2）没有正当理由，以低于成本的价格销售商品；
（3）没有正当理由，拒绝与交易相对人进行交易；
（4）没有正当理由，限定交易相对人只能与其进行交易或者只能与其指定的经营者进行交易；

（5）没有正当理由搭售商品，或者在交易时附加其他不合理的交易条件；
（6）没有正当理由，对条件相同的交易相对人在交易价格等交易条件上实行差别待遇；
（7）国务院反垄断执法机构认定的其他滥用市场支配地位的行为。

具有市场支配地位的经营者不得利用数据和算法、技术以及平台规则等从事《中华人民共和国反垄断法》第二十二条第一款规定的滥用市场支配地位的行为。

3. 认定经营者具有市场支配地位的依据

认定经营者具有市场支配地位，应当依据下列因素：
（1）该经营者在相关市场的市场份额，以及相关市场的竞争状况；
（2）该经营者控制销售市场或者原材料采购市场的能力；
（3）该经营者的财力和技术条件；
（4）其他经营者对该经营者在交易上的依赖程度；
（5）其他经营者进入相关市场的难易程度；
（6）与认定该经营者市场支配地位有关的其他因素。

4. 推定经营者具有市场支配地位的情形

有下列情形之一的，可以推定经营者具有市场支配地位：
（1）一个经营者在相关市场的市场份额达到二分之一的；
（2）两个经营者在相关市场的市场份额合计达到三分之二的；
（3）三个经营者在相关市场的市场份额合计达到四分之三的。

有《中华人民共和国反垄断法》第二十四条第一款第二项、第三项［即前述内容中第（2）项、第（3）项］规定的情形，其中有的经营者市场份额不足十分之一的，不应当推定该经营者具有市场支配地位。

被推定具有市场支配地位的经营者，有证据证明不具有市场支配地位的，不应当认定其具有市场支配地位。

【练习6-20】（单选题）下列关于市场支配地位的说法，错误的是（　　）。
A. 市场支配地位是指经营者在相关市场内具有能够控制商品价格、数量或者其他交易条件，或者能够阻碍、影响其他经营者进入相关市场能力的市场地位
B. 经营者是否具有市场支配地位，应当依据该经营者在相关市场的市场份额以及相关市场的竞争状况等因素认定
C. 一个经营者在相关市场的市场份额达到二分之一的，可以推定该经营者具有市场支配地位
D. 只要经营者具有市场支配地位，其行为就构成《中华人民共和国反垄断法》所禁止的行为

【练习6-21】（多选题）依《中华人民共和国反垄断法》规定，具有市场支配地位的经营者从事的（　　）的行为是滥用市场支配地位的行为。
A. 没有正当理由搭售商品

B. 没有正当理由,以低于成本的价格销售商品
C. 没有正当理由,拒绝与交易相对人进行交易
D. 没有正当理由,限定交易相对人只能与其进行交易

(三)经营者集中

波音兼并麦道案

全球航空制造业第一巨头美国波音公司(以下简称波音)曾经在1996年12月15日宣布收购全球航空制造业排行第三的美国麦道公司(以下简称麦道),这起兼并使得全球航空制造业由原来的波音、麦道和空中客车三家共同垄断的局面,立即变为波音和空中客车两家竞争,因此,波音的兼并事件对欧洲飞机制造业构成了非常大的威胁,1997年,欧盟国家要求否决此项并购。经过磋商,欧盟正式同意了波音兼并麦道。

1997年7月25日,持有麦道2.1亿股份(占麦道总股份的75.8%)的股东投票同意波音兼并麦道。同年8月4日,新的波音公司正式开始运行。至此,轰动一时的波音兼并麦道案尘埃落定。

波音也无奈做出了让步:一是同意放弃三家美国航空公司今后20年内只购买波音飞机的合同;二是接受麦道军用项目技术许可证和专利可售给空中客车的原则;三是同意麦道民用部分成为波音的一个独立核算单位,分别公布财务报表。波音在1996年宣布收购麦道后,就遭受了来自欧盟的巨大压力,其整个博弈过程显示了反垄断案件的复杂性。

1. 经营者集中的概念

经营者集中反映的是一个经营者取得其他经营者支配权的状态。

我国反垄断法规制的必要性如下。

企业间的合并日趋活跃;某些地区、行业开始显现垄断性的市场结构;跨国并购频繁,出现消极影响(滥用其市场优势、排挤民族工业、妨碍技术进步和创新,甚至危害国家经济安全)。

2. 经营者集中的情形

经营者集中是指下列情形:
(1)经营者合并;
(2)经营者通过取得股权或者资产的方式取得对其他经营者的控制权;
(3)经营者通过合同等方式取得对其他经营者的控制权或者能够对其他经营者施加决定性影响。

3. 经营者集中的申报制度

（1）事先申报。

达到申报标准的经营者应在集中前进行事先申报，由反垄断执法机构进行审查并依据一定认定标准决定是否允许经营者实施集中。

经营者集中达到国务院规定的申报标准的，经营者应当事先向国务院反垄断执法机构申报，未申报的不得实施集中。

经营者集中未达到国务院规定的申报标准，但有证据证明该经营者集中具有或者可能具有排除、限制竞争效果的，国务院反垄断执法机构可以要求经营者申报。

经营者未依照《中华人民共和国反垄断法》第二十六条第一款、第二款规定进行申报的，国务院反垄断执法机构应当依法进行调查。

（2）事先申报的作用。

① 体现经营者集中规制的一般政策与重点（达到一定规模、可能危害市场竞争的经营者集中）。

② 便于执法机构掌握市场集中情况，避免损害市场竞争。

③ 有助于经营者调整经营策略，避免浪费资源和造成经济损失。

（3）经营者集中可以不申报的情形。

经营者集中有下列情形之一的，可以不向国务院反垄断执法机构申报：

① 参与集中的一个经营者拥有其他每个经营者百分之五十以上有表决权的股份或者资产的；

② 参与集中的每个经营者百分之五十以上有表决权的股份或者资产被同一个未参与集中的经营者拥有的。

4. 经营者集中的审查程序

（1）提交资料。

经营者向国务院反垄断执法机构申报集中，应当提交下列文件、资料：①申报书；②集中对相关市场竞争状况影响的说明；③集中协议；④参与集中的经营者经会计师事务所审计的上一会计年度财务会计报告；⑤国务院反垄断执法机构规定的其他文件、资料。

申报书应当载明参与集中的经营者的名称、住所、经营范围、预定实施集中的日期和国务院反垄断执法机构规定的其他事项。经营者提交的文件、资料不完备的，应当在国务院反垄断执法机构规定的期限内补交文件、资料。经营者逾期未补交文件、资料的，视为未申报。

（2）审查期限。

① 初步审查。

国务院反垄断执法机构应当自收到经营者提交的符合《中华人民共和国反垄断法》第二十八条规定的文件、资料之日起三十日内，对申报的经营者集中进行初步审查，作出是否实施进一步审查的决定，并书面通知经营者。国务院反垄断执法机构作出决定前，经营者不得实施集中。

国务院反垄断执法机构作出不实施进一步审查的决定或者逾期未作出决定的，经营者可以实施集中。

② 进一步审查。

国务院反垄断执法机构决定实施进一步审查的，应当自决定之日起九十日内审查完毕，作出是否禁止经营者集中的决定，并书面通知经营者。作出禁止经营者集中的决定，应当说明理由。审查期间，经营者不得实施集中。

③ 延长审查期限的情形。

有下列情形之一的，国务院反垄断执法机构经书面通知经营者，可以延长《中华人民共和国反垄断法》第三十一条第一款规定的审查期限，但最长不得超过六十日：经营者同意延长审查期限的；经营者提交的文件、资料不准确，需要进一步核实的；经营者申报后有关情况发生重大变化的。

国务院反垄断执法机构逾期未作出决定的，经营者可以实施集中。

④ 中止计算经营者集中审查期限的情形。

有下列情形之一的，国务院反垄断执法机构可以决定中止计算经营者集中的审查期限，并书面通知经营者：经营者未按照规定提交文件、资料，导致审查工作无法进行；出现对经营者集中审查具有重大影响的新情况、新事实，不经核实将导致审查工作无法进行；需要对经营者集中附加的限制性条件进一步评估，且经营者提出中止请求。

自中止计算审查期限的情形消除之日起，审查期限继续计算，国务院反垄断执法机构应当书面通知经营者。

（3）审查内容及审查决定。

① 审查内容。

审查经营者集中，应当考虑下列因素：参与集中的经营者在相关市场的市场份额及其对市场的控制力；相关市场的市场集中度；经营者集中对市场进入、技术进步的影响；经营者集中对消费者和其他有关经营者的影响；经营者集中对国民经济发展的影响；国务院反垄断执法机构认为应当考虑的影响市场竞争的其他因素。

② 审查决定。

a. 禁止经营者集中的决定：经营者集中具有或者可能具有排除、限制竞争效果的，国务院反垄断执法机构应当作出禁止经营者集中的决定。但是，经营者能够证明该集中对竞争产生的有利影响明显大于不利影响，或者符合社会公共利益的，国务院反垄断执法机构可以作出对经营者集中不予禁止的决定。

b. 对经营者集中附加限制性条件的决定：对不予禁止的经营者集中，国务院反垄断执法机构可以决定附加减少集中对竞争产生不利影响的限制性条件。

国务院反垄断执法机构应当将禁止经营者集中的决定或者对经营者集中附加限制性条件的决定，及时向社会公布。

对外资并购境内企业或者以其他方式参与经营者集中，涉及国家安全的，除依照《中华人民共和国反垄断法》规定进行经营者集中审查外，还应当按照国家有关规定进行国家安全审查。

（四）行政垄断：滥用行政权力排除、限制竞争

1. 概念

行政垄断是指行政机关或者法律、法规授权的具有管理公共事务职能的组织滥用行政权力排除、限制竞争的违法行为。行政垄断的危害显而易见，一方面，妨害了市场的竞争机制和资源的有效配置，让优良的产品不能胜出；另一方面，被保护的企业也会养成依赖政府的习惯，弱化了其开拓创新、适应挑战的能力。

行政机关和法律、法规授权的具有管理公共事务职能的组织不得滥用行政权力，限定或者变相限定单位或者个人经营、购买、使用其指定的经营者提供的商品。

行政机关和法律、法规授权的具有管理公共事务职能的组织不得滥用行政权力，通过与经营者签订合作协议、备忘录等方式，妨碍其他经营者进入相关市场或者对其他经营者实行不平等待遇，排除、限制竞争。

2. 行政垄断的情形

行政机关和法律、法规授权的具有管理公共事务职能的组织不得滥用行政权力，实施下列行为，妨碍商品在地区之间的自由流通：

（1）对外地商品设定歧视性收费项目、实行歧视性收费标准，或者规定歧视性价格；

（2）对外地商品规定与本地同类商品不同的技术要求、检验标准，或者对外地商品采取重复检验、重复认证等歧视性技术措施，限制外地商品进入本地市场；

（3）采取专门针对外地商品的行政许可，限制外地商品进入本地市场；

（4）设置关卡或者采取其他手段，阻碍外地商品进入或者本地商品运出；

（5）妨碍商品在地区之间自由流通的其他行为。

行政机关和法律、法规授权的具有管理公共事务职能的组织不得滥用行政权力，以设定歧视性资质要求、评审标准或者不依法发布信息等方式，排斥或者限制经营者参加招标投标以及其他经营活动。

行政机关和法律、法规授权的具有管理公共事务职能的组织不得滥用行政权力，采取与本地经营者不平等待遇等方式，排斥、限制、强制或者变相强制外地经营者在本地投资或者设立分支机构。

行政机关和法律、法规授权的具有管理公共事务职能的组织不得滥用行政权力，强制或者变相强制经营者从事《中华人民共和国反垄断法》规定的垄断行为。

行政机关和法律、法规授权的具有管理公共事务职能的组织不得滥用行政权力，制定含有排除、限制竞争内容的规定。

【练习6-22】（单选题）下列不属于《中华人民共和国反垄断法》所禁止的滥用行政权力排除、限制竞争行为的是（　　）。

A. 对外地商品设定歧视性收费项目

B. 限制外地经营者参与本地招标投标

C. 通过颁布行政规范性文件的方式限制外地企业与本地企业进行竞争

D. 提高对市场上某类产品的检验标准

三、对涉嫌垄断行为的调查

反垄断执法机构依法对涉嫌垄断行为进行调查。

对涉嫌垄断行为,任何单位和个人有权向反垄断执法机构举报。反垄断执法机构应当为举报人保密。

举报采用书面形式并提供相关事实和证据的,反垄断执法机构应当进行必要的调查。

1. 反垄断执法机构调查涉嫌垄断行为可以采取的措施

反垄断执法机构调查涉嫌垄断行为,可以采取下列措施:

(1) 进入被调查的经营者的营业场所或者其他有关场所进行检查;

(2) 询问被调查的经营者、利害关系人或者其他有关单位或者个人,要求其说明有关情况;

(3) 查阅、复制被调查的经营者、利害关系人或者其他有关单位或者个人的有关单证、协议、会计账簿、业务函电、电子数据等文件、资料;

(4) 查封、扣押相关证据;

(5) 查询经营者的银行账户。

采取《中华人民共和国反垄断法》第四十七条第一款(即上述内容)规定的措施,应当向反垄断执法机构主要负责人书面报告,并经批准。

2. 反垄断执法机构及其工作人员的执法纪律

反垄断执法机构调查涉嫌垄断行为,执法人员不得少于二人,并应当出示执法证件。

执法人员进行询问和调查,应当制作笔录,并由被询问人或者被调查人签字。

反垄断执法机构及其工作人员对执法过程中知悉的商业秘密、个人隐私和个人信息依法负有保密义务。

3. 被调查者的权利、义务

被调查的经营者、利害关系人或者其他有关单位或者个人应当配合反垄断执法机构依法履行职责,不得拒绝、阻碍反垄断执法机构的调查。

被调查的经营者、利害关系人有权陈述意见。反垄断执法机构应当对被调查的经营者、利害关系人提出的事实、理由和证据进行核实。

4. 调查处理决定

反垄断执法机构对涉嫌垄断行为调查核实后,认为构成垄断行为的,应当依法作出处理决定,并可以向社会公布。

5. 经营者承诺及中止调查

对反垄断执法机构调查的涉嫌垄断行为,被调查的经营者承诺在反垄断执法机构认可的期限内采取具体措施消除该行为后果的,反垄断执法机构可以决定中止调查。中止调查的决定应当载明被调查的经营者承诺的具体内容。

反垄断执法机构决定中止调查的，应当对经营者履行承诺的情况进行监督。经营者履行承诺的，反垄断执法机构可以决定终止调查。

有下列情形之一的，反垄断执法机构应当恢复调查：

（1）经营者未履行承诺的；

（2）作出中止调查决定所依据的事实发生重大变化的；

（3）中止调查的决定是基于经营者提供的不完整或者不真实的信息作出的。

6. 有关单位或者个人配合调查的义务

反垄断执法机构依法对涉嫌滥用行政权力排除、限制竞争的行为进行调查，有关单位或者个人应当配合。

经营者、行政机关和法律、法规授权的具有管理公共事务职能的组织，涉嫌违反《中华人民共和国反垄断法》规定的，反垄断执法机构可以对其法定代表人或者负责人进行约谈，要求其提出改进措施。

四、法律责任

1. 经营者达成并实施垄断协议的处罚

经营者违反《中华人民共和国反垄断法》规定，达成并实施垄断协议的，由反垄断执法机构责令停止违法行为，没收违法所得，并处上一年度销售额百分之一以上百分之十以下的罚款，上一年度没有销售额的，处五百万元以下的罚款；尚未实施所达成的垄断协议的，可以处三百万元以下的罚款。经营者的法定代表人、主要负责人和直接责任人员对达成垄断协议负有个人责任的，可以处一百万元以下的罚款。

经营者组织其他经营者达成垄断协议或者为其他经营者达成垄断协议提供实质性帮助的，适用《中华人民共和国反垄断法》第五十六条第一款规定。

经营者主动向反垄断执法机构报告达成垄断协议的有关情况并提供重要证据的，反垄断执法机构可以酌情减轻或者免除对该经营者的处罚。

2. 行业协会组织达成垄断协议的处罚

行业协会违反《中华人民共和国反垄断法》规定，组织本行业的经营者达成垄断协议的，由反垄断执法机构责令改正，可以处三百万元以下的罚款；情节严重的，社会团体登记管理机关可以依法撤销登记。

3. 经营者滥用市场支配地位的处罚

经营者违反《中华人民共和国反垄断法》规定，滥用市场支配地位的，由反垄断执法机构责令停止违法行为，没收违法所得，并处上一年度销售额百分之一以上百分之十以下的罚款。

4. 经营者违法实施集中的处罚

经营者违反《中华人民共和国反垄断法》规定实施集中，且具有或者可能具有排除、限制竞争效果的，由国务院反垄断执法机构责令停止实施集中、限期处分股份或者资产、限期转让营业以及采取其他必要措施恢复到集中前的状态，处上一年度销售额百分之十以下的罚款；不具有排除、限制竞争效果的，处五百万元以下的罚款。

对《中华人民共和国反垄断法》第五十六条、第五十七条、第五十八条规定的罚款，反垄断执法机构确定具体罚款数额时，应当考虑违法行为的性质、程度、持续时间和消除违法行为后果的情况等因素。

5. 经营者实施垄断行为的民事责任

经营者实施垄断行为，给他人造成损失的，依法承担民事责任。

经营者实施垄断行为，损害社会公共利益的，设区的市级以上人民检察院可以依法向人民法院提起民事公益诉讼。

6. 对行政垄断行为的处理

行政机关和法律、法规授权的具有管理公共事务职能的组织滥用行政权力，实施排除、限制竞争行为的，由上级机关责令改正；对直接负责的主管人员和其他直接责任人员依法给予处分。反垄断执法机构可以向有关上级机关提出依法处理的建议。行政机关和法律、法规授权的具有管理公共事务职能的组织应当将有关改正情况书面报告上级机关和反垄断执法机构。

法律、行政法规对行政机关和法律、法规授权的具有管理公共事务职能的组织滥用行政权力实施排除、限制竞争行为的处理另有规定的，依照其规定。

7. 对拒绝、阻碍反垄断审查和调查行为的处罚

对反垄断执法机构依法实施的审查和调查，拒绝提供有关材料、信息，或者提供虚假材料、信息，或者隐匿、销毁、转移证据，或者有其他拒绝、阻碍调查行为的，由反垄断执法机构责令改正，对单位处上一年度销售额百分之一以下的罚款，上一年度没有销售额或者销售额难以计算的，处五百万元以下的罚款；对个人处五十万元以下的罚款。

8. 加倍处罚情形

违反《中华人民共和国反垄断法》规定，情节特别严重、影响特别恶劣、造成特别严重后果的，国务院反垄断执法机构可以在《中华人民共和国反垄断法》第五十六条、第五十七条、第五十八条、第六十二条规定的罚款数额的二倍以上五倍以下确定具体罚款数额。

9. 记入信用记录

经营者因违反《中华人民共和国反垄断法》规定受到行政处罚的，按照国家有关规定记入信用记录，并向社会公示。

10. 对反垄断处罚不服的行政复议或行政诉讼

对反垄断执法机构依据《中华人民共和国反垄断法》第三十四条、第三十五条作出的决定不服的，可以先依法申请行政复议；对行政复议决定不服的，可以依法提起行政诉讼。

对反垄断执法机构作出的《中华人民共和国反垄断法》第六十五条第一款规定以外的决定不服的，可以依法申请行政复议或者提起行政诉讼。

11. 反垄断执法机构工作人员违反规定的处罚

反垄断执法机构工作人员滥用职权、玩忽职守、徇私舞弊或者泄露执法过程中知悉的商业秘密、个人隐私和个人信息的，依法给予处分。

12. 刑事责任

违反《中华人民共和国反垄断法》规定，构成犯罪的，依法追究刑事责任。

实务练习（四）

一、概念

垄断协议　　行政垄断　　市场支配地位

模块六（练习）：参考答案

二、简答

1. 垄断行为包括哪些？
2. 哪些属于滥用市场支配地位的行为？
3. 经营者集中是指哪些情形？
4. 横向垄断协议有哪些表现形式？
5. 纵向垄断协议有哪些表现形式？

三、实务案例分析

2025年6月，根据国家市场监督管理总局指定管辖，天津市市场监督管理委员会依法对自然人郭某某组织津药药业股份有限公司、浙江仙琚制药股份有限公司、江苏联环药业股份有限公司、西安国康瑞金制药有限公司达成并实施价格垄断协议作出行政处罚，罚没款合计3.62亿元，并对达成垄断协议负有个人责任的人员依法追究法律责任。

2024年4月，天津市市场监督管理委员会对该案立案调查。经查，2021年11月起，自然人郭某某通过沟通联络、组织聚会、实地走访等方式，与4家企业相关人员商讨提高地塞米松磷酸钠原料药销售价格，达成停止价格竞争、共同涨价的口头协议，4家企业随后同步停止对外供货，造成市场供应紧张，并按照口头协议共同提高价格。2022年2月至2024年3月，4家企业将地塞米松磷酸钠原料药销售价格从0.8万元/千克提高到1.3万元/千克，排除、限制了市场竞争，造成地塞米松磷酸钠原料药和相关制剂价格上涨，损害了消费者合法利益和社会公共利益。

根据《中华人民共和国反垄断法》规定，天津市市场监督管理委员会依法作出行政处罚决定：对自然人郭某某处以顶格罚款500万元；对4家企业没收违法所得，并分别处上一年度销售额8%的罚款，合计3.55亿元；对4家企业达成垄断协议负有个人责任的4名人员分别处以罚款60万元。

什么是垄断？试分析4家企业的垄断行为属于什么性质，以及有何危害。

模块七

工业产权保护

导 学

工业产权是指人们依法对应用于商品生产和流通中的创造发明和显著标记等智力成果,在一定地区和期限内享有的专有权。它是发明、实用新型、外观设计、商标等所有权的统称,也是国际通用的法律术语。工业产权法对于保护创新成果、促进科技进步和经济发展具有重要意义。

学习目标

- 理解工业产权的定义与特征;
- 了解专利法律制度的基本概括;
- 掌握专利权的主体和客体;
- 了解商标的分类;
- 熟悉商标权人的权利和义务。

任务一　工业产权法概述

一、工业产权与工业产权法

(一) 工业产权

工业产权是指人们依法对应用于商品生产和流通中的创造发明和显著标记等智力成果,在一定地区和期限内享有的专有权。

工业产权包括发明、实用新型、外观设计、商标、服务标记、厂商名称、货源标记、原产地名称以及制止不正当竞争的权利。在我国,工业产权主要指商标权和专利权。

工业产权是一种无形财产权利。作为一种权利,工业产权由法律规定并由国家专门机关确认;作为一种财产权利,工业产权具有价值性、可转让性;作为一种无形财产权利,工业产权与有形财产权利相比,具有以下法律特征。

(1) 专有性。工业产权的专有性,也称独占性、垄断性,是指工业产权只能由权利人享有,而排除他人享有同样权利的可能性。非经权利人许可或法律强制许可,他人不得行使工业产权,否则即构成侵权行为。

(2)地域性。工业产权的地域性,是指一国所确认和保护的工业产权,只在该国范围内有效。除签有国际公约或双边互惠协定外,一国的工业产权对其他国家不产生法律效力,因而在其他国家就得不到保护。一国的工业产权要在其他国家获得法律保护,必须依照该国的法律程序向该国申请,经该国专利机构审查批准或登记注册后才能获得法律保护。

(3)时间性。工业产权的时间性,是指对工业产权的时间限制,即工业产权在法定期限内发生效力,法律规定的期限一满,工业产权就自行终止而进入公有领域,成为整个社会的共同财富,为全人类共同使用。对工业产权的时间限制,有利于加快智力成果的物化过程,体现智力成果的社会价值,推进社会和科技进步。

(二)工业产权法

工业产权法是调整工业产权在申请、确认、保护和使用过程中产生的法律关系的法律规范的总称。我国的工业产权法包括《中华人民共和国专利法》《中华人民共和国专利法实施细则》《中华人民共和国商标法》《中华人民共和国商标法实施条例》等法律及相关实施细则(条例)。

二、工业产权的国际保护

随着各国经济与科技的发展,工业产权的国际保护越来越得到各国的重视,因为单纯对国内工业产权提供保护,已经无法解决国际商品流转所产生的工业产权保护问题。

1984年12月19日,我国政府向世界知识产权组织递交了《保护工业产权巴黎公约》(1967斯德哥尔摩文本)的加入书,自1985年3月19日起该公约对我国生效(我国声明不受公约第28条第1款约束)。

我国政府于1989年7月4日向世界知识产权组织递交了《商标国际注册马德里协定》(1967年修订并于1979年修改的斯德哥尔摩文本)的加入书,同年10月4日起该协定对我国生效。

我国在2001年加入了世界贸易组织,并签署了《与贸易有关的知识产权协议》。

这些都是和工业产权有密切联系的国际法律规定。

任务二 专 利 法

当前,新一轮科技革命和产业变革深入发展,党的二十大报告指出:"坚持面向世界科技前沿、面向经济主战场、面向国家重大需求、面向人民生命健康,加快实现高水平科技自立自强。"

专利是受法律规范保护的发明创造,它是指一项发明创造向国家审批机关提出专利申请,经依法审查合格后向专利申请人授予的在规定的时间内对该项发明创造享有的专有权。

专利权是一种专有权，这种权利具有独占的排他性。非专利权人要想使用他人的专利，必须依法征得专利权人的同意或许可。

技术秘密侵权案

J 市中某化工公司、S 市欣某新技术公司拥有"使用乙醛酸法制备某兰素工艺"技术秘密。J 市中某化工公司基于该工艺一跃成为全球最大的某兰素产品制造商，占有全球市场约 60%的份额。后 N 市某科技公司及其法定代表人等通过 J 市中某化工公司某兰素产品车间副主任非法获取了该技术秘密，而后使用该技术秘密大规模生产某兰素产品，导致某兰素产品价格下滑、J 市中某化工公司的市场份额缩减。J 市中某化工公司、S 市欣某新技术公司遂提起诉讼。一审人民法院认定 N 市某科技公司等构成技术秘密侵权，判决其停止侵害，并依据当时法律规定的法定赔偿上限及维权合理开支确定其承担 350 万元的损害赔偿责任，同时作出行为保全裁定，责令其立即停止侵害涉案技术秘密。

一审裁判作出后，N 市某科技公司等罔顾行为保全裁定，继续实施侵权行为。J 市中某化工公司、S 市欣某新技术公司认为一审判赔金额过低且未判令 N 市某科技公司法定代表人承担连带责任有误；N 市某科技公司等认为一审判决错误认定其侵害涉案技术秘密且判赔金额过高，均提起上诉。二审人民法院认为，N 市某科技公司的法定代表人直接参与实施侵权行为且设立以侵权为业的企业，故其与 N 市某科技公司等构成共同侵权，应依法承担连带赔偿责任；根据权利人提供的经济损失数据，综合考虑涉案技术秘密商业价值大、侵权情节恶劣、被诉侵权人拒不执行人民法院行为保全裁定等因素，改判 N 市某科技公司及其法定代表人等连带赔偿 1.59 亿元，并将案件审理中发现的涉嫌犯罪线索移送公安机关。后双方当事人在裁判执行期间达成和解。

一、专利权和专利法概述

专利权，是法律赋予公民、法人或者其他组织对其获得专利的发明创造在一定期限内依法享有的专有权利。它是国家专利主管机关授予特定人生产经营其发明创造并禁止他人生产经营其发明创造的某种特权，是对发明创造的独占的排他权。

专利法是指调整确认并保护发明创造专有权和因发明创造的实施而产生的各种社会关系的法律规范的总称。1984 年 3 月 12 日第六届全国人民代表大会常务委员会第四次会议通过《中华人民共和国专利法》。之后《中华人民共和国专利法》在 1992 年 9 月 4 日进行第 1 次修正，在 2000 年 8 月 25 日进行第 2 次修正，在 2008 年 12 月 27 日进行 3 次修正，在 2020 年 10 月 17 日进行第 4 次修正（于 2021 年 6 月 1 日起施行）。

二、专利权的主体和客体

（一）专利权的主体

专利权的主体是指享有专利权的自然人或组织。专利权的主体在有关专利的法律关系中处于核心地位，离开了专利权的主体，一切有关专利的法律活动便无法展开。

1. 发明人或设计人

《中华人民共和国专利法》所称发明人或者设计人，是指对发明创造的实质性特点作出创造性贡献的人。在完成发明创造过程中，只负责组织工作的人、为物质技术条件的利用提供方便的人或者从事其他辅助工作的人，不是发明人或者设计人。

2. 法人或非法人单位

执行本单位的任务或者主要是利用本单位的物质技术条件所完成的发明创造为职务发明创造。职务发明创造申请专利的权利属于该单位，申请被批准后，该单位为专利权人。

职务发明创造是指以下情形：

（1）在本职工作中作出的发明创造；

（2）履行本单位交付的本职工作之外的任务所作出的发明创造；

（3）退休、调离原单位后或者劳动、人事关系终止后 1 年内作出的，与其在原单位承担的本职工作或者原单位分配的任务有关的发明创造；

（4）利用本单位的物质技术条件所完成的发明创造。

《中华人民共和国专利法》第六条所称本单位，包括临时工作单位；《中华人民共和国专利法》第六条所称本单位的物质技术条件，是指本单位的资金、设备、零部件、原材料或者不对外公开的技术信息和资料等。

利用本单位的物质技术条件所完成的发明创造，单位与发明人或者设计人订有合同，对申请专利的权利和专利权的归属作出约定的，从其约定。

两个以上单位或者个人合作完成的发明创造、一个单位或者个人接受其他单位或者个人委托所完成的发明创造，除另有协议的以外，申请专利的权利属于完成或者共同完成的单位或者个人；申请被批准后，申请的单位或者个人为专利权人。

中国单位或者个人向外国人、外国企业或者外国其他组织转让专利申请权或者专利权的，应当依照有关法律、行政法规的规定办理手续。转让专利申请权或者专利权的，当事人应当订立书面合同，并向国务院专利行政部门登记，由国务院专利行政部门予以公告。专利申请权或者专利权的转让自登记之日起生效。

3. 受让人

受让人是指通过合同或继承而依法取得该专利权的单位或个人。专利申请权和专利权可以转让。专利申请权转让后，如果专利权被授予，那么受让人就是该专利权的主体；专利权转让后，受让人成为该专利权的新主体。

【练习 7-1】（单选题）甲委托乙开发一种新产品，未明确约定该产品的专利申请权的归属。当该产品被开发完成后，在我国，其专利申请权应当归属于（   ）。
A. 甲　　　　　　　　　　　　　B. 甲与乙共有
C. 乙　　　　　　　　　　　　　D. 国家

（二）专利权的客体

在我国，专利权的客体，是指《中华人民共和国专利法》保护的对象，即依法可以取得专利权的发明创造，包括发明、实用新型、外观设计三种形式。

（1）发明，是指对产品、方法或者其改进所提出的新的技术方案。发明是利用自然规律在技术应用上的创造与革新，而不是自然规律本身，因而科学发现不属于发明范畴。

（2）实用新型，是指对产品的形状、构造或者其结合所提出的适于实用的新的技术方案。申请实用新型专利的客体必须是产品，实用新型必须针对有形产品，没有确定形状的产品是被排除在实用新型之外的。作为实用新型的产品还必须具有实用性，即能够在生产中得到运用，且一旦实施，就能够取得某种技术的、社会的或经济的效果。

（3）外观设计，是指对产品的整体或者局部的形状、图案或者其结合以及色彩与形状、图案的结合所作出的富有美感并适于工业应用的新设计。外观设计以形状、图案、色彩为表现形式，其载体必须是产品。

外观设计与实用新型的区别如下。

首先，外观设计专利保护的是产品外形，不涉及产品本身的技术性能；实用新型专利保护的范围既涉及产品的外形和外部结构，也涉及产品的内部构造。其次，外观设计的目的是利用美学原理达到美感效果，不重视技术效果；实用新型作为一种技术方案，旨在实现一定的技术效果。再次，外观设计将产品作为载体，仅对其外形进行独特设计；实用新型的创造性方案与产品本身融为一体，体现为产品本身。最后，外观设计产品既可以是立体的，也可以是平面的；实用新型产品必须以固定的立体形态存在。

【练习 7-2】（单选题）下列选项中仅属于对自然规律认识的是（   ）。
A. 科学发现　　　　　　　　　　B. 产品发明
C. 方法发明　　　　　　　　　　D. 实用新型

（三）授予专利权的条件

《中华人民共和国专利法》规定，授予专利权的发明和实用新型，应当具备新颖性、创造性和实用性。

（1）新颖性，是指该发明或者实用新型不属于现有技术；也没有任何单位或者个人就同样的发明或者实用新型在申请日以前向国务院专利行政部门提出过申请，并记载在申请日以后公布的专利申请文件或者公告的专利文件中。从各国的立法可以看出，判断是否具有新颖性应以已经公开的现有技术为标准。《中华人民共和国专利法》所称现有技术，是指申请日以前在国内外为公众所知的技术。

但是对于新颖性也有例外的规定。根据《中华人民共和国专利法》的规定，申请专利的发明创造在申请日以前六个月内，有下列情形之一的，不丧失新颖性：

① 在国家出现紧急状态或者非常情况时，为公共利益目的首次公开的；
② 在中国政府主办或者承认的国际展览会上首次展出的；
③ 在规定的学术会议或者技术会议上首次发表的；
④ 他人未经申请人同意而泄露其内容的。

（2）创造性，是指与现有技术相比，该发明具有突出的实质性特点和显著的进步，该实用新型具有实质性特点和进步。所谓"实质性特点"是指该发明或实用新型与现有技术相比，有本质上的差异，有质的飞跃和突破，而且这种技术上的变化和突破对本领域的普通技术人员来说并非显而易见。所谓"显著的进步"是指该发明或实用新型与现有技术相比有明显的技术优点。

（3）实用性，是指该发明或者实用新型能够制造或者使用，并且能够产生积极效果。

授予专利权的外观设计，应当不属于现有设计；也没有任何单位或者个人就同样的外观设计在申请日以前向国务院专利行政部门提出过申请，并记载在申请日以后公告的专利文件中。授予专利权的外观设计与现有设计或者现有设计特征的组合相比，应当具有明显区别。授予专利权的外观设计不得与他人在申请日以前已经取得的合法权利相冲突。

《中华人民共和国专利法》所称现有设计，是指申请日以前在国内外为公众所知的设计。

取得发明、实用新型专利权的实质条件与取得外观设计专利权的实质条件的主要区别之一是，后者不要求创造性。

【练习 7-3】（单选题）取得发明、实用新型专利权的实质条件与取得外观设计专利权的实质条件的主要区别之一是后者不要求（　　）。

A. 新颖性　　　　　　　　　　B. 创造性
C. 实用性　　　　　　　　　　D. 美感

【练习 7-4】（单选题）（　　）是指与现有技术相比，该发明具有突出的实质性特点和显著的进步，该实用新型具有实质性特点和进步。

A. 新颖性　　　　　　　　　　B. 创造性
C. 实用性　　　　　　　　　　D. 创新性

（四）不授予专利权的情形

对下列各项，不授予专利权。

（1）对违反法律、社会公德或者妨害公共利益的发明创造，不授予专利权。
（2）科学发现。
（3）智力活动的规则和方法。
（4）疾病的诊断和治疗方法。因其实施的对象为有生命的人或动物，无法在工业上得到利用，不具备实用性，故不能取得专利权，但对诊断和治疗疾病所使用的物质（包括设备）以及脱离人体的物质，如血液、毛发等进行处理或检测的方法可以获得专利保护。
（5）动物和植物品种。但对动物和植物的生产方法可以授予专利权。

（6）原子核变换方法以及用原子核变换方法获得的物质。
（7）对平面印刷品的图案、色彩或者二者的结合作出的主要起标识作用的设计。

【练习 7-5】（单选题）根据《中华人民共和国专利法》的规定，可以授予专利权的有（　　）。
A. 科学发现
B. 智力活动的规则和方法
C. 诊断和治疗疾病所使用的物质
D. 动物和植物品种

【练习 7-6】（多选题）根据专利法律制度的规定，下列各项中不能授予专利权的有（　　）。
A. 甲发明的仿真伪钞机
B. 乙发明的糖尿病的治疗方法
C. 丙发现的某植物新品种
D. 丁发明的某植物新品种的生产方法

另外，任何单位或者个人将在中国完成的发明或者实用新型向外国申请专利的，应当事先报经国务院专利行政部门进行保密审查。保密审查的程序、期限等按照国务院的规定执行。对违反该规定向外国申请专利的发明或者实用新型，在中国申请专利的，不授予专利权。

三、专利权人的权利和义务

（一）专利权人的权利

1. 独占实施权

专利权人享有制造、使用、许诺销售、销售、进口其专利产品或者使用其专利方法的权利。

发明和实用新型专利权被授予后，除《中华人民共和国专利法》另有规定的以外，任何单位或者个人未经专利权人许可，都不得实施其专利，即不得为生产经营目的制造、使用、许诺销售、销售、进口其专利产品，或者使用其专利方法以及使用、许诺销售、销售、进口依照该专利方法直接获得的产品。

外观设计专利权被授予后，任何单位或者个人未经专利权人许可，都不得实施其专利，即不得为生产经营目的制造、许诺销售、销售、进口其外观设计专利产品。

2. 实施许可权

专利权人有权许可他人实施其专利并收取相关使用费。专利的实施许可分为独占实施许可、排他实施许可、普通实施许可和交叉实施许可。任何单位或者个人实施他人专利的，应当与专利权人订立实施许可合同，向专利权人支付专利使用费。被许可人无权允许合同规定以外的任何单位或者个人实施该专利。

3. 转让权

专利权人可以将其专利申请权和专利权有偿转让给他人。中国单位或者个人向外国人、外国企业或者外国其他组织转让专利申请权或者专利权的，应当依照有关法律、行政法规的规定办理手续。转让专利申请权或者专利权的，当事人应当订立书面合同，并向国务院专利行政部门登记，由国务院专利行政部门予以公告。专利申请权或者专利权的转让自登记之日起生效。

4. 标示权

专利权人有权在其专利产品或者该产品的包装上标明专利标识。

【练习 7-7】（单选题）甲公司取得某专利，并获得专利号，乙公司在自己同种类商品上标注该专利号。乙公司的行为侵犯了甲公司的（　　）。
A. 实施权　　　　　　　　　　　B. 转让权
C. 标示权　　　　　　　　　　　D. 实施许可权

（二）专利权人的义务

1. 缴纳年费的义务

专利权人应当自被授予专利权的当年开始缴纳年费。没有按照规定缴纳年费的，专利权在期限届满前终止。

2. 实施或许可他人实施专利的义务

专利权人获得专利后，应该积极主动地实施或许可他人实施专利技术，以促进社会进步。

3. 对职务发明创造的发明人或者设计人给予奖励、报酬的义务

被授予专利权的单位应当对职务发明创造的发明人或者设计人给予奖励；发明创造专利实施后，根据其推广应用的范围和取得的经济效益，对发明人或者设计人给予合理的报酬。接受奖励和报酬的一方也只能是职务发明创造的发明人或者设计人。这充分体现了《中华人民共和国专利法》鼓励发明创造、促进科学技术进步、提高创新能力的立法精神。

国家鼓励被授予专利权的单位实行产权激励，采取股权、期权、分红等方式，使发明人或者设计人合理分享创新收益。

四、专利的申请、审查和批准

发明创造的发明人或者设计人要使其发明创造受到专利保护，必须依照《中华人民共和国专利法》的规定向国务院专利行政部门提出专利申请。

（一）专利申请的原则

专利申请的原则是指专利申请人及专利行政部门在专利申请过程中必须坚持的准则。

1. 申请在先原则

两个以上的申请人分别就同样的发明创造申请专利的，专利权授予最先申请的人。两

个以上的申请人同日（指申请日；有优先权的，指优先权日）分别就同样的发明创造申请专利的，应当在收到国务院专利行政部门的通知后自行协商确定申请人。

2. 单一性原则

专利申请的单一性原则是指一件专利申请文件只能就一项发明创造提出专利申请。一件发明或者实用新型专利申请应当限于一项发明或者实用新型。属于一个总的发明构思的两项以上的发明或者实用新型，可以作为一件申请提出。一件外观设计专利申请应当限于一项外观设计。同一产品两项以上的相似外观设计，或者用于同一类别并且成套出售或者使用的产品的两项以上外观设计，可以作为一件申请提出。

单一性原则即"一申请一发明"原则。这样规定既便于专利检索，又可以防止出现专利权人申请多项专利只交一项专利费的情况。

3. 优先权原则

国际优先权是指申请人自发明或者实用新型在外国第一次提出专利申请之日起十二个月内，或者自外观设计在外国第一次提出专利申请之日起六个月内，又在中国就相同主题提出专利申请的，依照该外国同中国签订的协议或者共同参加的国际条约，或者依照相互承认优先权的原则，可以享有优先权。

本国优先权是指申请人自发明或者实用新型在中国第一次提出专利申请之日起十二个月内，或者自外观设计在中国第一次提出专利申请之日起六个月内，又向国务院专利行政部门就相同主题提出专利申请的，可以享有优先权。

申请人要求发明、实用新型专利优先权的，应当在申请的时候提出书面声明，并且在第一次提出申请之日起十六个月内，提交第一次提出的专利申请文件的副本。

申请人要求外观设计专利优先权的，应当在申请的时候提出书面声明，并且在三个月内提交第一次提出的专利申请文件的副本。

申请人未提出书面声明或者逾期未提交专利申请文件副本的，视为未要求优先权。

（二）专利申请日的确定

专利申请日对专利申请人能否获得专利权既具有实体意义，又具有程序上的意义。专利申请日不但是申请程序的开始时间，还是判断新颖性、创造性、实用性的时间界限，因此确定专利申请日十分重要。

专利申请日是指国务院专利行政部门收到专利申请文件之日——这是专利申请文件由申请人或代理人直接送达的情形。如果申请文件是邮寄的，以寄出的邮戳日为申请日。

（三）专利申请的文件

申请发明或者实用新型专利的，应当提交请求书、说明书及其摘要和权利要求书等文件。

（1）请求书。请求书是专利申请人向国务院专利行政部门提交的，请求对其发明或实用新型授予专利的书面文件。请求书应当写明发明或者实用新型的名称，发明人的姓名，申请人姓名或者名称、地址，以及其他事项。

（2）说明书。说明书是用来对发明或者实用新型进行阐述的书面文件。说明书应当对发明或者实用新型作出清楚、完整的说明，以所属技术领域的技术人员能够实现为准；必要的时候，应当有附图。

（3）说明书摘要。说明书摘要是发明或者实用新型说明书的内容提要。摘要应当简要说明发明或者实用新型的技术要点。

（4）权利要求书。权利要求书是申请人要求专利保护的权利范围的书面文件。权利要求书应当以说明书为依据，清楚、简要地限定要求专利保护的范围。

依赖遗传资源完成的发明创造，申请人应当在专利申请文件中说明该遗传资源的直接来源和原始来源；申请人无法说明原始来源的，应当陈述理由。

申请外观设计专利的，应当提交请求书、该外观设计的图片或者照片以及对该外观设计的简要说明等文件。申请人提交的有关图片或者照片应当清楚地显示要求专利保护的产品的外观设计。

（四）专利的审查和批准

专利行政部门受理专利申请后，依照法定程序和内容对专利申请进行审查，作出是否批准授予专利权的决定。根据《中华人民共和国专利法》的规定，我国对发明专利申请的审查和批准同对实用新型和外观设计专利申请的审查和批准是不一样的。我国对发明专利申请实行早期公开、延迟审查制度，对实用新型和外观设计专利申请实行登记制度。

1. 发明专利申请的审查和批准

国务院专利行政部门收到发明专利申请后，经初步审查认为符合《中华人民共和国专利法》要求的，自申请日起满十八个月，即行公布。国务院专利行政部门可以根据申请人的请求早日公布其申请。发明专利申请自申请日起三年内，国务院专利行政部门可以根据申请人随时提出的请求，对其申请进行实质审查；申请人无正当理由逾期不请求实质审查的，该申请即被视为撤回。国务院专利行政部门认为必要的时候，可以自行对发明专利申请进行实质审查。

国务院专利行政部门对发明专利申请进行实质审查后，认为不符合《中华人民共和国专利法》规定的，应当通知申请人，要求其在指定的期限内陈述意见，或者对其申请进行修改；无正当理由逾期不答复的，该申请即被视为撤回。发明专利申请经申请人陈述意见或者进行修改后，国务院专利行政部门仍然认为不符合《中华人民共和国专利法》规定的，应当予以驳回。发明专利申请经实质审查没有发现驳回理由的，由国务院专利行政部门作出授予发明专利权的决定，发给发明专利证书，同时予以登记和公告。发明专利权自公告之日起生效。

2. 实用新型和外观设计专利申请的审查和批准

对实用新型和外观设计专利申请不进行实质审查，实用新型和外观设计专利申请经初步审查没有发现驳回理由的，由国务院专利行政部门作出授予实用新型专利权或者外观设计专利权的决定，发给相应的专利证书，同时予以登记和公告。实用新型专利权和外观设计专利权自公告之日起生效。

专利申请人对国务院专利行政部门驳回申请的决定不服的，可以自收到通知之日起三个月内向国务院专利行政部门请求复审。国务院专利行政部门复审后，作出决定，并通知专利申请人。专利申请人对国务院专利行政部门的复审决定不服的，可以自收到通知之日起三个月内向人民法院起诉。

五、专利权的期限、终止和无效宣告

（一）专利权的期限

专利权的期限是指专利权人在取得专利后，《中华人民共和国专利法》授予专利权人对其专利的使用期限。按照《中华人民共和国专利法》的规定，发明专利权的期限为二十年，实用新型专利权的期限为十年，外观设计专利权的期限为十五年，均自申请日起计算。

自发明专利申请日起满四年，且自实质审查请求之日起满三年后授予发明专利权的，国务院专利行政部门应专利权人的请求，就发明专利在授权过程中的不合理延迟给予专利权期限补偿，但由申请人引起的不合理延迟除外。

为补偿新药上市审评审批占用的时间，对在中国获得上市许可的新药相关发明专利，国务院专利行政部门应专利权人的请求给予专利权期限补偿。补偿期限不超过五年，新药批准上市后总有效专利权期限不超过十四年。

【练习7-8】（单选题）《中华人民共和国专利法》规定发明专利权的期限为（　　）。
A. 10年　　　　　B. 15年　　　　　C. 20年　　　　　D. 30年

【练习7-9】（单选题）《中华人民共和国专利法》规定外观设计专利权的期限为（　　）。
A. 5年　　　　　B. 10年　　　　　C. 15年　　　　　D. 20年

（二）专利权的终止

专利权的终止是指专利权因某种法律事实的发生而效力消灭的情形。专利权的终止有以下两种情形。

（1）专利权因期限届满而终止。期限届满，专利权自然终止。
（2）专利权在期限届满前终止。有下列情形之一的，专利权在期限届满前终止：
① 没有按照规定缴纳年费的；
② 专利权人以书面声明放弃其专利权的。

专利权在期限届满前终止的，由国务院专利行政部门登记和公告。

（三）专利权的无效宣告

自国务院专利行政部门公告授予专利权之日起，任何单位或者个人认为该专利权的授予不符合《中华人民共和国专利法》有关规定的，可以请求国务院专利行政部门宣告该专利权无效。

国务院专利行政部门对宣告专利权无效的请求应当及时审查和作出决定，并通知请求人和专利权人。宣告专利权无效的决定，由国务院专利行政部门登记和公告。对国务院专利行政部门宣告专利权无效或者维持专利权的决定不服的，可以自收到通知之日起三个月内向人民法院起诉。人民法院应当通知无效宣告请求程序的对方当事人作为第三人参加诉讼。

六、专利实施许可

（一）专利实施的开放许可

专利权人自愿以书面方式向国务院专利行政部门声明愿意许可任何单位或者个人实施其专利，并明确许可使用费支付方式、标准的，由国务院专利行政部门予以公告，实行开放许可。

就实用新型、外观设计专利提出开放许可声明的，应当提供专利权评价报告。

任何单位或者个人有意愿实施开放许可的专利的，以书面方式通知专利权人，并依照公告的许可使用费支付方式、标准支付许可使用费后，即获得专利实施许可。

实行开放许可的专利权人可以与被许可人就许可使用费进行协商后给予普通许可，但不得就该专利给予独占或者排他许可。

> **知识拓展**
>
> 独占实施许可。独占实施许可指让与人在约定许可实施专利的范围内，将该专利仅许可一个受让人实施，让与人依约定不得实施该专利，即受让人有权在合同规定的时间、地域范围内排斥包括专利权人在内的任何人实施合同约定的内容。
>
> 排他实施许可。排他实施许可指让与人在约定许可实施专利的范围内，将该专利仅许可一个受让人实施，但让与人依约定可以自行实施该专利。
>
> 排他实施许可与独占实施许可的区别在于专利权人能否在合同约定的范围内实施专利。

当事人就实施开放许可发生纠纷的，由当事人协商解决；不愿协商或者协商不成的，可以请求国务院专利行政部门进行调解，也可以向人民法院起诉。

专利权人撤回开放许可声明的，应当以书面方式提出，并由国务院专利行政部门予以公告。开放许可声明被公告撤回的，不影响在先给予的开放许可的效力。

开放许可实施期间，对专利权人缴纳专利年费相应给予减免。

（二）专利实施的强制许可

所谓专利实施的强制许可是指并非出于专利权人自愿，而是国务院专利行政部门根据法律规定强制专利权人许可他人实施发明专利或者实用新型专利的一种法律制度。

《中华人民共和国专利法》规定了三种强制许可方式：一般强制许可、特殊强制许可、交叉强制许可。

1. 一般强制许可

一般强制许可是指具备实施条件的单位或者个人以合理的条件请求发明或者实用新型专利权人许可实施其专利，而未能在合理的时间内获得这种许可时，国务院专利行政部门根据该单位或者个人的申请，给予实施该发明专利或者实用新型专利的强制许可。

适用一般强制许可的情形主要包括以下几种：

① 专利权人自专利权被授予之日起满三年，且自提出专利申请之日起满四年，无正当理由未实施或者未充分实施其专利的；

② 专利权人行使专利权的行为被依法认定为垄断行为，为消除或者减少该行为对竞争产生的不利影响的。

2. 特殊强制许可

在国家出现紧急状态或者非常情况时，或者为了公共利益的目的，国务院专利行政部门可以给予实施发明专利或者实用新型专利的强制许可。

为了公共健康目的，对取得专利权的药品，国务院专利行政部门可以给予制造并将其出口到符合中华人民共和国参加的有关国际条约规定的国家或者地区的强制许可。

强制许可涉及的发明创造为半导体技术的，其实施限于公共利益的目的和《中华人民共和国专利法》第五十三条第（二）项规定的情形。

3. 交叉强制许可

交叉强制许可，又称"相互许可"，是指一项取得专利权的发明或实用新型比此前已经取得专利权的发明或实用新型具有显著经济意义的重大技术进步，其实施又有赖于前一发明或者实用新型的实施的，国务院专利行政部门根据后一专利权人的申请，可以给予实施前一发明或者实用新型的强制许可。在依照上述规定给予实施强制许可的情形下，国务院专利行政部门根据前一专利权人的申请，也可以给予实施后一发明或者实用新型的强制许可。

给予实施强制许可的决定，应当根据强制许可的理由规定实施的范围和时间。强制许可的理由消除并不再发生时，国务院专利行政部门应当根据专利权人的请求，经审查后作出终止实施强制许可的决定。取得实施强制许可的单位或者个人应当付给专利权人合理的使用费。

专利权人对国务院专利行政部门关于实施强制许可的决定不服的，专利权人和取得实施强制许可的单位或者个人对国务院专利行政部门关于实施强制许可的使用费的裁决不服的，可以自收到通知之日起三个月内向人民法院起诉。

注意，对于三种强制许可，国务院专利行政部门是可以而不是必须给予实施强制许可，这就需要国务院专利行政部门根据申请人的申请理由进行分析，结合国家和社会公共利益考虑决定。

取得实施强制许可的单位或者个人不享有独占实施权，并且无权允许他人实施。

一切强制许可都只能是非专有、非独占的，即国务院专利行政部门许可他人实施专利的内容后，该专利权人仍可以自己使用、许可他人使用，国务院专利行政部门也可以再次许可另外的申请人实施。

七、专利权的保护

任何单位或者个人实施他人专利的，应当与专利权人订立实施许可合同，向专利权人支付专利使用费。被许可人无权允许合同规定以外的任何单位或者个人实施该专利。

（一）专利权保护的范围

发明或者实用新型专利权的保护范围以其权利要求的内容为准，说明书及附图可以用于解释权利要求的内容。外观设计专利权的保护范围以表示在图片或者照片中的该产品的外观设计为准，简要说明可以用于解释图片或者照片所表示的该产品的外观设计。

（二）专利侵权行为

《中华人民共和国专利法》第十一条规定："发明和实用新型专利权被授予后，除本法另有规定的以外，任何单位或者个人未经专利权人许可，都不得实施其专利，即不得为生产经营目的制造、使用、许诺销售、销售、进口其专利产品，或者使用其专利方法以及使用、许诺销售、销售、进口依照该专利方法直接获得的产品。外观设计专利权被授予后，任何单位或者个人未经专利权人许可，都不得实施其专利，即不得为生产经营目的制造、许诺销售、销售、进口其外观设计专利产品。"

（三）不视为侵犯专利权的情形

有下列情形之一的，不视为侵犯专利权：

（1）专利产品或者依照专利方法直接获得的产品，由专利权人或者经其许可的单位、个人售出后，使用、许诺销售、销售、进口该产品的；

（2）在专利申请日前已经制造相同产品、使用相同方法或者已经作好制造、使用的必要准备，并且仅在原有范围内继续制造、使用的；

（3）临时通过中国领陆、领水、领空的外国运输工具，依照其所属国同中国签订的协议或者共同参加的国际条约，或者依照互惠原则，为运输工具自身需要而在其装置和设备中使用有关专利的；

（4）专为科学研究和实验而使用有关专利的；

（5）为提供行政审批所需要的信息，制造、使用、进口专利药品或者专利医疗器械的，以及专门为其制造、进口专利药品或者专利医疗器械的。

【练习 7-10】（多选题）王某的一种产品被授予专利，下列行为不视为侵犯专利权的有（   ）。

A. 甲厂在该专利申请日前已经制造相同产品，且在原有范围内继续制造、使用该产品

B. 乙厂使用不知道是未经王某许可而制造并售出的该项专利产品

C. 丙公司购进并使用了王某制造的该种产品的样品

D. 未经王某同意，李某为进行科学实验制造了和该专利产品相似的产品

（四）侵犯专利权纠纷的解决途径

未经专利权人许可，实施其专利，即侵犯其专利权，引起纠纷的，由当事人协商解决；不愿协商或者协商不成的，专利权人或者利害关系人可以向人民法院起诉，也可以请求管理专利工作的部门处理。管理专利工作的部门处理时，认定侵权行为成立的，可以责令侵权人立即停止侵权行为，当事人不服的，可以自收到处理通知之日起十五日内依照《中华人民共和国行政诉讼法》向人民法院起诉；侵权人期满不起诉又不停止侵权行为的，管理专利工作的部门可以申请人民法院强制执行。进行处理的管理专利工作的部门应当事人的请求，可以就侵犯专利权的赔偿数额进行调解；调解不成的，当事人可以依照《中华人民共和国民事诉讼法》向人民法院起诉。

（五）侵犯专利权的法律责任

（1）假冒专利的，除依法承担民事责任外，由负责专利执法的部门责令改正并予公告，没收违法所得，可以处违法所得五倍以下的罚款；没有违法所得或者违法所得在五万元以下的，可以处二十五万元以下的罚款；构成犯罪的，依法追究刑事责任。

某市市场监督管理局查处某医疗器械有限公司假冒专利案

2024 年 12 月，某市市场监督管理局执法人员依法对某医疗器械有限公司开展执法检查。经查，当事人实际经营者 F 于 2021 年、2023 年两次递交"一种医用治疗专用绷带布的加工方法"发明专利申请，截至案发均未被授予发明专利权。当事人 2022 年起在压力绷带产品包装上标注专利标识，销售 3000 余件，违法所得 15 万元。针对当事人的假冒专利行为，该市市场监督管理局依法责令当事人改正，并作出罚没款合计 29.9 万元的行政处罚。本案中，当事人将尚处于申请阶段实际未取得的专利标识标注于产品包装上致使公众混淆误认，市场监督管理部门依法查处，保护了消费者的合法权益。

（2）侵犯专利权的赔偿数额按照权利人因被侵权所受到的实际损失或者侵权人因侵权所获得的利益确定；权利人的损失或者侵权人获得的利益难以确定的，参照该专利许可使用费的倍数合理确定。对故意侵犯专利权，情节严重的，可以在按照上述方法确定数额的一倍以上五倍以下确定赔偿数额。

权利人的损失、侵权人获得的利益和专利许可使用费均难以确定的，人民法院可以根据专利权的类型、侵权行为的性质和情节等因素，确定给予三万元以上五百万元以下的赔偿。

赔偿数额还应当包括权利人为制止侵权行为所支付的合理开支。

（3）违反《中华人民共和国专利法》第十九条规定向外国申请专利，泄露国家秘密的，由所在单位或者上级主管机关给予行政处分；构成犯罪的，依法追究刑事责任。

（4）管理专利工作的部门不得参与向社会推荐专利产品等经营活动。管理专利工作的部门违反该规定的，由其上级机关或者监察机关责令改正，消除影响，有违法收入的予以没收；情节严重的，对直接负责的主管人员和其他直接责任人员依法给予处分。

（5）从事专利管理工作的国家机关工作人员以及其他有关国家机关工作人员玩忽职守、滥用职权、徇私舞弊，构成犯罪的，依法追究刑事责任；尚不构成犯罪的，依法给予处分。

实务练习（一）

一、概念

专利　　发明　　实用新型　　外观设计　　创造性　　实用性

二、简答

1. 简述工业产权的法律特征。
2. 授予专利权的条件有哪些？
3. 专利权人的权利和义务有哪些？

任务三　商　标　法

商标法是确认商标专用权，规范商标注册、使用、转让和管理等的法律规范的总称。具体内容包括商标注册的申请，商标注册的审查和核准，商标注册的续展、变更、转让和使用许可，注册商标的无效宣告，商标使用的管理，注册商标专用权的保护等。《中华人民共和国商标法》于 1982 年通过，历经 1993 年、2001 年、2013 年、2019 年 4 次修正。

一、商标概述

某市场监督管理局查处 A 集团股份有限公司侵犯奥林匹克标志专有权案

某市场监督管理局接到移交线索，线索反映 A 集团股份有限公司涉嫌侵犯奥林匹克标志专有权，该市场监督管理局随后进行调查。经查，当事人为提升企业知名度，在其微博、网站中发布含有"东京奥运会"等内容的商业宣传图片，图片内容不仅含有其产品及品牌标识，还有"为中国健儿加油""共同期待奥运首金""东京奥运会"等内容。当事人未经奥林匹克标志权利人许可，在其微博、网站上发布含有"东京奥运会"等内容的宣传图片，违反了《奥林匹克标志保护条例》第四条规定，侵犯了奥林匹克标志专有权。2021 年 11 月 12 日，该市场监督管理局依法作出行政处罚，责令当事人立即停止侵权行为，并处罚款 15 万元。

（一）商标的概念

《中华人民共和国商标法》规定，任何能够将自然人、法人或者其他组织的商品与他人的商品区别开的标志，包括文字、图形、字母、数字、三维标志、颜色组合和声音等，以及上述要素的组合，均可以作为商标申请注册。

【练习7-11】（多选题）依据《中华人民共和国商标法》的规定，能作为商标构成要素的是（　　）。

A．数字　　　　　B．气味　　　　　C．三维标志　　　　　D．颜色组合

（二）商标的特征

（1）商标具有显著特征。商标应该能够起到区别商品和服务的作用。商标的可识别性是商标的最基本功能。如果商品生产者的商标不能和其他商品生产者的商标相区别，就起不到识别的效果。因此，为了彰显商品和服务的特征，商标必须具有显著特征，便于识别。

（2）商标具有独占性。使用商标的目的是使商品或服务区别于他人的商品或服务，便于消费者识别。因此，商标注册人对其商标具有专用权、独占权，未经商标注册人许可，他人不得擅自使用该商标，否则即构成侵犯商标注册人商标权的行为，违反我国法律规定。

（3）商标具有价值性。商标必须依附于商品和服务才能体现其价值性。商标的价值来源于商品和服务的价值。商品和服务是商标价值的直接体现。商标注册人通过商品和服务使商标具有了价值性。因此，商标可以有偿转让。

（三）商标的分类

根据不同的分类标准，商标可以分为不同的类型。

1. 平面商标、立体商标和声音商标

平面商标由文字、图形、字母、数字、颜色组合，或者上述要素的组合构成。平面商标是一种最基本的商标形态，如"中华""联想"等。

立体商标是指以三维标志、商品整体外形或商品的实体包装物的立体形象呈现的商标，例如可口可乐玻璃瓶上的浮字商标、麦当劳的"M"立体标志。

声音商标是一种利用显著的声音标识来区别商品和服务的商标类型，例如美国米高梅电影公司在电影播放时出现的狮吼声。

2. 注册商标和未注册商标

注册商标是商标申请人依照《中华人民共和国商标法》的规定，经商标局核准注册的商标。注册商标是《中华人民共和国商标法》保护的对象，商标注册人享有商标专用权。

未注册商标是没有被申请注册或者没有被核准注册的商标。未注册商标可以自行在市场上使用，但其使用人不享有商标专用权，不能受到《中华人民共和国商标法》的专有保护。

3. 商品商标和服务商标

商品商标是在商品上使用的用以区别于其他有形商品的标志，如"娃哈哈"。

服务商标是指提供服务的经营者为将自己提供的服务与他人提供的服务相区别而使用的标志，如"中国东方航空"。

4. 集体商标和证明商标

集体商标是指以团体、协会或者其他组织名义注册，供该组织成员在商事活动中使用，以表明使用者在该组织中的成员资格的标志，如"佛山陶瓷""镇江香醋"。

证明商标是指由对某种商品或者服务具有监督能力的组织所控制，而由该组织以外的单位或者个人使用于其商品或者服务，用以证明该商品或者服务的原产地、原料、制造方法、质量或者其他特定品质的标志，如绿色食品标志。

5. 防御商标和联合商标

防御商标是指较为知名的商标所有人在该注册商标核定使用的商品或服务或类似商品或服务以外的其他不同类别的商品或服务上注册的若干相同商标，以防止他人在这些类别的商品或服务上注册使用相同的商标。原商标为主商标，其余为防御商标。

联合商标一般是指同一商标所有人在同一种或类似商品或服务上注册的若干近似商标。这些商标中首先注册的或者主要使用的为主商标，其余的则为联合商标。此举的目的在于保护知名商标，防止消费者误认。

【练习7-12】（单选题）为防止已为公众熟知的商标被侵犯，商标所有人在其他不同类别的商品上注册相同的商标，这种商标是（   ）。

A. 联合商标　　　　　　　　B. 防御商标
C. 集体商标　　　　　　　　D. 证明商标

【练习7-13】（单选题）某公司有一注册商标"苹果"被核定使用于洗衣机上。为了有效保护该商标，该公司在洗衣机上又申请注册了"红苹果""青苹果""黄苹果"三件商标，这三件商标是（   ）。

A. 联合商标　　　　　　　　B. 防御商标
C. 集体商标　　　　　　　　D. 证明商标

二、商标的取得

（一）申请商标注册

商标注册是指商标注册申请人按照《中华人民共和国商标法》规定的商标注册的原则、条件和程序，向主管部门申请商标注册，经核准注册并发给商标注册证，取得商标专用权的法律行为。

1. 商标注册的原则

商标注册的原则是商标注册申请人申请商标注册，主管部门受理商标注册申请并最终确认商标归属权的依据和准则。

（1）自愿注册与强制注册相结合的原则。

《中华人民共和国商标法》规定，自然人、法人或者其他组织在生产经营活动中，对其商品或者服务需要取得商标专用权的，应当向商标局申请商标注册。

《中华人民共和国商标法》规定，法律、行政法规规定必须使用注册商标的商品，必须申请商标注册，未经核准注册的，不得在市场销售。

上述规定说明，我国对商标申请采用自愿注册与强制注册相结合的原则。在自愿注册原则下，商标注册人对其注册商标享有专用权，受法律保护。同时，我国对在极少数商品上使用的商标实行强制注册原则。

（2）申请在先原则。

两个或者两个以上的商标注册申请人，在同一种商品或者类似商品上，以相同或者近似的商标申请注册的，初步审定并公告申请在先的商标；同一天申请的，初步审定并公告使用在先的商标，驳回其他人的申请，不予公告。

同日使用或者均未使用的，各申请人可以自收到商标局通知之日起三十日内自行协商，并将书面协议报送商标局；不愿协商或者协商不成的，商标局通知各申请人以抽签的方式确定一个申请人，驳回其他人的注册申请。商标局已经通知但申请人未参加抽签的，视为放弃申请，商标局应当书面通知未参加抽签的申请人。

（3）依商品分类表申请，采用一标多类的申请原则。

商标注册申请人应当按规定的商品分类表填报使用商标的商品类别和商品名称，提出注册申请。

商标注册申请人可以通过一份申请就多个类别的商品申请注册同一商标。

商标注册申请等有关文件，可以以书面方式或者数据电文方式提出。

（4）优先权原则。

① 外国优先权。

商标注册申请人自其商标在外国第一次提出商标注册申请之日起六个月内，又在中国就相同商品以同一商标提出商标注册申请的，依照该外国同中国签订的协议或者共同参加的国际条约，或者按照相互承认优先权的原则，可以享有优先权。

依照《中华人民共和国商标法》第二十五条第一款要求优先权的，应当在提出商标注册申请的时候提出书面声明，并且在三个月内提交第一次提出的商标注册申请文件的副本；未提出书面声明或者逾期未提交商标注册申请文件副本的，视为未要求优先权。

② 展览会优先权。

商标在中国政府主办的或者承认的国际展览会展出的商品上首次使用的，自该商品展出之日起六个月内，该商标的注册申请人可以享有优先权。

依照《中华人民共和国商标法》第二十六条第一款要求优先权的，应当在提出商标注册申请的时候提出书面声明，并且在三个月内提交展出其商品的展览会名称、在展出商品上使用该商标的证据、展出日期等证明文件；未提出书面声明或者逾期未提交证明文件的，视为未要求优先权。

（5）禁止抢先注册原则。

为了避免商标抢先注册，《中华人民共和国商标法》规定，申请商标注册不得损害他人现有的在先权利，也不得以不正当手段抢先注册他人已经使用并有一定影响的商标。

2. 商标注册的条件

《中华人民共和国商标法》规定，自然人、法人或者其他组织在生产经营活动中，对其商品或者服务需要取得商标专用权的，应当向商标局申请商标注册。不以使用为目的的恶意商标注册申请，应当予以驳回。

外国人或者外国企业在中国申请商标注册的，应当按其所属国和中华人民共和国签订的协议或者共同参加的国际条约办理，或者按对等原则办理。外国人或者外国企业在中国申请商标注册和办理其他商标事宜的，应当委托依法设立的商标代理机构办理。

（1）商标应当具有显著特征。

申请注册的商标，应当具有显著特征，便于识别。

为此，《中华人民共和国商标法》明确规定，下列标志不得作为商标注册：

① 仅有本商品的通用名称、图形、型号的；
② 仅直接表示商品的质量、主要原料、功能、用途、重量、数量及其他特点的；
③ 其他缺乏显著特征的。

《中华人民共和国商标法》第十一条第一款所列标志（即上述标志）经过使用取得显著特征，并便于识别的，可以作为商标注册。

（2）禁止商标使用的文字和图形。

《中华人民共和国商标法》规定，下列标志不得作为商标使用：

① 同中华人民共和国的国家名称、国旗、国徽、国歌、军旗、军徽、军歌、勋章等相同或者近似的，以及同中央国家机关的名称、标志、所在地特定地点的名称或者标志性建筑物的名称、图形相同的；
② 同外国的国家名称、国旗、国徽、军旗等相同或者近似的，但经该国政府同意的除外；
③ 同政府间国际组织的名称、旗帜、徽记等相同或者近似的，但经该组织同意或者不易误导公众的除外；
④ 与表明实施控制、予以保证的官方标志、检验印记相同或者近似的，但经授权的除外；
⑤ 同"红十字""红新月"的名称、标志相同或者近似的；
⑥ 带有民族歧视性的；
⑦ 带有欺骗性，容易使公众对商品的质量等特点或者产地产生误认的；

⑧ 有害于社会主义道德风尚或者有其他不良影响的。

县级以上行政区划的地名或者公众知晓的外国地名，不得作为商标。但是，地名具有其他含义或者作为集体商标、证明商标组成部分的除外［如凤凰牌自行车（凤凰县）］；已经注册的使用地名的商标继续有效（如哈尔滨啤酒）。

典型案例

民事公益诉讼案

某网络科技有限公司为会员搭建信息中介、资源共享平台。其将付费会员称为"雷锋会员"，将提供服务的平台称为"雷锋社群"，将自己注册运营的微信公众号称为"雷锋哥"，在微信公众号上发布有"雷锋会员""雷锋社群""雷锋书架""雷锋资源"文字的宣传海报和文章，并在公司住所地悬挂"雷锋社群"文字标识，根据级别收取不同的年费。人民法院审理认为，该网络科技有限公司使用雷锋同志姓名的行为是一种商业行为，侵害了雷锋同志的人格利益，曲解了真正的雷锋精神，损害了社会公共利益，有悖于社会主义核心价值观，依法应当承担法律责任。人民法院判决该网络科技有限公司停止使用雷锋同志姓名的行为，并在某省内省级报刊向社会公众发表赔礼道歉的声明。

（3）其他禁止性规定。

以三维标志申请注册商标的，仅由商品自身的性质产生的形状、为获得技术效果而需有的商品形状或者使商品具有实质性价值的形状，不得注册。

就相同或者类似商品申请注册的商标是复制、摹仿或者翻译他人未在中国注册的驰名商标，容易导致混淆的，不予注册并禁止使用。

就不相同或者不相类似商品申请注册的商标是复制、摹仿或者翻译他人已经在中国注册的驰名商标，误导公众，致使该驰名商标注册人的利益可能受到损害的，不予注册并禁止使用。

商标中有商品的地理标志，而该商品并非来源于该标志所标示的地区，误导公众的，不予注册并禁止使用；但是，已经善意取得注册的继续有效。

此处所称地理标志，是指标示某商品来源于某地区，该商品的特定质量、信誉或者其他特征，主要由该地区的自然因素或者人文因素所决定的标志。

未经授权，代理人或者代表人以自己的名义将被代理人或者被代表人的商标进行注册，被代理人或者被代表人提出异议的，不予注册并禁止使用。

就同一种商品或者类似商品申请注册的商标与他人在先使用的未注册商标相同或者近似，申请人与该他人具有《中华人民共和国商标法》第十五条第一款规定以外的合同、业务往来关系或者其他关系而明知该他人商标存在，该他人提出异议的，不予注册。

【练习 7-14】（多选题）《中华人民共和国商标法》规定不得作为商标使用的标志有（　　）。

A. 与"红新月"相同的标志　　　　B. 同外国军旗近似的图形
C. 本商品的通用名称　　　　　　D. 夸张的图形

【练习 7-15】（单选题）申请注册的商标应当有（　　），以便于识别，并不得与他人在先取得的合法权利相冲突。

A. 标记特征　　　　　　　　　　B. 显著特征
C. 可视性特征　　　　　　　　　D. 气味特征

【练习 7-16】（单选题）根据《中华人民共和国商标法》的规定，下列标志中不得作为商标注册的是（　　）。

A. ABC 牌商标　　　　　　　　　B. 三只狼牌商标
C. 青花椒牌商标　　　　　　　　D. 奈斯牌商标

（二）商标注册的审查程序

1. 审查

我国对申请注册的商标实行审查制度，即对申请注册的商标，不仅要进行形式审查，还要进行实质审查。

（1）形式审查。

形式审查主要是审查该商标注册申请的文件和手续是否符合法定条件，以确定是否受理该商标注册申请。形式审查的内容有以下几项：申请人是否具有申请资格；申请文件是否齐全，手续是否完备，填写内容是否符合要求；申请事项是否符合申请原则；申请费、注册费和其他商标业务收费是否已足额缴纳。

（2）实质审查。

实质审查的内容应当包括：申请注册的商标必须具备法定的构成要素；申请注册的商标是否违反了商标禁用条款，是否使用了禁用标志；申请注册的商标是否同他人在同一种商品或者类似商品上已经注册的或者初步审定的商标相同或者近似；申请注册的商标是否损害他人现有的在先权利，是否属于以不正当手段抢先注册他人已经使用并有一定影响的商标的行为；申请注册的商标是否与撤销、注销不满一年的注册商标相同或者近似。

2. 初步审定公告与商标异议

对申请注册的商标，商标局应当自收到商标注册申请文件之日起九个月内审查完毕，符合《中华人民共和国商标法》有关规定的，予以初步审定公告。

申请注册的商标，凡不符合《中华人民共和国商标法》有关规定或者同他人在同一种商品或者类似商品上已经注册的或者初步审定的商标相同或者近似的，由商标局驳回申请，不予公告。

商标异议是指他人认为商标局初步审定的商标不符合法定条件，提出不应给予核准注册，并要求撤销初步审定的商标的意见。对初步审定公告的商标，自公告之日起三个月内，在先权利人、利害关系人认为违反《中华人民共和国商标法》第十三条第二款和第三款、第十五条、第十六条第一款、第三十条、第三十一条、第三十二条规定的，或者任何人认为违反《中华人民共和国商标法》第四条、第十条、第十一条、第十二条、第十九条第四款规定的，可以向商标局提出异议。公告期满无异议的，予以核准注册，发给商标注册证，并予公告。对初步审定公告的商标提出异议的，商标局应当听取异议人和被异议人陈述事实和理由，经调查核实后，自公告期满之日起十二个月内做出是否准予注册的决定，并书面通知异议人和被异议人。有特殊情况需要延长的，经国务院工商行政管理部门批准，可以延长六个月。

3. 核准注册

初步审定公告的商标，公告期满无异议的，由商标局予以核准注册，发给商标注册证，并予以公告。异议人不服的，可以依规定向商标评审委员会请求宣告该注册商标无效。

【练习 7-17】（单选题）依照《中华人民共和国商标法》，对初步审定的商标，任何人均可以提出异议的三个月的起算日期为（　　）。
A．申请日　　　　B．公告日　　　　C．注册日　　　　D．使用日

（三）注册商标的无效宣告与撤销

1. 注册商标的无效宣告

注册商标无效是指商标不具备注册条件但是取得了注册，依照法定程序使其恢复到未产生的状态。注册商标的无效宣告是针对商标权在形成之始就具有权利瑕疵但没有被发现而设计的一种补正制度。建立注册商标无效宣告程序的根本目的在于提高注册商标的质量，使注册商标的专用权被真正的权利人拥有。

注册商标无效宣告的理由分为两种：违反法定条件和运用欺骗手段或者其他不正当手段的注册不当，侵犯他人合法权益的注册不当。

（1）违反法定条件和运用欺骗手段或者其他不正当手段的注册不当。

第一，违反《中华人民共和国商标法》第四条、第十条、第十一条、第十二条、第十九条第四款规定的。

第二，以欺骗手段或者其他不正当手段取得注册的。例如，注册人在注册的时候杜撰了证明文件，或者隐瞒了一些重要事项。

（2）侵犯他人合法权益的注册不当。

具体包括：侵犯驰名商标注册人的注册，侵犯被代理人或者被代表人利益的注册，违反地理标志的规定取得的注册，侵犯他人合法在先权利取得的注册。

2. 注册商标的撤销

注册商标的撤销是指在商标注册之后，商标注册人因违法使用或者不使用而导致商标权丧失了继续受保护的基础，由商标主管机构作出撤销其注册商标的决定。注册商标撤销制度在更大程度上被认为是注册商标使用过程中行政管理的一种行政处罚行为。

商标注册人在使用注册商标的过程中，自行改变注册商标、注册人名义、地址或者其他注册事项的，由地方工商行政管理部门责令限期改正；期满不改正的，由商标局撤销其注册商标。

注册商标成为其核定使用的商品的通用名称或者没有正当理由连续三年不使用的，任何单位或者个人可以向商标局申请撤销该注册商标。

三、商标权人的权利和义务

（一）商标权人的权利

1. 注册商标专用权

注册商标专用权是指商标权人对其注册商标依法享有专用的权利。它是商标权中最基本的权利，也是商标权人注册商标的主要目的。商标权人依法享有排他性的支配权，注册商标可以被继承、转让、独占使用或许可他人使用，商标权人可以通过商标权获取利益。

《中华人民共和国商标法》规定"注册商标的专用权，以核准注册的商标和核定使用的商品为限"，即商标权人实际使用的商标必须与核准注册的商标一致，实际使用注册商标的商品必须与核定使用的商品一致。

2. 注册商标禁止权

注册商标禁止权是指商标权人禁止任何第三人未经其许可在相同或类似商品上使用与其注册商标相同或近似的商标的权利。禁止权是专用权的补充或延伸，与专用权有密切的联系，但实际内容又比专用权宽泛。其效力范围不仅包括核准注册的商标、核定使用的商品，还扩展到与注册商标相近似的商标和与核定商品相类似的商品。

3. 注册商标使用许可权

注册商标使用许可权是指商标注册人具有通过法定程序允许他人使用其注册商标的权利。

商标注册人可以通过签订商标使用许可合同，许可他人使用其注册商标。许可人应当监督被许可人使用其注册商标的商品质量。被许可人应当保证使用该注册商标的商品质量。经许可使用他人注册商标的，必须在使用该注册商标的商品上标明被许可人的名称和商品产地。许可他人使用其注册商标的，许可人应当将其商标使用许可报商标局备案，由商标局公告。商标使用许可未经备案不得对抗善意第三人。

4. 注册商标转让权

注册商标转让权是指商标权人具有按照法律规定的程序，将其所有的注册商标专用权转移给他人所有的权利。商标权人为转让人，另一方为受让人。

转让注册商标的，转让人和受让人应当签订转让协议，并共同向商标局提出申请。受让人应当保证使用该注册商标的商品质量。转让注册商标的，商标注册人对其在同一种商品上注册的近似的商标，或者在类似商品上注册的相同或者近似的商标，应当一并转让。对容易导致混淆或者有其他不良影响的转让，商标局不予核准，书面通知申请人并说明理由。转让注册商标经核准后，予以公告。受让人自公告之日起享有商标专用权。

（二）商标权人的权利限制

1. 权利限制的概念

商标权人的权利限制是指，当商标权人所享有的权利与社会公共利益发生冲突时，法律为协调商标权人与社会公共利益的相互关系，而对商标权的行使进行必要限制的制度。作为一项知识产权，商标权具有独占性，为防止权利的滥用或者对他人利益的不正当限制，对商标权加以限制是十分必要的。

2. 权利限制的内容

注册商标中含有的本商品的通用名称、图形、型号，或者直接表示商品的质量、主要原料、功能、用途、重量、数量及其他特点，或者含有的地名，注册商标专用权人无权禁止他人正当使用。

三维标志注册商标中含有的商品自身的性质产生的形状、为获得技术效果而需有的商品形状或者使商品具有实质性价值的形状，注册商标专用权人无权禁止他人正当使用。

商标注册人申请商标注册前，他人已经在同一种商品或者类似商品上先于商标注册人使用与注册商标相同或者近似并有一定影响的商标的，注册商标专用权人无权禁止该使用人在原使用范围内继续使用该商标，但可以要求其附加适当区别标识。

【练习7-18】（单选题）甲公司在其电子系列产品上使用"兴盛"商标已有15年，一直未注册。2021年8月，乙公司将"兴盛"注册为咨询公司商标，则甲公司（　　）。
A. 应停止使用"兴盛"商标
B. 须将"兴盛"商标转让给乙公司
C. 可继续使用"兴盛"商标
D. 应经乙公司的许可后再使用"兴盛"商标

（三）商标权人的义务

商标权人的义务即商标权人在行使商标权的时候应该履行的责任。商标权人的义务如下。

1. 保证商品质量的义务

商标是商品的标志。商标权人应该保证使用注册商标的商品的质量。

2. 使用注册商标的义务

商标权人应该对其申请注册的商标进行使用，不能无故闲置。注册商标成为其核定使用的商品的通用名称或者没有正当理由连续三年不使用的，任何单位或者个人均可以向商标局申请撤销该注册商标。商标局应当自收到申请之日起九个月内做出决定。有特殊情况需要延长的，经国务院工商行政管理部门批准，可以延长三个月。

3. 缴费的义务

申请商标注册和办理其他商标事宜的，应当缴纳费用。

4. 不擅自改变注册事项的义务

商标注册人在使用注册商标的过程中，自行改变注册商标、注册人名义、地址或者其他注册事项的，由地方工商行政管理部门责令限期改正；期满不改正的，由商标局撤销其注册商标。

【练习 7-19】（多选题）商标权人负有（　　）的义务。
A. 使用注册商标　　　　　　　　B. 使用注册标记"注"或®
C. 保证商品质量　　　　　　　　D. 不擅自改变注册事项

四、注册商标的有效期、续展和商标权的终止

（一）注册商标的有效期

注册商标的有效期是指商标注册人享有的注册商标专用权的有效期限，也是法律对注册商标的保护期限，超出了这个期限，《中华人民共和国商标法》就不再对其进行保护了。《中华人民共和国商标法》规定注册商标的有效期为十年，自核准注册之日起计算。注册商标有效期满，商标注册人可以办理续展手续。

（二）注册商标的续展

注册商标有效期满，需要继续使用的，商标注册人应当在期满前十二个月内按照规定办理续展手续；在此期间未能办理的，可以给予六个月的宽展期。

每次续展注册的有效期为十年，自该商标上一届有效期满次日起计算。期满未办理续展手续的，注销其注册商标。

商标局对商标续展注册申请审查后，核发续展证明，不再另发商标注册证，原商标注册证与续展证明一起使用。

【练习 7-20】（单选题）注册商标续展的宽展期为（　　）。
A. 2 年　　　　B. 1 年　　　　C. 6 个月　　　　D. 3 个月

【练习 7-21】（单选题）注册商标的有效期是（　　），自核准注册之日起计算。
A. 5 年　　　　B. 10 年　　　　C. 15 年　　　　D. 20 年

（三）商标权的终止

商标权的终止分正常终止和非正常终止两种情形。

1. 正常终止

正常终止一般是指期满终止，在法定的十年有效期满，并且续展的宽展期也已经届满，商标注册人不提出续展申请时，该商标权正常终止。

2. 非正常终止

非正常终止一般是指期满前终止，主要包括商标被注销和撤销两种情况。

（1）商标被注销。主要有以下几种情形：

① 商标注册人已提出续展申请但被依法驳回的，商标权即行终止；

② 商标注册人自动放弃注册商标，向商标局办理注销手续，商标权即行终止；

③ 商标注册人不存在的，依法予以注销，商标权终止。

（2）商标被撤销。主要有以下几种情形：

① 商标注册人在使用注册商标的过程中，自行改变注册商标、注册人名义、地址或者其他注册事项的，由地方工商行政管理部门责令限期改正；期满不改正的，由商标局撤销其注册商标。

② 注册商标成为其核定使用的商品的通用名称或者没有正当理由连续三年不使用的，任何单位或者个人可以向商标局申请撤销该注册商标。

五、注册商标专用权的法律保护

（一）注册商标专用权的效力范围

《中华人民共和国商标法》规定，注册商标的专用权，以核准注册的商标和核定使用的商品为限。

（二）侵犯注册商标专用权行为的类型

《中华人民共和国商标法》规定，有下列行为之一的，均属侵犯注册商标专用权：

（1）未经商标注册人的许可，在同一种商品上使用与其注册商标相同的商标的；

（2）未经商标注册人的许可，在同一种商品上使用与其注册商标近似的商标，或者在类似商品上使用与其注册商标相同或者近似的商标，容易导致混淆的；

（3）销售侵犯注册商标专用权的商品的；

（4）伪造、擅自制造他人注册商标标识或者销售伪造、擅自制造的注册商标标识的；

（5）未经商标注册人同意，更换其注册商标并将该更换商标的商品又投入市场的；

（6）故意为侵犯他人商标专用权行为提供便利条件，帮助他人实施侵犯商标专用权行为的；

（7）给他人的注册商标专用权造成其他损害的。

典型案例

某市场监督管理局查处孟某故意为侵犯他人注册商标专用权行为提供便利条件案

某市场监督管理局在与县公安局联合查处杨某、王某（已被县公安局刑事立案）假冒注册商标案中，发现当事人孟某涉嫌为上述二人假冒注册商标行为提供便利，随即开展调查。

经查，当事人明知制作商品外包装需查验、索取厂家相关证明文件、授权委托书，但在接受委托制作某酒业有限公司白酒包装时却未向相关人员索取授权委托书和相关证明文件，仅凭收到的某品牌白酒实物一瓶，便联系、组织相关厂家仿照实物制作与该品牌白酒酒瓶、瓶盖、瓶身印花近似的酒瓶，为杨某、王某实施假冒注册商标行为提供了便利条件。当事人的行为违反了《中华人民共和国商标法》第五十七条规定。2021年4月20日，该市场监督管理局依法作出行政处罚，责令当事人立即停止侵权行为，并处罚款17.07万元。

本案中，当事人明知他人存在侵权行为，仍为其提供帮助，其提供的帮助是他人侵权行为得以成功实施的必要条件，也属于侵犯注册商标专用权行为。该案的查处，切实保护了商标权人的权益，维护了公平竞争的市场秩序。

【练习7-22】（多选题）以下哪些属于侵犯注册商标专用权的行为？（　　）
　A．未经商标注册人的许可，在类似商品上使用与其注册商标近似的商标
　B．在不知情的情况下销售仿冒商品
　C．擅自制造他人注册商标标识
　D．明知他人的商品是仿冒商品而提供仓储空间

（三）侵犯注册商标专用权行为的处理机关和法律责任

1. 处理机关

侵犯注册商标专用权行为的处理机关主要有两个：一个是作为行政机关的工商行政管理部门，另一个是作为司法机关的人民法院。

受害人既可以请求工商行政管理部门处理，要求侵权人承担行政责任，也可以向人民法院提起诉讼，要求侵权人承担民事赔偿责任和刑事责任。工商行政管理部门只能对侵犯注册商标专用权行为的民事赔偿请求进行调解，这种调解是不具有法律效力的，如果有一方不服的话，其可以向人民法院提起诉讼。工商行政管理部门仅能够要求侵权人承担行政责任，例如责令停止侵权、收缴并销毁侵权的商标标识、没收侵权工具、罚款等。

2. 法律责任

（1）侵犯注册商标专用权行为的行政责任。

工商行政管理部门处理时，认定侵权行为成立的，责令立即停止侵权行为，没收、销毁侵权商品和主要用于制造侵权商品、伪造注册商标标识的工具，违法经营额五万元以上的，可以处违法经营额五倍以下的罚款，没有违法经营额或者违法经营额不足五万元的，可以处二十五万元以下的罚款。对五年内实施两次以上商标侵权行为或者有其他严重情节的，应当从重处罚。销售不知道是侵犯注册商标专用权的商品，能证明该商品是自己合法取得并说明提供者的，由工商行政管理部门责令停止销售。

对侵犯商标专用权的赔偿数额的争议，当事人可以请求进行处理的工商行政管理部门调解，也可以依照《中华人民共和国民事诉讼法》向人民法院起诉。经工商行政管理部门调解，当事人未达成协议或者调解书生效后不履行的，当事人可以依照《中华人民共和国民事诉讼法》向人民法院起诉。

（2）侵犯注册商标专用权行为的民事赔偿责任。

侵犯商标专用权的赔偿数额，按照权利人因被侵权所受到的实际损失确定；实际损失难以确定的，可以按照侵权人因侵权所获得的利益确定；权利人的损失或者侵权人获得的利益难以确定的，参照该商标许可使用费的倍数合理确定。对恶意侵犯商标专用权，情节严重的，可以在按照上述方法确定数额的一倍以上五倍以下确定赔偿数额。赔偿数额应当包括权利人为制止侵权行为所支付的合理开支。

权利人因被侵权所受到的实际损失、侵权人因侵权所获得的利益、注册商标许可使用费难以确定的，由人民法院根据侵权行为的情节判决给予五百万元以下的赔偿。

人民法院审理商标纠纷案件，应权利人请求，对属于假冒注册商标的商品，除特殊情况外，责令销毁；对主要用于制造假冒注册商标的商品的材料、工具，责令销毁，且不予补偿；或者在特殊情况下，责令禁止前述材料、工具进入商业渠道，且不予补偿。

（3）侵犯注册商标专用权行为的刑事责任。

未经商标注册人许可，在同一种商品上使用与其注册商标相同的商标，构成犯罪的，除赔偿被侵权人的损失外，依法追究刑事责任。

某市场监督管理局查处朱某团伙制售侵权假冒服饰案

2020年8月，某市场监督管理局根据消费者举报依法开展网络排查，发现某微店销售的品牌服饰涉嫌侵权假冒。该市场监督管理局迅速启动行刑衔接机制，会同当地公安机关成立联合专案组，共同开展案件调查工作。经查，当事人朱某、宋某夫妇成立工作室，朱某从奢侈品专柜购买名牌服饰，再交给为其代工的顾某、茹某等人复刻生产，然后通过网络销售，形成了以朱某、宋某夫妇为骨干，成员20余名的制售侵权假冒服饰违法链条。2020年9月17日，联合专案组统一行动，现场扣押侵权假冒服饰2.3万余件，案值6300余万元，抓获24人。本案是一起大规模制假并利用网红直播带货的典型制售侵权假冒服饰案件。该市场监督管理局通过与公安机关联动，成功打掉集生产、经营、流通于一体的违法链条。

伪造、擅自制造他人注册商标标识或者销售伪造、擅自制造的注册商标标识，构成犯罪的，除赔偿被侵权人的损失外，依法追究刑事责任。

销售明知是假冒注册商标的商品，构成犯罪的，除赔偿被侵权人的损失外，依法追究刑事责任。

从事商标注册、管理和复审工作的国家机关工作人员玩忽职守、滥用职权、徇私舞弊，违法办理商标注册、管理和复审事项，收受当事人财物，牟取不正当利益，构成犯罪的，依法追究刑事责任；尚不构成犯罪的，依法给予处分。

知识拓展

《中华人民共和国刑法修正案（十一）》（2020年12月26日公布，2021年3月1日起施行）对侵犯注册商标专用权的犯罪行为规定如下：

将刑法第二百一十三条修改为："未经注册商标所有人许可，在同一种商品、服务上使用与其注册商标相同的商标，情节严重的，处三年以下有期徒刑，并处或者单处罚金；情节特别严重的，处三年以上十年以下有期徒刑，并处罚金。"

将刑法第二百一十四条修改为："销售明知是假冒注册商标的商品，违法所得数额较大或者有其他严重情节的，处三年以下有期徒刑，并处或者单处罚金；违法所得数额巨大或者有其他特别严重情节的，处三年以上十年以下有期徒刑，并处罚金。"

将刑法第二百一十五条修改为："伪造、擅自制造他人注册商标标识或者销售伪造、擅自制造的注册商标标识，情节严重的，处三年以下有期徒刑，并处或者单处罚金；情节特别严重的，处三年以上十年以下有期徒刑，并处罚金。"

典型案例

2023年3月31日，D市市场监督管理局接举报称有人在某民房内制售化妆品。随即，执法人员开展执法检查，现场查获假冒"欧某雅""馥某诗""某蔻""玉某某"等品牌化妆品包装盒、包装瓶等包装材料38.46万只（个），生产的成品化妆品1.73万只（盒），气动液体灌装机、激光喷码机、流水线输送机、烫金机、恒温加热台等制假设备20多台，未灌装的生产原料9.6吨。经查，2022年6月以来，甲、乙招聘工人非法生产假冒化妆品，并自行分装，再将成品销售给下线，通过代购、直播等方式以接近正品的价格销售给消费者，涉案货值高达1.03亿元。D市市场监督管理局和公安机关联合行动，经过3个多月的努力，捣毁生产窝点3个、销售窝点2个，打掉1个跨5省8市的化妆品非法制售网络，抓捕犯罪嫌疑人17名。

六、驰名商标

（一）驰名商标的概念

驰名商标是指在市场上享有较高声誉并为相关公众所熟知的注册商标。由于驰名商标的商品品质过硬，信誉良好，在市场上具有较强竞争力，因此，作为企业的无形资产，驰名商标对于商标权人来说至关重要。在我国，认定驰名商标应当考虑下列因素：

（1）相关公众对该商标的知晓程度；

（2）该商标使用的持续时间；

（3）该商标的任何宣传工作的持续时间、程度和地理范围；

（4）该商标作为驰名商标受保护的记录；

（5）该商标驰名的其他因素。

（二）对驰名商标的保护

我国对驰名商标的保护主要包括以下内容。

（1）对未在中国注册的驰名商标也给予保护。

《中华人民共和国商标法》规定，就相同或者类似商品申请注册的商标是复制、摹仿或者翻译他人未在中国注册的驰名商标，容易导致混淆的，不予注册并禁止使用。

(2) 扩大了对注册的驰名商标的保护范围。

《中华人民共和国商标法》规定，就不相同或者不相类似商品申请注册的商标是复制、摹仿或者翻译他人已经在中国注册的驰名商标，误导公众，致使该驰名商标注册人的利益可能受到损害的，不予注册并禁止使用。

（三）驰名商标禁止规定

生产、经营者不得将"驰名商标"字样用于商品、商品包装或者容器上，或者用于广告宣传、展览以及其他商业活动中。

将"驰名商标"字样用于广告宣传、展览被查处

某市场监督管理局接到移交线索，线索反映某酒业有限公司将"驰名商标"字样用于广告宣传、展览。经查，当事人为推销其生产的"金某某"白酒，分别于 2020 年 11 月 21 日在某市糖酒会、2020 年 11 月 27 日在某省糖酒会上，将"驰名商标"字样用于广告宣传、展览。当事人的行为违反了《中华人民共和国商标法》规定。2021 年 2 月 10 日，该市场监督管理局依法作出行政处罚，责令当事人立即改正，并处罚款 10 万元。

实务练习（二）

一、概念

注册商标　　　防御商标　　　联合商标　　　驰名商标

二、简答

1. 商标权人的权利与义务有哪些？
2. 哪些行为属于侵犯注册商标专用权行为？
3. 简述我国驰名商标认定时应当考虑的因素。

模块七（练习）：参考答案

三、实务案例分析

2023 年 5 月 15 日，某市场监督管理局根据案件线索，联合公安机关对杨某某等人住所进行执法检查，现场发现大量"F"包。经商标权人辨认，上述商品为假冒商品。经查，杨某某等人于 2022 年 11 月起通过网络平台销售假冒"F"包，截至案发已售出 1000 余个，未售出 4524 个，货值金额达 600 余万元。杨某某等人的行为违反了《中华人民共和国商标法》规定，涉嫌构成犯罪，该市场监督管理局依法将案件移送公安机关办理。

请分析商标的价值以及侵犯他人注册商标专用权行为的法律责任。

模块八

劳动者权益保护

导学

劳动者作为人力资源的所有者，在劳动关系中，凭借从事劳动或从事过劳动这一客观存在应享有的权益包括：平等就业和选择职业的权利、取得劳动报酬的权利、休息休假的权利、获得劳动安全卫生保护的权利、接受职业技能培训的权利、享受社会保险和福利的权利、提请劳动争议处理的权利以及法律规定的其他劳动权利。

学习目标

- 掌握劳动合同的订立程序、应当具备的条款、可约定条款（试用期，服务期，保密义务及竞业限制）；
- 掌握劳动合同无效或者部分无效的情形；
- 掌握劳动者单方解除劳动合同的法定情形，用人单位单方解除劳动合同的法定情形，用人单位不得解除劳动合同的情形，劳动合同的终止情形（法定），解除或终止劳动合同的经济补偿或赔偿金标准；
- 掌握社会保险的种类、参保范围、缴费标准、保险待遇。

任务一 劳 动 法

劳动法律制度是中国特色社会主义法律体系的一个重要组成部分。劳动法律制度除包括《中华人民共和国劳动法》《中华人民共和国劳动合同法》以外，还包括《中华人民共和国劳动争议调解仲裁法》及相关劳动保护条例。

《中华人民共和国劳动法》于1994年7月5日第八届全国人民代表大会常务委员会第八次会议通过，分别于2009年、2018年进行了修正。《中华人民共和国劳动法》是劳动保障立法体系中的基准法，对劳动者基本权益保护作出了规定；是《中华人民共和国劳动合同法》的立法依据，也可以说是《中华人民共和国劳动合同法》的母法。

一、适用范围

在中华人民共和国境内的企业、个体经济组织（以下统称用人单位）和与之形成劳动关系的劳动者，适用《中华人民共和国劳动法》。

国家机关、事业组织、社会团体和与之建立劳动合同关系的劳动者，依照《中华人民共和国劳动法》执行。

知识拓展

什么是不完全符合确立劳动关系情形的劳动者？

2021年7月16日，人力资源社会保障部等部门联合发布的《关于维护新就业形态劳动者劳动保障权益的指导意见》首次提出了不完全符合确立劳动关系情形的劳动者概念，意见指出，"平台经济迅速发展，创造了大量就业机会，依托互联网平台就业的网约配送员、网约车驾驶员、货车司机、互联网营销师等新就业形态劳动者数量大幅增加，维护劳动者劳动保障权益面临新情况新问题"。对"不完全符合确立劳动关系情形但企业对劳动者进行劳动管理（以下简称不完全符合确立劳动关系情形）的，指导企业与劳动者订立书面协议，合理确定企业与劳动者的权利义务"。

这类劳动者有较强的工作安排自主权，但其在线工作要接受平台规则管理或算法约束。以外卖送餐员为例，送餐员中有众包骑手，其可能在多家平台注册送餐，虽然在送餐过程中骑手要遵守平台的规则，但是，具体在什么区域送餐、何时选择送餐等是骑手可以自己决定的。因此，在这种情形下，骑手与平台在人身和组织方面从属性就相对较弱，不如完全劳动关系那么强，这类骑手就是不完全符合确立劳动关系情形的劳动者。

二、劳动者

劳动者享有平等就业和选择职业的权利、取得劳动报酬的权利、休息休假的权利、获得劳动安全卫生保护的权利、接受职业技能培训的权利、享受社会保险和福利的权利、提请劳动争议处理的权利以及法律规定的其他劳动权利。

劳动者就业，不因民族、种族、性别、宗教信仰不同而受歧视。

妇女享有与男子平等的就业权利。在录用职工时，除国家规定的不适合妇女的工种或者岗位外，不得以性别为由拒绝录用妇女或者提高对妇女的录用标准。

残疾人、少数民族人员、退出现役的军人的就业，法律、法规有特别规定的，从其规定。

禁止用人单位招用未满十六周岁的未成年人。文艺、体育和特种工艺单位招用未满十六周岁的未成年人，必须遵守国家有关规定，并保障其接受义务教育的权利。

【练习 8-1】（单选题）下列情形中，用人单位招用劳动者符合法律规定的是（　　）。
A. 甲公司设立的分公司已领取营业执照，该分公司与张某订立劳动合同
B. 乙公司以会计工作只招男性为由拒绝录用应聘者李女士
C. 丙超市与刚满 15 周岁的初中毕业生赵某签订劳动合同
D. 丁公司要求王某提供 2000 元保证金后才与其订立劳动合同

案例讨论

任何主体都具备受《中华人民共和国劳动法》保护的劳动者主体资格吗？

小姜是一名在读的全日制硕士研究生。读书期间，由于学校课时少，小姜便通过网络招聘平台，到一家教育培训机构应聘物理课补习老师。经过各方面的考量，该教育培训机构对小姜的条件非常满意，也知道小姜还未毕业，于是双方口头约定了为期两年的劳动期限。后来双方发生了纠纷，小姜以教育培训机构未与其签订书面劳动合同为由先后提起劳动仲裁、诉讼，要求教育培训机构支付未签订劳动合同的二倍工资赔偿额。但小姜主张的"劳动关系"未得到仲裁机构及人民法院认可，未签订劳动合同的二倍工资赔偿额主张亦未获得支持。

试分析小姜主张的"劳动关系"未得到仲裁机构及人民法院认可的原因。

三、工作时间和休息休假

（一）法定工作时间和休息休假

《中华人民共和国劳动法》规定，国家实行劳动者每日工作时间不超过八小时、平均每周工作时间不超过四十四小时的工时制度。

知识链接

1995 年施行的《国务院关于修改〈国务院关于职工工作时间的规定〉的决定》（中华人民共和国国务院令第 174 号）规定，职工每日工作 8 小时，每周工作 40 小时。该决定同时规定，国家机关、事业单位实行统一的工作时间，星期六和星期日为周休息日。企业和不能实行国家规定的统一工作时间的事业单位，可以根据实际情况灵活安排周休息日。

对实行计件工作的劳动者，用人单位应当根据《中华人民共和国劳动法》第三十六条规定的工时制度合理确定其劳动定额和计件报酬标准。

用人单位应当保证劳动者每周至少休息一日。

企业因生产特点不能实行《中华人民共和国劳动法》第三十六条、第三十八条规定的，经劳动行政部门批准，可以实行其他工作和休息办法。

用人单位在下列节日期间应当依法安排劳动者休假：元旦；春节；国际劳动节；国庆节；法律、法规规定的其他休假节日。

知识链接

根据 2024 年 11 月 10 日公布、自 2025 年 1 月 1 日起施行的《全国年节及纪念日放假办法》，全体公民放假的节日：

（一）元旦，放假 1 天（1 月 1 日）；

（二）春节，放假 4 天（农历除夕、正月初一至初三）；

（三）清明节，放假 1 天（农历清明当日）；

（四）劳动节，放假 2 天（5 月 1 日、2 日）；

（五）端午节，放假 1 天（农历端午当日）；

（六）中秋节，放假 1 天（农历中秋当日）；

（七）国庆节，放假 3 天（10 月 1 日至 3 日）。

部分公民放假的节日及纪念日：

（一）妇女节（3 月 8 日），妇女放假半天；

（二）青年节（5 月 4 日），14 周岁以上的青年放假半天；

（三）儿童节（6 月 1 日），不满 14 周岁的少年儿童放假 1 天；

（四）中国人民解放军建军纪念日（8 月 1 日），现役军人放假半天。

用人单位由于生产经营需要，经与工会和劳动者协商后可以延长工作时间，一般每日不得超过一小时；因特殊原因需要延长工作时间的，在保障劳动者身体健康的条件下延长工作时间每日不得超过三小时，但是每月不得超过三十六小时。

典型案例

劳动者超时加班发生工伤，用工单位、劳务派遣单位是否应承担连带赔偿责任

2017 年 8 月，某服务公司（已依法取得劳务派遣行政许可）与某传媒公司签订劳务派遣协议，约定某服务公司为某传媒公司提供派遣人员，每天工作 11 小时，每人每月保底工时 286 小时。2017 年 9 月，某服务公司招用李某并派遣至某传媒公司工作，未为李某缴纳工伤保险。2018 年 8 月、9 月、11 月，李某月工时分别为 319 小时、293 小时、322.5 小时，每月休息日不超过 3 日。2018 年 11 月 30 日至 12 月 1 日，李某工作时间为 11 月 30 日晚 8 时 30 分至 12 月 1 日上午 8 时 30 分。李某于 12 月 1 日凌晨 5 时 30 分晕倒在单位卫生间，经抢救无效于当日死亡，死亡原因为心肌梗死等。2018 年 12 月，某传媒公司与李某近亲属惠某等签订赔偿协议，约定某传媒公司支付惠某等工亡待遇 42 万元，惠某等不得再就李某工亡赔偿事宜或在派遣工作期间享有的权利，向某传媒公司提出任何形式的赔偿要求。上述协议签订后，某传媒公司实际支付惠某等各项费用计 423497.80 元。此后，李某所受伤害被社会保险行政部门认定为工伤。某服务公司、惠某等不服仲裁裁决，诉至人民法院。

原告诉讼请求及裁判结果

惠某等请求判决某服务公司与某传媒公司连带支付医疗费、一次性工亡补助金、丧葬补助金、供养亲属抚恤金，共计 1193821 元。

某服务公司请求判决不应支付供养亲属抚恤金；应支付的各项赔偿中应扣除某传媒公司已支付款项；某传媒公司承担连带责任。

一审人民法院判决：按照《工伤保险条例》，因用人单位未为李某缴纳工伤保险，其工亡待遇由用人单位全部赔偿。某服务公司和某传媒公司连带赔偿惠某等医疗费、一次性工亡补助金、丧葬补助金、供养亲属抚恤金合计 766911.55 元。某传媒公司不服，提起上诉。二审人民法院判决：驳回上诉，维持原判。

案例分析

本案的争议焦点是李某超时加班发生工伤，用工单位与劳务派遣单位是否应承担连带赔偿责任。

《中华人民共和国劳动法》第三十八条规定："用人单位应当保证劳动者每周至少休息一日。"第四十一条规定："用人单位由于生产经营需要，经与工会和劳动者协商后可以延长工作时间，一般每日不得超过一小时；因特殊原因需要延长工作时间的，在保障劳动者身体健康的条件下延长工作时间每日不得超过三小时，但是每月不得超过三十六小时。"《中华人民共和国劳动合同法》第九十二条规定："用工单位给被派遣劳动者造成损害的，劳务派遣单位与用工单位承担连带赔偿责任。"《国务院关于职工工作时间的规定》第三条规定："职工每日工作 8 小时，每周工作 40 小时。"休息权是劳动者的基本劳动权利，即使在支付劳动者加班费的情况下，劳动者的工作时间仍然受到法定延长工作时间上限的制约。劳务派遣用工中，劳动者超时加班发生工伤，用工单位和劳务派遣单位对劳动者的损失均负有责任，应承担连带赔偿责任。劳动者与用工单位、劳务派遣单位达成赔偿协议的，当赔偿协议存在违反法律、行政法规的强制性规定，欺诈、胁迫或者乘人之危情形时，不应认定赔偿协议有效；当赔偿协议存在重大误解或者显失公平情形时，应当支持劳动者依法行使撤销权。

本案中，某服务公司和某传媒公司协议约定的被派遣劳动者每天工作时间及每月保底工时，均严重超过法定标准。李某工亡前每月休息时间不超过 3 日，每日工作时间基本超过 11 小时，每月延长工作时间超过 36 小时数倍，其依法享有的休息权受到严重侵害。某传媒公司作为用工单位长期安排李某超时加班，存在过错，对李某在工作期间突发疾病死亡负有不可推卸的责任。惠某等主张某传媒公司与某服务公司就李某工伤的相关待遇承担连带赔偿责任，应予支持。惠某等虽与某传媒公司达成了赔偿协议，但赔偿协议是在劳动者未经社会保险行政部门认定工伤的情形下签订的，且赔偿协议约定的补偿数额明显低于法定工伤保险待遇标准，某服务公司和某传媒公司应对差额部分予以补足。

【典型意义】

面对激烈的市场竞争环境，个别用人单位为降低用工成本、追求利润最大化，长期安排劳动者超时加班，对劳动者的身心健康、家庭关系等造成了严重影响，极端情况下会威胁劳动者的生命安全。本案系劳动者超时加班发生工伤而引发的工伤保险待遇纠纷，是超时劳动严重损害劳动者健康权的缩影。本案裁判明确了此种情况下用工单位、劳务派遣单位应承担连带赔偿责任，有效避免了劳务派遣用工中出现责任真空的现象，实现了对劳动者合法权益的充分保障。同时，用人单位应依法为职工缴纳工伤保险，保障职工的工伤权益，也能分散自身风险。如用人单位未为职工缴纳工伤保险，工伤职工工伤保险待遇全部由用人单位支付。

资料来源：https://www.mohrss.gov.cn/SYrlzyhshbzb/ztzl/ldrszytjzc/dxal/202305/t20230515_500038.html [2025-06-06]。

有下列情形之一的，延长工作时间不受《中华人民共和国劳动法》第四十一条规定的限制：

（1）发生自然灾害、事故或者因其他原因，威胁劳动者生命健康和财产安全，需要紧急处理的；

（2）生产设备、交通运输线路、公共设施发生故障，影响生产和公众利益，必须及时抢修的；

（3）法律、行政法规规定的其他情形。

（二）延长劳动者工作时间的工资报酬

用人单位不得违反《中华人民共和国劳动法》规定延长劳动者的工作时间。

有下列情形之一的，用人单位应当按照下列标准支付高于劳动者正常工作时间工资的工资报酬：

（1）安排劳动者延长工作时间的，支付不低于工资的百分之一百五十的工资报酬；

（2）休息日安排劳动者工作又不能安排补休的，支付不低于工资的百分之二百的工资报酬；

（3）法定休假日安排劳动者工作的，支付不低于工资的百分之三百的工资报酬。

（三）带薪年休假及最低工资保障制度

劳动者连续工作一年以上的，享受带薪年休假。具体办法由国务院规定。

知识链接

2007年国务院公布《职工带薪年休假条例》，该条例明确规定，机关、团体、企业、事业单位、民办非企业单位、有雇工的个体工商户等单位的职工连续工作1年以上的，享受带薪年休假（以下简称年休假）。职工累计工作已满1年不满10年的，年休假5天；已满10年不满20年的，年休假10天；已满20年的，年休假15天。国家法定休假日、休息日不计入年休假的假期。

国家实行最低工资保障制度。最低工资的具体标准由省、自治区、直辖市人民政府规定，报国务院备案。用人单位支付劳动者的工资不得低于当地最低工资标准。

劳动者在法定休假日和婚丧假期间以及依法参加社会活动期间，用人单位应当依法支付工资。

知识拓展

《机关事业单位工作人员带薪年休假实施办法》第三条规定，国家规定的探亲假、婚丧假、产假的假期，不计入年休假的假期。《企业职工带薪年休假实施办法》第六条规定，职工依法享受的探亲假、婚丧假、产假等国家规定的假期以及因工伤停工留薪期间不计入年休假假期。

【练习 8-2】（多选题）根据法律规定，下列关于劳动报酬支付的表述中，正确的有（　　）。

A. 用人单位应当向劳动者支付婚丧假期间的工资
B. 用人单位不得以实物及有价证券代替货币支付工资
C. 用人单位与劳动者约定的支付工资日期遇节假日的，应顺延至最近的工作日支付
D. 对在"五四"青年节（工作日）照常工作的青年职工，用人单位应支付工资报酬但不支付加班工资

【练习 8-3】（单选题）某企业实行标准工时制。2022 年 3 月，为完成一批订单，企业安排全体职工每个工作日延长工作时间 2 小时，关于企业向职工支付加班工资的下列计算标准，正确的是（　　）。

A. 不低于职工本人小时工资标准的 100%
B. 不低于职工本人小时工资标准的 150%
C. 不低于职工本人小时工资标准的 200%
D. 不低于职工本人小时工资标准的 300%

四、女职工和未成年工特殊保护

国家对女职工和未成年工实行特殊劳动保护。

未成年工是指年满十六周岁未满十八周岁的劳动者。

禁止安排女职工从事矿山井下、国家规定的第四级体力劳动强度的劳动和其他禁忌从事的劳动。不得安排女职工在经期从事高处、低温、冷水作业和国家规定的第三级体力劳动强度的劳动。不得安排女职工在怀孕期间从事国家规定的第三级体力劳动强度的劳动和孕期禁忌从事的劳动。对怀孕七个月以上的女职工，不得安排其延长工作时间和夜班劳动。女职工生育享受不少于九十天的产假。不得安排女职工在哺乳未满一周岁的婴儿期间从事国家规定的第三级体力劳动强度的劳动和哺乳期禁忌从事的其他劳动，不得安排其延长工作时间和夜班劳动。

不得安排未成年工从事矿山井下、有毒有害、国家规定的第四级体力劳动强度的劳动和其他禁忌从事的劳动。用人单位应当对未成年工定期进行健康检查。

【练习 8-4】（多选题）根据法律规定，用人单位招用未满 16 周岁的未成年人应按规定履行审批手续并保障其接受义务教育的权利。下列用人单位中，可招用未满 16 周岁未成年人的有（　　）。

A. 文艺单位
B. 物流配送单位
C. 体育单位
D. 餐饮单位

知识拓展

用人单位能否降低孕期、产期、哺乳期女职工工资或与其解除劳动合同？

对孕期、产期、哺乳期女职工权益，《中华人民共和国劳动法》《中华人民共和国劳动合同法》《中华人民共和国妇女权益保障法》《女职工劳动保护特别规定》等均有规定，为减轻女职工在怀孕、生育、哺乳期间的经济压力和心理压力，确保母婴健康提供了法律保障。

《女职工劳动保护特别规定》第五条明确规定，用人单位不得因女职工怀孕、生育、哺乳降低其工资、予以辞退、与其解除劳动或者聘用合同。根据《中华人民共和国劳动合同法》第四十二条、第四十五条规定，女职工在孕期、产期、哺乳期的，用人单位不得依照该法第四十条、第四十一条的规定解除劳动合同；即使此时双方签订的劳动合同期满，劳动合同也应当续延至孕期、产期、哺乳期结束时终止。

五、劳动者职业培训

用人单位应当建立职业培训制度，按照国家规定提取和使用职业培训经费，根据本单位实际，有计划地对劳动者进行职业培训。

六、劳动争议解决

劳动争议发生后，当事人可以向本单位劳动争议调解委员会申请调解；调解不成，当事人一方要求仲裁的，可以向劳动争议仲裁委员会申请仲裁。当事人一方也可以直接向劳动争议仲裁委员会申请仲裁。对仲裁裁决不服的，可以向人民法院提起诉讼。

任务二　劳动合同法

劳动者注册个体工商户与平台企业或其用工合作企业订立合作协议的相关案例

孙某于 2019 年 6 月 11 日进入某外卖平台配送站点工作，该站点由某物流公司承包经营。某物流公司与孙某订立了自 2019 年 6 月 11 日起至 2021 年 6 月 10 日止的书面劳动合同。从事配送工作期间，孙某按照某物流公司要求在规定时间、指定区域范围内执行某外卖平台派发的配送任务，某物流公司根据孙某出勤及订单完成情况向其按月支付劳动报酬。某物流公司于 2020 年 8 月 21 日与某商务信息咨询公司订立《服务协议》，约定将含孙某在内的部分配送员委托给某商务信息咨询公司管理。在某商务信息咨询公司安排下，孙某注册了名为"某配送服务部"的个体工商户,并于2020年9月6日与某物流公司订立了为期1年的《项目承包协议》,约定:某配送服务部与某物流公司建立合作关系,某配送服务部承接某外卖平台配送站点的部分配送业务,某物流公司按照配送业务完成量向某配送服务部按月结算费用。此后,孙某仍然在某外卖平台配送站点从事配送工作,接受某物流公司管理,管理方式未发生任何变化。2020年12月10日,某物流公司单方面终止《项目承包协议》,孙某要求某物流公司支付违法解除劳动合同赔偿金。某物流公司认为订立《项目承包协议》后,双方之间已从劳动关系变为合作关系,劳动合同自动终止,并以此为由拒绝支付违法解除劳动合同赔偿金。孙某遂向仲裁委员会申请仲裁。

申请人请求及处理结果

请求确认孙某与某物流公司于2020年9月6日至2020年12月10日期间存在劳动关系,某物流公司支付违法解除劳动合同赔偿金。

仲裁委员会裁决:孙某与某物流公司于2020年9月6日至2020年12月10日期间存在劳动关系,某物流公司向孙某支付违法解除劳动合同赔偿金。

案例分析

本案争议焦点是,在孙某以个体工商户名义订立《项目承包协议》的情况下,其与某物流公司之间是否存在劳动关系?

从法律主体资格看,劳动者注册为个体工商户后,既可以作为自然人与其他用人单位(企业)建立劳动关系,也有权以个体工商户名义开展市场经营活动。在第一种情形下,劳动者与企业之间存在"管理—从属"关系,即企业对劳动者实施劳动管理,劳动者向企业提供从属性劳动,双方之间市场主体地位不平等,法律关系呈现明显的从属性;在第二种情形下,个体工商户与企业具有平等的市场主体法律地位,个体工商户可以依照约定向企业提供服务并获取对价,但服务内容和方式、对价形式及多少等事项由双方协商确定,企业与个体工商户背后的自然人之间不具有"管理—从属"关系。

本案中,在某商务信息咨询公司安排下,孙某注册个体工商户,并以个体工商户名义与某物流公司书面约定建立合作关系,但从用工事实看,某物流公司与孙某之间完全延续了之前的劳动管理方式,孙某仍然向某物流公司提供从属性劳动,双方之间并未作为法律地位平等的市场主体开展经营活动。因此,某物流公司关于双方之间由劳动关系变为合作关系、劳动合同自动终止的主张,与事实不符,应当认定在2020年9月6日之后双方之间仍然存在劳动关系,对孙某要求某物流公司支付违法解除劳动合同赔偿金的仲裁请求,应当予以支持。

【典型意义】

在新就业形态下,劳动关系与合作关系之间的边界更加模糊,劳动者的劳动形式、劳动时间、工作场所、取酬方式等更加灵活多样。一些平台企业及其用工合作企业利用这一特点,一方面诱导或强迫劳动者注册成为个体工商户,并与之订立合作协议;另一方面仍对劳动者进行较强程度的劳动管理,单方确定劳动规则、报酬标准等事项,以合作之名行劳动用工之实,严重损害了劳动者劳动保障权益。对此,国务院印发的《促进个体工商户发展条例》第三十条第二款规定:"任何单位和个人不得诱导、强迫劳动者登记注册为个体工商户。"在仲裁和司法实践中,应当重点审查企业与劳动者之间是否存在劳动管理和从属性劳动,坚决防止"去劳动关系化"规避用工责任,充分保障劳动者各项劳动保障权益。

资料来源:https://www.mohrss.gov.cn/SYrlzyhshbzb/ztzl/ldrszytjzc/dxal/202401/t20240109_511843.html [2025-06-06].

一、适用范围

中华人民共和国境内的企业、个体经济组织、民办非企业单位等组织(以下称用人单位)与劳动者建立劳动关系,订立、履行、变更、解除或者终止劳动合同,适用《中华人民共和国劳动合同法》[①]。

国家机关、事业单位、社会团体和与其建立劳动关系的劳动者,订立、履行、变更、解除或者终止劳动合同,依照《中华人民共和国劳动合同法》执行。

地方各级人民政府及县级以上地方人民政府有关部门为安置就业困难人员提供的给予岗位补贴和社会保险补贴的公益性岗位,其劳动合同不适用《中华人民共和国劳动合同法》有关无固定期限劳动合同的规定以及支付经济补偿的规定。

用人单位在制定、修改或者决定有关劳动报酬、工作时间、休息休假、劳动安全卫生、保险福利、职工培训、劳动纪律以及劳动定额管理等直接涉及劳动者切身利益的规章制度或者重大事项时,应当经职工代表大会或者全体职工讨论,提出方案和意见,与工会或者职工代表平等协商确定。

用人单位应当将直接涉及劳动者切身利益的规章制度和重大事项决定公示,或者告知劳动者。

 **典型案例**

用人单位以规章制度形式否认劳动者加班事实是否有效

常某于2016年4月入职某网络公司。入职之初,某网络公司通过电子邮件告知常某,公司采取指纹打卡考勤方式。员工手册规定:"21:00之后算加班时间;加班需由员工提出申请,部门负责人审批。"常某于2016年5月至2017年1月期间,通过工作系统累计申请加班126小时。某网络公司以公司规章制度中明确21:00之后算加班时间,21:00之前的不应计入加班时间为由,拒绝支付常某加班费差额。常某向劳动争议仲裁委员会(以下简称仲裁委员会)申请仲裁,请求裁决某网络公司支付其加班费差额,获支持。某网络公司不服仲裁裁决,诉至人民法院。

原告诉讼请求及裁判结果

请求判决不支付常某加班费差额。

一审人民法院判决:某网络公司支付常某加班费差额32000元。双方不服,均提起上诉。二审人民法院判决:驳回上诉,维持原判。

[①] 本书引用《中华人民共和国劳动合同法》内容为2012年修正版本,其公布日期为2012年12月28日,施行日期为2013年7月1日。

案例分析

本案的争议焦点是某网络公司以公司规章制度形式否认常某加班事实是否有效。

《中华人民共和国劳动合同法》第四条规定:"用人单位应当依法建立和完善劳动规章制度,保障劳动者享有劳动权利、履行劳动义务。用人单位在制定、修改或者决定有关劳动报酬、工作时间、休息休假、劳动安全卫生、保险福利、职工培训、劳动纪律以及劳动定额管理等直接涉及劳动者切身利益的规章制度或者重大事项时,应当经职工代表大会或者全体职工讨论,提出方案和意见,与工会或者职工代表平等协商确定……用人单位应当将直接涉及劳动者切身利益的规章制度和重大事项决定公示,或者告知劳动者。"通过民主程序制定的规章制度,不违反国家法律、行政法规及政策规定,并已向劳动者公示的,可以作为确定双方权利义务的依据。

本案中,一方面,某网络公司的员工手册规定了加班申请审批制度,该规定并不违反法律、行政法规及政策规定,且具有合理性,在劳动者明知此规定的情况下,可以作为确定双方权利义务的依据。另一方面,某网络公司的员工手册规定 21:00 之后算加班时间,并主张 18:00 至 21:00 是员工晚餐和休息时间,故自 21:00 起算加班。鉴于 18:00 至 21:00 时间长达 3 个小时,远超过合理用餐时间,且在下班 3 个小时后再加班,不具有合理性。在某网络公司不能举证证实该段时间为员工晚餐和休息时间的情况下,其规章制度中的该项规定不具有合理性,人民法院依法否定了其效力。人民法院结合考勤记录、工作系统记录等证据,确定了常某的加班事实,判决某网络公司支付常某加班费差额。

【典型意义】

劳动争议案件的处理,既要保护劳动者的合法权益,亦应促进企业有序发展。合法的规章制度既能规范用人单位用工自主权的行使,又能保障劳动者参与用人单位民主管理,实现构建和谐劳动关系的目的。不合理的规章制度则会导致用人单位社会声誉差、认同感低,最终引发人才流失,不利于用人单位的长远发展。用人单位制定的合理合法的规章制度,可以作为确定用人单位、劳动者权利义务的依据。一旦用人单位以规章制度形式规避应当承担的用工成本,侵害劳动者的合法权益,仲裁委员会、人民法院应当依法予以审查,充分保护劳动者的合法权益。用人单位应当根据单位实际,制定更为人性化的规章制度,增强劳动者对规章制度的认同感,激发劳动者的工作积极性,从而进一步减少劳动纠纷,为构建和谐劳动关系做出贡献。

资料来源:https://www.mohrss.gov.cn/SYrlzyhshbzb/ztzl/ldrszytjzc/dxal/202306/t20230609_501281.html [2025-06-06].

二、劳动合同的订立

用人单位自用工之日起即与劳动者建立劳动关系。用人单位应当建立职工名册备查。

用人单位招用劳动者,不得扣押劳动者的居民身份证和其他证件,不得要求劳动者提供担保或者以其他名义向劳动者收取财物。

用人单位违反《中华人民共和国劳动合同法》规定,扣押劳动者居民身份证等证件的,由劳动行政部门责令限期退还劳动者本人,并依照有关法律规定给予处罚。

用人单位违反《中华人民共和国劳动合同法》规定，以担保或者其他名义向劳动者收取财物的，由劳动行政部门责令限期退还劳动者本人，并以每人五百元以上二千元以下的标准处以罚款；给劳动者造成损害的，应当承担赔偿责任。

劳动者依法解除或者终止劳动合同，用人单位扣押劳动者档案或者其他物品的，依照《中华人民共和国劳动合同法》第八十四条第二款规定处罚。

【练习 8-5】（多选题）根据劳动合同法律制度的规定，以下符合法律规定的有（　　）。
A. 用人单位应告知劳动者工作内容、工作条件、工作地点、职业危害、安全生产状况、劳动报酬等
B. 用人单位可以扣押劳动者毕业证等相关证件
C. 用人单位可以向劳动者收取一定押金
D. 用人单位应当将直接涉及劳动者切身利益的规章制度和重大事项决定公示，或者告知劳动者

建立劳动关系，应当订立书面劳动合同。已建立劳动关系，未同时订立书面劳动合同的，应当自用工之日起一个月内订立书面劳动合同。

用人单位与劳动者在用工前订立劳动合同的，劳动关系自用工之日起建立。

用人单位未在用工的同时订立书面劳动合同，与劳动者约定的劳动报酬不明确的，新招用的劳动者的劳动报酬按照集体合同规定的标准执行；没有集体合同或者集体合同未规定的，实行同工同酬。

用人单位自用工之日起超过一个月不满一年未与劳动者订立书面劳动合同的，应当向劳动者每月支付二倍的工资。

典型案例

小王于 2022 年 1 月 1 日入职某文化传播公司，从事文员工作。某文化传播公司以小王需要通过试用期、公司刚刚起步人事管理尚不完善为由一直未与小王签订书面劳动合同。2023 年 6 月 30 日，小王离职并提起仲裁，要求某文化传播公司支付 2022 年 1 月 1 日至 2023 年 6 月 30 日未订立书面劳动合同期间二倍工资。

最终，经过仲裁机构仲裁裁决及人民法院审理，生效的判决书认定某文化传播公司应依法向小王支付 2022 年 2 月 1 日至 2022 年 12 月 31 日未订立书面劳动合同期间的二倍工资，并驳回了小王关于要求某文化传播公司支付 2023 年 1 月 1 日至 2023 年 6 月 30 日未订立书面劳动合同期间二倍工资的诉讼请求。

典型案例

没有员工签名的劳动合同是否有效？是否应赔偿二倍工资？

张某于 2021 年 6 月 27 日入职某牙科医疗有限公司，工作岗位为医生助理。工作期间，双方未签订书面劳动合同。2022 年 1 月 28 日，某牙科医疗有限公司将张某未签名确认的

"某省劳动合同书"进行了备案。2023年9月17日，张某提交了辞职报告，某牙科医疗有限公司行政院长签名同意。

之后，张某申请劳动争议仲裁，提出确认劳动关系、支付解除劳动合同的经济补偿金和未签订书面劳动合同期间的二倍工资差额等请求。张某对劳动争议仲裁委员会作出的仲裁裁决不服，向人民法院起诉请求某牙科医疗有限公司支付未签订书面劳动合同期间的二倍工资差额等。

人民法院审理后认为，张某入职后，某牙科医疗有限公司并未与其签订书面劳动合同，根据相关法律规定，应由某牙科医疗有限公司支付未签订劳动合同期间的二倍工资差额。某牙科医疗有限公司提出其与张某已于2022年1月28日签订了书面劳动合同并进行了劳动合同备案的抗辩主张，因其提供的"某省劳动合同书"中并无张某的签名确认，不能证明双方签订了书面劳动合同的事实，该抗辩主张不能成立。《中华人民共和国劳动合同法》第八十二条规定：用人单位自用工之日起超过一个月不满一年未与劳动者订立书面劳动合同的，应当向劳动者每月支付二倍的工资。

故人民法院判决某牙科医疗有限公司应支付张某二倍工资差额3.3万元。

【练习8-6】（单选题）2024年7月1日，李某到甲公司工作，按月领取工资3000元。同年9月1日，甲公司与李某签订书面劳动合同。已知，当地月最低工资标准为1800元，当地上年度职工月平均工资为3500元。因未及时与李某签订书面劳动合同，甲公司应向其补偿的工资数额为（　　）。

A. 7000元　　　　B. 3000元　　　　C. 3500元　　　　D. 1800元

三、劳动合同的期限

劳动合同分为固定期限劳动合同、无固定期限劳动合同和以完成一定工作任务为期限的劳动合同。

（1）固定期限劳动合同，是指用人单位与劳动者约定合同终止时间的劳动合同。用人单位与劳动者协商一致，可以订立固定期限劳动合同。

（2）无固定期限劳动合同，是指用人单位与劳动者约定无确定终止时间的劳动合同。

用人单位与劳动者协商一致，可以订立无固定期限劳动合同。有下列情形之一，劳动者提出或者同意续订、订立劳动合同的，除劳动者提出订立固定期限劳动合同外，应当订立无固定期限劳动合同：

① 劳动者在该用人单位连续工作满十年的；

② 用人单位初次实行劳动合同制度或者国有企业改制重新订立劳动合同时，劳动者在该用人单位连续工作满十年且距法定退休年龄不足十年的；

③ 连续订立二次固定期限劳动合同，且劳动者没有《中华人民共和国劳动合同法》第三十九条和第四十条第一项、第二项规定的情形，续订劳动合同的。

用人单位违反《中华人民共和国劳动合同法》规定不与劳动者订立无固定期限劳动合同的，自应当订立无固定期限劳动合同之日起向劳动者每月支付二倍的工资。

用人单位自用工之日起满一年不与劳动者订立书面劳动合同的，视为用人单位与劳动者已订立无固定期限劳动合同。

（3）以完成一定工作任务为期限的劳动合同，是指用人单位与劳动者约定以某项工作的完成为合同期限的劳动合同。用人单位与劳动者协商一致，可以订立以完成一定工作任务为期限的劳动合同。

劳动合同由用人单位与劳动者协商一致，并经用人单位与劳动者在劳动合同文本上签字或者盖章生效。劳动合同文本由用人单位和劳动者各执一份。

【例 8-1】（单选题）2023 年 10 月，张某到甲公司工作。2024 年 11 月，甲公司与张某口头商定将其月工资由原来的 4500 元提高至 5400 元。双方实际履行 3 个月后，甲公司法定代表人变更。新任法定代表人认为该劳动合同内容变更未采用书面形式，变更无效，决定仍按原每月 4500 元的标准向张某支付工资。张某表示异议并最终提起诉讼。关于双方口头变更劳动合同效力的下列表述中，正确的是（　　）。

A. 双方口头变更劳动合同且实际履行已超过 1 个月的，该劳动合同变更有效
B. 劳动合同变更在实际履行的 3 个月期间有效，此后无效
C. 因双方未采取书面形式变更，该劳动合同变更无效
D. 双方口头变更劳动合同但实际履行未超过 6 个月的，该劳动合同变更无效

【答案】A

【解析】《最高人民法院关于审理劳动争议案件适用法律问题的解释（一）》第四十三条规定，用人单位与劳动者协商一致变更劳动合同，虽未采用书面形式，但已经实际履行了口头变更的劳动合同超过一个月，变更后的劳动合同内容不违反法律、行政法规且不违背公序良俗，当事人以未采用书面形式为由主张劳动合同变更无效的，人民法院不予支持。

四、非全日制用工（订立口头协议）

非全日制用工，是指以小时计酬为主，劳动者在同一用人单位一般平均每日工作时间不超过四小时，每周工作时间累计不超过二十四小时的用工形式。

非全日制用工双方当事人可以订立口头协议。

从事非全日制用工的劳动者可以与一个或者一个以上用人单位订立劳动合同；但是，后订立的劳动合同不得影响先订立的劳动合同的履行。

非全日制用工双方当事人不得约定试用期。

非全日制用工双方当事人任何一方都可以随时通知对方终止用工。终止用工，用人单位不向劳动者支付经济补偿。

非全日制用工小时计酬标准不得低于用人单位所在地人民政府规定的最低小时工资标准。

非全日制用工劳动报酬结算支付周期最长不得超过十五日。

五、劳动合同的内容

（一）必备条款

劳动合同应当具备以下条款：
（1）用人单位的名称、住所和法定代表人或者主要负责人；
（2）劳动者的姓名、住址和居民身份证或者其他有效身份证件号码；
（3）劳动合同期限；
（4）工作内容和工作地点；
（5）工作时间和休息休假；
（6）劳动报酬；
（7）社会保险；
（8）劳动保护、劳动条件和职业危害防护；
（9）法律、法规规定应当纳入劳动合同的其他事项。

除《中华人民共和国劳动合同法》第十七条第一款规定的必备条款（即上述条款）外，用人单位与劳动者还可以在劳动合同中约定试用期、培训、保守秘密、补充保险和福利待遇等其他事项。

（二）可约定条款

1. 试用期

劳动合同期限三个月以上不满一年的，试用期不得超过一个月；劳动合同期限一年以上不满三年的，试用期不得超过二个月；三年以上固定期限和无固定期限的劳动合同，试用期不得超过六个月。

同一用人单位与同一劳动者只能约定一次试用期。

以完成一定工作任务为期限的劳动合同或者劳动合同期限不满三个月的，不得约定试用期。

试用期包含在劳动合同期限内。劳动合同仅约定试用期的，试用期不成立，该期限为劳动合同期限。

劳动者在试用期的工资不得低于本单位相同岗位最低档工资或者劳动合同约定工资的百分之八十，并不得低于用人单位所在地的最低工资标准。

在试用期内，除劳动者有《中华人民共和国劳动合同法》第三十九条和第四十条第一项、第二项规定的情形外，用人单位不得解除劳动合同。用人单位在试用期解除劳动合同的，应当向劳动者说明理由。

用人单位违反《中华人民共和国劳动合同法》规定与劳动者约定试用期的，由劳动行政部门责令改正；违法约定的试用期已经履行的，由用人单位以劳动者试用期满月工资为标准，按已经履行的超过法定试用期的期间向劳动者支付赔偿金。

典型案例

张某光于2024年3月4日入职某贸易有限公司担任销售经理,双方签订期限为1年的劳动合同,约定试用期为3个月,试用期月工资为8000元,转正之后月工资为1万元,奖金3个月一发,按销售额的0.5%计提。

公司于3个月试用期满后要求张某光延长试用期,张某光不同意,后发生劳动争议,张某光要求公司支付超过法定试用期的赔偿金。

某市中级人民法院判决:根据《中华人民共和国劳动合同法》的规定,某贸易有限公司与张某光签订1年期劳动合同,试用期不得超过2个月。某贸易有限公司与张某光在双方签订的劳动合同中约定3个月的试用期,明显超出法律规定的最长期限2个月。

根据《中华人民共和国劳动合同法》规定,违法约定的试用期已经履行的,由用人单位以劳动者试用期满月工资为标准,按已经履行的超过法定试用期的期间向劳动者支付赔偿金。

因此,某贸易有限公司应当支付张某光超过法定试用期的赔偿金15057.47元。

【练习8-7】(多选题)某公司拟与张某签订为期3年的劳动合同,关于该合同试用期约定的下列方案中,符合法律制度规定的有(　　)。

A. 不约定试用期
B. 试用期1个月
C. 试用期3个月
D. 试用期6个月

2. 服务期

用人单位为劳动者提供专项培训费用,对其进行专业技术培训的,可以与该劳动者订立协议,约定服务期。

劳动者违反服务期约定的,应当按照约定向用人单位支付违约金。违约金的数额不得超过用人单位提供的培训费用。用人单位要求劳动者支付的违约金不得超过服务期尚未履行部分所应分摊的培训费用。

用人单位与劳动者约定服务期的,不影响按照正常的工资调整机制提高劳动者在服务期期间的劳动报酬。

《中华人民共和国劳动合同法实施条例》第二十六条第一款对劳动者于服务期内解除劳动合同免责的情况进行了规定:"用人单位与劳动者约定了服务期,劳动者依照劳动合同法第三十八条的规定解除劳动合同的,不属于违反服务期的约定,用人单位不得要求劳动者支付违约金。"

【练习8-8】(单选题)甲公司为员工张某支付培训费用3万元,约定服务期3年。2年后,张某以甲公司自他入职起从未按照合同约定提供劳动保护为由,向甲公司提出解除劳动合同。以下说法正确的是(　　)。

A. 张某违反了服务期的约定
B. 甲公司可以要求张某支付3万元违约金

C. 甲公司可以要求张某支付 1 万元违约金
D. 张某无须支付违约金

3. 保密义务及竞业限制

用人单位与劳动者可以在劳动合同中约定保守用人单位的商业秘密和与知识产权相关的保密事项。

对负有保密义务的劳动者，用人单位可以在劳动合同或者保密协议中与劳动者约定竞业限制条款，并约定在解除或者终止劳动合同后，在竞业限制期限内按月给予劳动者经济补偿。劳动者违反竞业限制约定的，应当按照约定向用人单位支付违约金。

在解除或者终止劳动合同后，《中华人民共和国劳动合同法》第二十四条第一款规定的人员（竞业限制的人员限于用人单位的高级管理人员、高级技术人员和其他负有保密义务的人员）到与本单位生产或者经营同类产品、从事同类业务的有竞争关系的其他用人单位，或者自己开业生产或经营同类产品、从事同类业务的竞业限制期限，不得超过二年。

竞业限制的范围、地域、期限由用人单位与劳动者约定，竞业限制的约定不得违反法律、法规的规定。

除《中华人民共和国劳动合同法》第二十二条（有关"服务期"）和第二十三条（有关"保密义务及竞业限制"）规定的情形外，用人单位不得与劳动者约定由劳动者承担违约金。

劳动者违反《中华人民共和国劳动合同法》规定解除劳动合同，或者违反劳动合同中约定的保密义务或者竞业限制，给用人单位造成损失的，应当承担赔偿责任。

用人单位招用与其他用人单位尚未解除或者终止劳动合同的劳动者，给其他用人单位造成损失的，应当承担连带赔偿责任。

【练习 8-9】（多选题）刘某原本是甲公司的技术总监，公司与他签订竞业限制协议，约定合同解除或终止后 3 年内，刘某不得在本行业从事相关业务，公司每月支付其补偿金 2 万元。但在刘某离职后，甲公司只在第 1 年按时支付了补偿金，此后一直没有支付，刘某遂在离职 1 年半后到甲公司的竞争对手乙公司上班。甲公司得知后要求刘某支付违约金。下列说法中正确的有（　　）。

A. 双方约定的竞业限制期限不符合法律规定
B. 刘某可以提出请求解除竞业限制协议，人民法院应予支持
C. 刘某可以要求甲公司支付竞业限制期间未支付的补偿金，人民法院应予支持
D. 对甲公司要求刘某支付违约金的请求，人民法院应予支持

六、劳动合同无效或者部分无效的情形

下列劳动合同无效或者部分无效：
（1）以欺诈、胁迫的手段或者乘人之危，使对方在违背真实意思的情况下订立或者变更劳动合同的；
（2）用人单位免除自己的法定责任、排除劳动者权利的；
（3）违反法律、行政法规强制性规定的。

对劳动合同的无效或者部分无效有争议的，由劳动争议仲裁机构或者人民法院确认。

劳动合同部分无效，不影响其他部分效力的，其他部分仍然有效。

劳动合同被确认无效，劳动者已付出劳动的，用人单位应当向劳动者支付劳动报酬。劳动报酬的数额，参照本单位相同或者相近岗位劳动者的劳动报酬确定。

劳动合同依照《中华人民共和国劳动合同法》第二十六条规定被确认无效，给对方造成损害的，有过错的一方应当承担赔偿责任。

【练习8-10】（多选题）某公司招聘，王某凭借伪造的学历证书及其他与岗位要求相关的资料，骗得公司的信任，该公司与其签订了为期三年的劳动合同。半年后，公司发现王某伪造学历证书及其他资料的事实，提出劳动合同无效，王某应退还公司所发工资，并支付经济赔偿，王某认为公司违反法律规定，擅自解除劳动合同，应承担违约责任。则下列说法中错误的有（　　）。

　A. 王某伪造学历证书及其他资料，其与公司签订的劳动合同无效
　B. 王某应退还公司所发工资
　C. 公司如能证明王某的欺诈行为给公司造成损害，可要求王某承担赔偿责任
　D. 公司的上述行为属于擅自解除劳动合同，应承担违约责任

七、劳动合同的解除和终止

劳动合同的解除有协议、法定两种方式。

（一）劳动合同的协议解除

用人单位与劳动者协商一致，可以解除劳动合同。

（二）劳动合同的法定解除

1. 劳动者单方解除劳动合同的法定情形

（1）提前通知解除。劳动者提前三十日以书面形式通知用人单位，可以解除劳动合同。劳动者在试用期内提前三日通知用人单位，可以解除劳动合同。

（2）随时通知解除。用人单位有下列情形之一的，劳动者可以解除劳动合同：

① 未按照劳动合同约定提供劳动保护或者劳动条件的；
② 未及时足额支付劳动报酬的；
③ 未依法为劳动者缴纳社会保险费的；
④ 用人单位的规章制度违反法律、法规的规定，损害劳动者权益的；
⑤ 因《中华人民共和国劳动合同法》第二十六条第一款规定的情形致使劳动合同无效的；
⑥ 法律、行政法规规定劳动者可以解除劳动合同的其他情形。

（3）立即解除。用人单位以暴力、威胁或者非法限制人身自由的手段强迫劳动者劳动的，或者用人单位违章指挥、强令冒险作业危及劳动者人身安全的，劳动者可以立即解除劳动合同，不需事先告知用人单位。

用人单位有下列情形之一的，依法给予行政处罚；构成犯罪的，依法追究刑事责任；给劳动者造成损害的，应当承担赔偿责任：

① 以暴力、威胁或者非法限制人身自由的手段强迫劳动的；
② 违章指挥或者强令冒险作业危及劳动者人身安全的；
③ 侮辱、体罚、殴打、非法搜查或者拘禁劳动者的；
④ 劳动条件恶劣、环境污染严重，给劳动者身心健康造成严重损害的。

2. 用人单位单方解除劳动合同的法定情形

（1）随时通知解除。劳动者有下列情形之一的，用人单位可以解除劳动合同：

① 在试用期间被证明不符合录用条件的；
② 严重违反用人单位的规章制度的；
③ 严重失职，营私舞弊，给用人单位造成重大损害的；
④ 劳动者同时与其他用人单位建立劳动关系，对完成本单位的工作任务造成严重影响，或者经用人单位提出，拒不改正的；
⑤ 因《中华人民共和国劳动合同法》第二十六条第一款第一项规定的情形致使劳动合同无效的；
⑥ 被依法追究刑事责任的。

【练习 8-11】（单选题）根据劳动合同法律制度的规定，劳动合同解除的下列情形中，用人单位不向劳动者支付经济补偿的是（　　）。

A. 劳动者因用人单位未及时足额支付劳动报酬而解除劳动合同的
B. 由用人单位提出并与劳动者协商一致而解除劳动合同的
C. 劳动者不能胜任工作，经过培训或者调整工作岗位，仍不能胜任而被用人单位解除劳动合同的
D. 劳动者在试用期间被证明不符合录用条件的

（2）无过失性辞退。有下列情形之一的，用人单位提前三十日以书面形式通知劳动者本人或者额外支付劳动者一个月工资后，可以解除劳动合同：

① 劳动者患病或者非因工负伤，在规定的医疗期满后不能从事原工作，也不能从事由用人单位另行安排的工作的；
② 劳动者不能胜任工作，经过培训或者调整工作岗位，仍不能胜任工作的；
③ 劳动合同订立时所依据的客观情况发生重大变化，致使劳动合同无法履行，经用人单位与劳动者协商，未能就变更劳动合同内容达成协议的。

【练习 8-12】（单选题）甲公司职工周某不能胜任工作，公司为其调整工作岗位后，仍不能胜任。甲公司拟解除与周某的劳动合同，下列表述中不正确的是（　　）。

A. 甲公司无须通知周某即可解除劳动合同
B. 甲公司解除劳动合同应向周某支付经济补偿
C. 甲公司额外支付周某1个月工资后可解除劳动合同
D. 甲公司可提前30日以书面形式通知周某而解除劳动合同

（3）经济性裁员。有下列情形之一，需要裁减人员二十人以上或者裁减不足二十人但占企业职工总数百分之十以上的，用人单位提前三十日向工会或者全体职工说明情况，听取工会或者职工的意见后，裁减人员方案经向劳动行政部门报告，可以裁减人员：

① 依照企业破产法规定进行重整的；
② 生产经营发生严重困难的；
③ 企业转产、重大技术革新或者经营方式调整，经变更劳动合同后，仍需裁减人员的；
④ 其他因劳动合同订立时所依据的客观经济情况发生重大变化，致使劳动合同无法履行的。

裁减人员时，应当优先留用下列人员：与本单位订立较长期限的固定期限劳动合同的；与本单位订立无固定期限劳动合同的；家庭无其他就业人员，有需要扶养的老人或者未成年人的。

用人单位依照《中华人民共和国劳动合同法》第四十一条第一款规定裁减人员，在六个月内重新招用人员的，应当通知被裁减的人员，并在同等条件下优先招用被裁减的人员。

（三）用人单位不得解除劳动合同的情形

劳动者有下列情形之一的，用人单位不得依照《中华人民共和国劳动合同法》第四十条、第四十一条的规定解除劳动合同：

（1）从事接触职业病危害作业的劳动者未进行离岗前职业健康检查，或者疑似职业病病人在诊断或者医学观察期间的；
（2）在本单位患职业病或者因工负伤并被确认丧失或者部分丧失劳动能力的；
（3）患病或者非因工负伤，在规定的医疗期内的；
（4）女职工在孕期、产期、哺乳期的；
（5）在本单位连续工作满十五年，且距法定退休年龄不足五年的；
（6）法律、行政法规规定的其他情形。

用人单位单方解除劳动合同，应当事先将理由通知工会。用人单位违反法律、行政法规规定或者劳动合同约定的，工会有权要求用人单位纠正。用人单位应当研究工会的意见，并将处理结果书面通知工会。

（四）劳动合同的终止情形

有下列情形之一的，劳动合同终止：

（1）劳动合同期满的；
（2）劳动者开始依法享受基本养老保险待遇的；
（3）劳动者死亡，或者被人民法院宣告死亡或者宣告失踪的；
（4）用人单位被依法宣告破产的；
（5）用人单位被吊销营业执照、责令关闭、撤销或者用人单位决定提前解散的；
（6）法律、行政法规规定的其他情形。

劳动合同期满，有《中华人民共和国劳动合同法》第四十二条规定情形之一的，劳动合同应当续延至相应的情形消失时终止。但是，《中华人民共和国劳动合同法》第四十二条第二项规定丧失或者部分丧失劳动能力劳动者的劳动合同的终止，按照国家有关工伤保险的规定执行。

八、解除或者终止劳动合同的经济补偿或赔偿金

（一）应当支付经济补偿的情形

有下列情形之一的，用人单位应当向劳动者支付经济补偿：

（1）劳动者依照《中华人民共和国劳动合同法》第三十八条规定解除劳动合同的；

（2）用人单位依照《中华人民共和国劳动合同法》第三十六条规定向劳动者提出解除劳动合同并与劳动者协商一致解除劳动合同的；

（3）用人单位依照《中华人民共和国劳动合同法》第四十条规定解除劳动合同的；

（4）用人单位依照《中华人民共和国劳动合同法》第四十一条第一款规定解除劳动合同的；

（5）除用人单位维持或者提高劳动合同约定条件续订劳动合同，劳动者不同意续订的情形外，依照《中华人民共和国劳动合同法》第四十四条第一项规定终止固定期限劳动合同的；

（6）依照《中华人民共和国劳动合同法》第四十四条第四项、第五项规定终止劳动合同的；

（7）法律、行政法规规定的其他情形。

（二）经济补偿标准

经济补偿按劳动者在本单位工作的年限，每满一年支付一个月工资的标准向劳动者支付。六个月以上不满一年的，按一年计算；不满六个月的，向劳动者支付半个月工资的经济补偿。

劳动者月工资高于用人单位所在直辖市、设区的市级人民政府公布的本地区上年度职工月平均工资三倍的，向其支付经济补偿的标准按职工月平均工资三倍的数额支付，向其支付经济补偿的年限最高不超过十二年。

《中华人民共和国劳动合同法》第四十七条所称月工资（即上文中所称月工资）是指劳动者在劳动合同解除或者终止前十二个月的平均工资。

【练习 8-13】（单选题）2016 年 11 月 1 日，郑某到甲公司工作。2018 年 1 月 30 日，郑某因公司未及时足额向其支付劳动报酬而解除劳动合同。已知郑某离职时月平均工资为 11000 元，当地上年度职工平均工资为 3200 元。计算劳动合同解除时甲公司应向郑某支付经济补偿数额的下列算式中，正确的是（　　）。

  A. 11000 × 1.5=16500（元）

  B. 11000 × 2=22000（元）

  C. 3200 × 3 × 1.5=14400（元）

  D. 3200 × 3 × 2=19200（元）

(三)用人单位违法解除或者终止劳动合同应支付的赔偿金

用人单位违反《中华人民共和国劳动合同法》规定解除或者终止劳动合同,劳动者要求继续履行劳动合同的,用人单位应当继续履行;劳动者不要求继续履行劳动合同或者劳动合同已经不能继续履行的,用人单位应当依照《中华人民共和国劳动合同法》第八十七条规定支付赔偿金。

《中华人民共和国劳动合同法》第八十七条规定,用人单位违反本法规定解除或者终止劳动合同的,应当依照本法第四十七条规定的经济补偿标准的二倍向劳动者支付赔偿金。

九、解除或者终止劳动合同时应出具相关证明

用人单位应当在解除或者终止劳动合同时出具解除或者终止劳动合同的证明,并在十五日内为劳动者办理档案和社会保险关系转移手续。

劳动者应当按照双方约定,办理工作交接。用人单位依照《中华人民共和国劳动合同法》有关规定应当向劳动者支付经济补偿的,在办结工作交接时支付。

用人单位对已经解除或者终止的劳动合同的文本,至少保存二年备查。

用人单位违反《中华人民共和国劳动合同法》规定未向劳动者出具解除或者终止劳动合同的书面证明,由劳动行政部门责令改正;给劳动者造成损害的,应当承担赔偿责任。

十、特别规定

(一)集体合同

企业职工一方与用人单位通过平等协商,可以就劳动报酬、工作时间、休息休假、劳动安全卫生、保险福利等事项订立集体合同。集体合同草案应当提交职工代表大会或者全体职工讨论通过。

集体合同由工会代表企业职工一方与用人单位订立;尚未建立工会的用人单位,由上级工会指导劳动者推举的代表与用人单位订立。

企业职工一方与用人单位可以订立劳动安全卫生、女职工权益保护、工资调整机制等专项集体合同。

在县级以下区域内,建筑业、采矿业、餐饮服务业等行业可以由工会与企业方面代表订立行业性集体合同,或者订立区域性集体合同。

集体合同订立后,应当报送劳动行政部门;劳动行政部门自收到集体合同文本之日起十五日内未提出异议的,集体合同即行生效。

集体合同中劳动报酬和劳动条件等标准不得低于当地人民政府规定的最低标准;用人单位与劳动者订立的劳动合同中劳动报酬和劳动条件等标准不得低于集体合同规定的标准。

（二）劳务派遣

劳务派遣是指由劳务派遣单位与派遣劳动者订立劳动合同，把劳动者派向其他用工单位，再由用工单位向劳务派遣单位支付一笔服务费用的用工形式。

1. 经营劳务派遣业务应当具备的条件

经营劳务派遣业务应当具备下列条件：
（1）注册资本不得少于人民币二百万元；
（2）有与开展业务相适应的固定的经营场所和设施；
（3）有符合法律、行政法规规定的劳务派遣管理制度；
（4）法律、行政法规规定的其他条件。

经营劳务派遣业务，应当向劳动行政部门依法申请行政许可；经许可的，依法办理相应的公司登记。未经许可，任何单位和个人不得经营劳务派遣业务。

2. 用人单位、用工单位义务

劳务派遣单位是《中华人民共和国劳动合同法》所称用人单位，应当履行用人单位对劳动者的义务。劳务派遣单位与被派遣劳动者订立的劳动合同，除应当载明《中华人民共和国劳动合同法》第十七条规定的事项外，还应当载明被派遣劳动者的用工单位以及派遣期限、工作岗位等情况。

劳务派遣单位应当与被派遣劳动者订立二年以上的固定期限劳动合同，按月支付劳动报酬；被派遣劳动者在无工作期间，劳务派遣单位应当按照所在地人民政府规定的最低工资标准，向其按月支付报酬。

劳务派遣单位不得克扣用工单位按照劳务派遣协议支付给被派遣劳动者的劳动报酬。劳务派遣单位和用工单位不得向被派遣劳动者收取费用。

劳务派遣单位跨地区派遣劳动者的，被派遣劳动者享有的劳动报酬和劳动条件，按照用工单位所在地的标准执行。

用工单位不得将被派遣劳动者再派遣到其他用人单位。

被派遣劳动者享有与用工单位的劳动者同工同酬的权利。用工单位应当按照同工同酬原则，对被派遣劳动者与本单位同类岗位的劳动者实行相同的劳动报酬分配办法。用工单位无同类岗位劳动者的，参照用工单位所在地相同或者相近岗位劳动者的劳动报酬确定。

劳务派遣单位与被派遣劳动者订立的劳动合同和与用工单位订立的劳务派遣协议，载明或者约定的向被派遣劳动者支付的劳动报酬应当符合《中华人民共和国劳动合同法》第六十三条第一款规定。

被派遣劳动者有权在劳务派遣单位或者用工单位依法参加或者组织工会，维护自身的合法权益。

被派遣劳动者可以依照《中华人民共和国劳动合同法》第三十六条、第三十八条的规定与劳务派遣单位解除劳动合同。

被派遣劳动者有《中华人民共和国劳动合同法》第三十九条和第四十条第一项、第二项规定情形的，用工单位可以将劳动者退回劳务派遣单位，劳务派遣单位依照《中华人民共和国劳动合同法》有关规定，可以与劳动者解除劳动合同。

劳动合同用工是我国的企业基本用工形式。劳务派遣用工是补充形式，只能在临时性、辅助性或者替代性的工作岗位上实施。

《中华人民共和国劳动合同法》第六十六条第一款规定的临时性工作岗位是指存续时间不超过六个月的岗位；辅助性工作岗位是指为主营业务岗位提供服务的非主营业务岗位；替代性工作岗位是指用工单位的劳动者因脱产学习、休假等原因无法工作的一定期间内，可以由其他劳动者替代工作的岗位。

用工单位应当严格控制劳务派遣用工数量，不得超过其用工总量的一定比例，具体比例由国务院劳动行政部门规定。

用人单位不得设立劳务派遣单位向本单位或者所属单位派遣劳动者。

十一、拖欠劳动报酬、加班费或者经济补偿的违法责任

用人单位有下列情形之一的，由劳动行政部门责令限期支付劳动报酬、加班费或者经济补偿；劳动报酬低于当地最低工资标准的，应当支付其差额部分；逾期不支付的，责令用人单位按应付金额百分之五十以上百分之一百以下的标准向劳动者加付赔偿金：

（1）未按照劳动合同的约定或者国家规定及时足额支付劳动者劳动报酬的；
（2）低于当地最低工资标准支付劳动者工资的；
（3）安排加班不支付加班费的；
（4）解除或者终止劳动合同，未依照《中华人民共和国劳动合同法》规定向劳动者支付经济补偿的。

【练习8-14】（单选题）以下应与被派遣劳动者订立劳动合同的单位是（　　）。
A. 用工单位　　　　　　　　　　B. 劳务派遣单位
C. 用工单位和劳务派遣单位　　　D. 无需订立劳动合同

任务三　劳动争议的解决

相关法律、法规：《中华人民共和国劳动争议调解仲裁法》[①]《劳动人事争议仲裁办案规则》[②]《最高人民法院关于审理劳动争议案件适用法律问题的解释（一）》[③]。

---

① 2007年12月29日第十届全国人民代表大会常务委员会第三十一次会议通过，其公布日期为2007年12月29日，施行日期为2008年5月1日。
② 2017年4月24日人力资源社会保障部第123次部务会审议通过，自2017年7月1日起施行。
③ 2020年12月25日最高人民法院审判委员会第1825次会议通过，自2021年1月1日起施行。

一、概念

劳动争议，是指劳动关系的当事人之间因执行劳动法律、法规和履行劳动合同而发生的纠纷，即劳动者与用人单位之间因劳动关系中的权利义务而发生的纠纷。

劳动关系的特点决定了劳动争议具有如下特征：劳动争议主体之间必须存在劳动关系，即劳动者与用人单位在管理上有隶属性劳动关系，劳动争议是在这种劳动关系存续期间发生的；劳动争议的内容必须与劳动关系中的权利义务有关。

二、受案范围

（一）《中华人民共和国劳动争议调解仲裁法》确定的受案范围

中华人民共和国境内的用人单位与劳动者发生的下列劳动争议，适用《中华人民共和国劳动争议调解仲裁法》：

（1）因确认劳动关系发生的争议；
（2）因订立、履行、变更、解除和终止劳动合同发生的争议；
（3）因除名、辞退和辞职、离职发生的争议；
（4）因工作时间、休息休假、社会保险、福利、培训以及劳动保护发生的争议；
（5）因劳动报酬、工伤医疗费、经济补偿或者赔偿金等发生的争议；
（6）法律、法规规定的其他劳动争议。

（二）最高人民法院司法解释进一步明确的受案范围

《最高人民法院关于审理劳动争议案件适用法律问题的解释（一）》明确，劳动者与用人单位之间发生的下列纠纷，属于劳动争议，当事人不服劳动争议仲裁机构作出的裁决，依法提起诉讼的，人民法院应予受理：

（1）劳动者与用人单位在履行劳动合同过程中发生的纠纷；
（2）劳动者与用人单位之间没有订立书面劳动合同，但已形成劳动关系后发生的纠纷；
（3）劳动者与用人单位因劳动关系是否已经解除或者终止，以及应否支付解除或者终止劳动关系经济补偿金发生的纠纷；
（4）劳动者与用人单位解除或者终止劳动关系后，请求用人单位返还其收取的劳动合同定金、保证金、抵押金、抵押物发生的纠纷，或者办理劳动者的人事档案、社会保险关系等移转手续发生的纠纷；
（5）劳动者以用人单位未为其办理社会保险手续，且社会保险经办机构不能补办导致其无法享受社会保险待遇为由，要求用人单位赔偿损失发生的纠纷；
（6）劳动者退休后，与尚未参加社会保险统筹的原用人单位因追索养老金、医疗费、工伤保险待遇和其他社会保险待遇而发生的纠纷；
（7）劳动者因为工伤、职业病，请求用人单位依法给予工伤保险待遇发生的纠纷；

（8）劳动者依据《中华人民共和国劳动合同法》第八十五条规定，要求用人单位支付加付赔偿金发生的纠纷；

（9）因企业自主进行改制发生的纠纷。

【练习8-15】（多选题）根据法律制度的规定，下列劳动争议中，劳动者可以向劳动争议仲裁机构申请劳动仲裁的有（　　）。

A. 确认劳动关系争议　　　　　　B. 工伤医疗费争议
C. 劳动保护争议　　　　　　　　D. 社会保险争议

三、劳动争议解决方法

知识拓展

在用人单位与劳动者发生纠纷，而且协商不成的情况下，劳动者应该如何维权呢？

（1）可以向当地的劳动保障监察机构进行投诉。可以整理打卡记录、同事的证人证言、录音录像、聊天记录等，来证明自身与用人单位之间存在劳动关系；

（2）投诉不成的，可以整理证据去当地的劳动争议仲裁机构申请劳动仲裁处理，需要注意，劳动争议申请仲裁的时效期间为一年；

（3）对于仲裁裁决不服的，可以直接带着证据去人民法院提起诉讼；

（4）如果对方不执行仲裁裁决，可以向人民法院申请执行。

发生劳动争议，当事人对自己提出的主张，有责任提供证据。与争议事项有关的证据属于用人单位掌握管理的，用人单位应当提供；用人单位不提供的，应当承担不利后果。

发生劳动争议的劳动者一方在十人以上，并有共同请求的，可以推举代表参加调解、仲裁或者诉讼活动。

用人单位违反国家规定，拖欠或未足额支付劳动报酬，或者拖欠工伤医疗费、经济补偿或赔偿金的，劳动者可以向劳动行政部门投诉，劳动行政部门应当依法处理。

处理加班费争议时如何分配举证责任

林某于2020年1月入职某教育咨询公司，月工资为6000元。2020年7月，林某因个人原因提出解除劳动合同，并向劳动争议仲裁委员会（以下简称仲裁委员会）申请仲裁。林某主张其工作期间每周工作6天，并提交了某打卡App打卡记录（显示林某及某教育咨询公司均实名认证，林某每周一至周六打卡；每天打卡两次，第一次打卡时间为早上9时左右，第二次打卡时间为下午6时左右；打卡地点均为某教育咨询公司所在位置，存在个别日期未打卡情形）、工资支付记录打印件（显示曾因事假扣发工资，扣发日期及天数与打卡记录一致，未显示加班费支付情况）。某教育咨询公司不认可上述证据的真实性，主张林某每周工作5天，但未提交考勤记录、工资支付记录。

申请人请求及处理结果

请求裁决某教育咨询公司支付加班费 10000 元。

仲裁委员会裁决某教育咨询公司支付林某加班费 10000 元（裁决为终局裁决）。

案例分析

本案的争议焦点是如何分配林某与某教育咨询公司的举证责任。

《中华人民共和国劳动争议调解仲裁法》第六条规定："发生劳动争议，当事人对自己提出的主张，有责任提供证据。与争议事项有关的证据属于用人单位掌握管理的，用人单位应当提供；用人单位不提供的，应当承担不利后果。"《最高人民法院关于审理劳动争议案件适用法律问题的解释（一）》第四十二条规定："劳动者主张加班费的，应当就加班事实的存在承担举证责任。但劳动者有证据证明用人单位掌握加班事实存在的证据，用人单位不提供的，由用人单位承担不利后果。"从上述条款可知，主张加班费的劳动者有责任按照"谁主张谁举证"的原则，就加班事实的存在提供证据，或者就相关证据属于用人单位掌握管理提供证据。用人单位应当提供而不提供有关证据的，可以推定劳动者加班事实存在。

本案中，虽然林某提交的工资支付记录为打印件，但与实名认证的 App 打卡记录互相印证，能够证明某教育咨询公司掌握加班事实存在的证据。某教育咨询公司虽然不认可上述证据的真实性，但未提交反证或者作出合理解释，应承担不利后果。故仲裁委员会依法裁决某教育咨询公司支付林某加班费。

【典型意义】

我国劳动法律将保护劳动者的合法权益作为立法宗旨之一，在实体和程序方面都作出了相应规定。在处理加班费争议时，要充分考虑劳动者举证能力不足的实际情况，根据"谁主张谁举证"原则、证明妨碍规则，结合具体案情合理分配用人单位与劳动者的举证责任。

资料来源：https://www.mohrss.gov.cn/SYrlzyhshbzb/ztzl/ldrszytjzc/dxal/202304/t20230403_497938.html [2025-06-06].

（一）调解

1. 劳动争议调解组织

发生劳动争议，当事人可以到下列调解组织申请调解：

（1）企业劳动争议调解委员会；

（2）依法设立的基层人民调解组织；

（3）在乡镇、街道设立的具有劳动争议调解职能的组织。

企业劳动争议调解委员会由职工代表和企业代表组成。职工代表由工会成员担任或者由全体职工推举产生，企业代表由企业负责人指定。企业劳动争议调解委员会主任由工会成员或者双方推举的人员担任。

2. 调解效力

当事人申请劳动争议调解可以书面申请，也可以口头申请。口头申请的，调解组织应当当场记录申请人基本情况、申请调解的争议事项、理由和时间。

经调解达成协议的，应当制作调解协议书。调解协议书由双方当事人签名或者盖章，经调解员签名并加盖调解组织印章后生效，对双方当事人具有约束力，当事人应当履行。

自劳动争议调解组织收到调解申请之日起十五日内未达成调解协议的，当事人可以依法申请仲裁。达成调解协议后，一方当事人在协议约定期限内不履行调解协议的，另一方当事人可以依法申请仲裁。

因支付拖欠劳动报酬、工伤医疗费、经济补偿或者赔偿金事项达成调解协议，用人单位在协议约定期限内不履行的，劳动者可以持调解协议书依法向人民法院申请支付令。人民法院应当依法发出支付令。

（二）劳动争议仲裁

劳动争议仲裁，是劳动争议诉讼的法定前置程序，指劳动争议仲裁机构根据劳动争议当事人的请求，对劳动争议的事实和责任依法作出判断和裁决，并对当事人具有法律约束力的一种劳动争议处理方式。

1. 劳动争议仲裁委员会

劳动争议仲裁委员会不按行政区划层层设立。省、自治区人民政府可以决定在市、县设立；直辖市人民政府可以决定在区、县设立。直辖市、设区的市也可以设立一个或者若干个劳动争议仲裁委员会。劳动争议仲裁委员会由劳动行政部门代表、工会代表和企业方面代表组成。劳动争议仲裁委员会组成人员应当是单数。劳动争议仲裁委员会应当设仲裁员名册。

2. 管辖

劳动争议仲裁委员会负责管辖本区域内发生的劳动争议。

劳动争议由劳动合同履行地或者用人单位所在地的劳动争议仲裁委员会管辖。双方当事人分别向劳动合同履行地和用人单位所在地的劳动争议仲裁委员会申请仲裁的，由劳动合同履行地的劳动争议仲裁委员会管辖。

当事人可以委托代理人参加仲裁活动。委托他人参加仲裁活动，应当向劳动争议仲裁委员会提交有委托人签名或者盖章的委托书，委托书应当载明委托事项和权限。

丧失或者部分丧失民事行为能力的劳动者，由其法定代理人代为参加仲裁活动；无法定代理人的，由劳动争议仲裁委员会为其指定代理人。劳动者死亡的，由其近亲属或者代理人参加仲裁活动。

劳动争议仲裁公开进行，但当事人协议不公开进行或者涉及国家秘密、商业秘密和个人隐私的除外。

3. 申请和受理

（1）仲裁时效。

劳动争议申请仲裁的时效期间为一年。仲裁时效期间从当事人知道或者应当知道其权利被侵害之日起计算。劳动关系存续期间因拖欠劳动报酬发生争议的，劳动者申请仲裁不受《中华人民共和国劳动争议调解仲裁法》第二十七条第一款规定的仲裁时效期间的限制；但是，劳动关系终止的，应当自劳动关系终止之日起一年内提出。

《中华人民共和国劳动争议调解仲裁法》第二十七条第一款规定的仲裁时效，因当事人一方向对方当事人主张权利，或者向有关部门请求权利救济，或者对方当事人同意履行义务而中断。从中断时起，仲裁时效期间重新计算。因不可抗力或者有其他正当理由，当事人不能在《中华人民共和国劳动争议调解仲裁法》第二十七条第一款规定的仲裁时效期间申请仲裁的，仲裁时效中止。从中止时效的原因消除之日起，仲裁时效期间继续计算。

【练习 8-16】（多选题）关于劳动争议申请仲裁的时效，下列说法正确的是（　　）。
A. 劳动争议申请仲裁的时效期间为 1 年
B. 因拖欠劳动报酬劳动关系终止的，不受 1 年仲裁时效期间的限制
C. 仲裁时效，因当事人一方向对方当事人主张权利，或者向有关部门请求权利救济，或者对方当事人同意履行义务而中断
D. 因不可抗力或者有其他正当理由，当事人不能在规定的仲裁时效期间申请仲裁的，仲裁时效中止

（2）仲裁申请书。

仲裁申请书应当载明下列事项：

① 劳动者的姓名、性别、年龄、职业、工作单位和住所，用人单位的名称、住所和法定代表人或者主要负责人的姓名、职务；

② 仲裁请求和所根据的事实、理由；

③ 证据和证据来源、证人姓名和住所。

书写仲裁申请确有困难的，可以口头申请，由劳动争议仲裁委员会记入笔录，并告知对方当事人。

（3）处理程序。

劳动争议仲裁委员会收到仲裁申请之日起五日内，认为符合受理条件的，应当受理，并通知申请人；认为不符合受理条件的，应当书面通知申请人不予受理，并说明理由。对劳动争议仲裁委员会不予受理或者逾期未作出决定的，申请人可以就该劳动争议事项向人民法院提起诉讼。

劳动争议仲裁委员会受理仲裁申请后，应当在五日内将仲裁申请书副本送达被申请人。被申请人收到仲裁申请书副本后，应当在十日内向劳动争议仲裁委员会提交答辩书。劳动争议仲裁委员会收到答辩书后，应当在五日内将答辩书副本送达申请人。被申请人未提交答辩书的，不影响仲裁程序的进行。

（4）开庭和裁决。

① 仲裁庭。

劳动争议仲裁委员会裁决劳动争议案件实行仲裁庭制。仲裁庭由三名仲裁员组成，设首席仲裁员。简单劳动争议案件可以由一名仲裁员独任仲裁。劳动争议仲裁委员会应当在受理仲裁申请之日起五日内将仲裁庭的组成情况书面通知当事人。

② 回避制度。

仲裁员有下列情形之一，应当回避，当事人也有权以口头或者书面方式提出回避申请：

a. 是本案当事人或者当事人、代理人的近亲属的；

b. 与本案有利害关系的；

c. 与本案当事人、代理人有其他关系，可能影响公正裁决的；

d. 私自会见当事人、代理人，或者接受当事人、代理人的请客送礼的。

劳动争议仲裁委员会对回避申请应当及时作出决定，并以口头或者书面方式通知当事人。

仲裁员有《中华人民共和国劳动争议调解仲裁法》第三十三条第四项规定情形，或者有索贿受贿、徇私舞弊、枉法裁决行为的，应当依法承担法律责任。劳动争议仲裁委员会应当将其解聘。

③ 开庭。

仲裁庭应当在开庭五日前，将开庭日期、地点书面通知双方当事人。当事人有正当理由的，可以在开庭三日前请求延期开庭。是否延期，由劳动争议仲裁委员会决定。

申请人收到书面通知，无正当理由拒不到庭或者未经仲裁庭同意中途退庭的，可以视为撤回仲裁申请。被申请人收到书面通知，无正当理由拒不到庭或者未经仲裁庭同意中途退庭的，可以缺席裁决。

劳动者无法提供由用人单位掌握管理的与仲裁请求有关的证据，仲裁庭可以要求用人单位在指定期限内提供。用人单位在指定期限内不提供的，应当承担不利后果。

a. 和解。当事人申请劳动争议仲裁后，可以自行和解。达成和解协议的，可以撤回仲裁申请。

b. 调解。仲裁庭在作出裁决前，应当先行调解。调解达成协议的，仲裁庭应当制作调解书。调解书应当写明仲裁请求和当事人协议的结果。调解书由仲裁员签名，加盖劳动争议仲裁委员会印章，送达双方当事人。调解书经双方当事人签收后，发生法律效力。

c. 裁决。调解不成或者调解书送达前，一方当事人反悔的，仲裁庭应当及时作出裁决。

仲裁庭裁决劳动争议案件，应当自劳动争议仲裁委员会受理仲裁申请之日起四十五日内结束。案情复杂需要延期的，经劳动争议仲裁委员会主任批准，可以延期并书面通知当事人，但是延长期限不得超过十五日。逾期未作出仲裁裁决的，当事人可以就该劳动争议事项向人民法院提起诉讼。

仲裁庭裁决劳动争议案件时，其中一部分事实已经清楚，可以就该部分先行裁决。

裁决规则：裁决应当按照多数仲裁员的意见作出，少数仲裁员的不同意见应当记入笔录。仲裁庭不能形成多数意见时，裁决应当按照首席仲裁员的意见作出。

裁决书应当载明仲裁请求、争议事实、裁决理由、裁决结果和裁决日期。裁决书由仲裁员签名，加盖劳动争议仲裁委员会印章。对裁决持不同意见的仲裁员，可以签名，也可以不签名。

4. 一裁终局案件处理

（1）受案范围。下列劳动争议，除《中华人民共和国劳动争议调解仲裁法》另有规定的外，仲裁裁决为终局裁决，裁决书自作出之日起发生法律效力：

① 追索劳动报酬、工伤医疗费、经济补偿或者赔偿金，不超过当地月最低工资标准十二个月金额的争议；

② 因执行国家的劳动标准在工作时间、休息休假、社会保险等方面发生的争议。

（2）对一裁终局案件仲裁裁决不服的处理。

劳动者对《中华人民共和国劳动争议调解仲裁法》第四十七条规定的仲裁裁决不服的，可以自收到仲裁裁决书之日起十五日内向人民法院提起诉讼。

用人单位有证据证明《中华人民共和国劳动争议调解仲裁法》第四十七条规定的仲裁裁决有下列情形之一，可以自收到仲裁裁决书之日起三十日内向劳动争议仲裁委员会所在地的中级人民法院申请撤销裁决：

① 适用法律、法规确有错误的；
② 劳动争议仲裁委员会无管辖权的；
③ 违反法定程序的；
④ 裁决所根据的证据是伪造的；
⑤ 对方当事人隐瞒了足以影响公正裁决的证据的；
⑥ 仲裁员在仲裁该案时有索贿受贿、徇私舞弊、枉法裁决行为的。

人民法院经组成合议庭审查核实裁决有《中华人民共和国劳动争议调解仲裁法》第四十九条第一款规定情形（即上述情形）之一的，应当裁定撤销。仲裁裁决被人民法院裁定撤销的，当事人可以自收到裁定书之日起十五日内就该劳动争议事项向人民法院提起诉讼。

当事人对《中华人民共和国劳动争议调解仲裁法》第四十七条规定以外的其他劳动争议案件的仲裁裁决不服的，可以自收到仲裁裁决书之日起十五日内向人民法院提起诉讼；期满不起诉的，裁决书发生法律效力。

5. 执行

当事人对发生法律效力的调解书、裁决书，应当依照规定的期限履行。一方当事人逾期不履行的，另一方当事人可以依照民事诉讼法的有关规定向人民法院申请执行。受理申请的人民法院应当依法执行。

事业单位实行聘用制的工作人员与本单位发生劳动争议的，依照《中华人民共和国劳动争议调解仲裁法》执行；法律、行政法规或者国务院另有规定的，依照其规定。

劳动争议仲裁不收费。劳动争议仲裁委员会的经费由财政予以保障。

先予执行。仲裁庭对追索劳动报酬、工伤医疗费、经济补偿或者赔偿金的案件，根据当事人的申请，可以裁决先予执行，移送人民法院执行。

仲裁庭裁决先予执行的，应当符合下列条件：

（1）当事人之间权利义务关系明确；

(2) 不先予执行将严重影响申请人的生活。

劳动者申请先予执行的，可以不提供担保。

【练习 8-17】（多选题）根据劳动争议调解仲裁法律制度的规定，下列劳动争议中，劳动仲裁机构作出的仲裁裁决，除劳动者提起诉讼外，该裁决为终局裁决的有（　　）。

A. 因执行国家的劳动标准在休息休假方面发生的争议
B. 因确认劳动关系发生的争议
C. 因订立劳动合同发生的争议
D. 追索工伤医疗费，不超过当地月最低工资标准 12 个月金额的争议

【练习 8-18】（单选题）根据劳动争议调解仲裁法律制度的规定，下列关于劳动争议终局裁决效力的表述中，正确的是（　　）。

A. 一方当事人逾期不履行终局裁决的，另一方当事人可以向劳动争议仲裁委员会申请强制执行
B. 终局裁决被人民法院裁定撤销的，当事人可以自收到裁定书之日起 15 日内向人民法院提起诉讼
C. 劳动者对终局裁决不服的，不得向人民法院提起诉讼
D. 用人单位对终局裁决不服的，应向基层人民法院申请撤销

任务四　社会保险法律制度

知识拓展

新就业形态下劳动者享有哪些劳动安全卫生保护的权利？

《关于维护新就业形态劳动者劳动保障权益的指导意见》要求，企业要牢固树立安全"红线"意识，不得制定损害劳动者安全健康的考核指标。要严格遵守安全生产相关法律法规，落实全员安全生产责任制，建立健全安全生产规章制度和操作规程，配备必要的劳动安全卫生设施和劳动防护用品，及时对劳动工具的安全和合规状态进行检查，加强安全生产和职业卫生教育培训，重视劳动者身心健康，及时开展心理疏导。强化恶劣天气等特殊情形下的劳动保护，最大限度减少安全生产事故和职业病危害。

一、社会保险的概念

国家建立基本养老保险、基本医疗保险、工伤保险、失业保险、生育保险等社会保险制度，保障公民在年老、疾病、工伤、失业、生育等情况下依法从国家和社会获得物质帮助的权利。

社会保险经办机构提供社会保险服务，负责社会保险登记、个人权益记录、社会保险待遇支付等工作。

二、社会保险的种类

（一）基本养老保险

1. 职工基本养老保险

职工应当参加基本养老保险，由用人单位和职工共同缴纳基本养老保险费。

无雇工的个体工商户、未在用人单位参加基本养老保险的非全日制从业人员以及其他灵活就业人员可以参加基本养老保险，由个人缴纳基本养老保险费。

公务员和参照公务员法管理的工作人员养老保险的办法由国务院规定。

基本养老保险实行社会统筹与个人账户相结合的制度。基本养老保险基金由用人单位和个人缴费以及政府补贴等组成。

用人单位应当按照国家规定的本单位职工工资总额的比例缴纳基本养老保险费，记入基本养老保险统筹基金。职工应当按照国家规定的本人工资的比例缴纳基本养老保险费，记入个人账户。

无雇工的个体工商户、未在用人单位参加基本养老保险的非全日制从业人员以及其他灵活就业人员参加基本养老保险的，应当按照国家规定缴纳基本养老保险费，分别记入基本养老保险统筹基金和个人账户。

国有企业、事业单位职工参加基本养老保险前，视同缴费年限期间应当缴纳的基本养老保险费由政府承担。

个人账户不得提前支取，记账利率不得低于银行定期存款利率，免征利息税。个人死亡的，个人账户余额可以继承。

基本养老金由统筹养老金和个人账户养老金组成。

参加基本养老保险的个人，达到法定退休年龄时累计缴费满十五年的，按月领取基本养老金。

参加基本养老保险的个人，达到法定退休年龄时累计缴费不足十五年的，可以缴费至满十五年，按月领取基本养老金；也可以转入新型农村社会养老保险或者城镇居民社会养老保险，按照国务院规定享受相应的养老保险待遇。

参加基本养老保险的个人，因病或者非因工死亡的，其遗属可以领取丧葬补助金和抚恤金；在未达到法定退休年龄时因病或者非因工致残完全丧失劳动能力的，可以领取病残津贴。所需资金从基本养老保险基金中支付。

个人跨统筹地区就业的，其基本养老保险关系随本人转移，缴费年限累计计算。个人达到法定退休年龄时，基本养老金分段计算、统一支付。具体办法由国务院规定。

2. 新型农村社会养老保险制度、城镇居民社会养老保险制度

国家建立和完善新型农村社会养老保险制度。新型农村社会养老保险实行个人缴费、集体补助和政府补贴相结合的制度。新型农村社会养老保险待遇由基础养老金和个人账户

养老金组成。参加新型农村社会养老保险的农村居民，符合国家规定条件的，按月领取新型农村社会养老保险待遇。

国家建立和完善城镇居民社会养老保险制度。

省、自治区、直辖市人民政府根据实际情况，可以将城镇居民社会养老保险和新型农村社会养老保险合并实施。

（二）基本医疗保险

1. 职工基本医疗保险

职工应当参加职工基本医疗保险，由用人单位和职工按照国家规定共同缴纳基本医疗保险费。

无雇工的个体工商户、未在用人单位参加职工基本医疗保险的非全日制从业人员以及其他灵活就业人员可以参加职工基本医疗保险，由个人按照国家规定缴纳基本医疗保险费。

参加职工基本医疗保险的个人，达到法定退休年龄时累计缴费达到国家规定年限的，退休后不再缴纳基本医疗保险费，按照国家规定享受基本医疗保险待遇；未达到国家规定年限的，可以缴费至国家规定年限。

2. 新型农村合作医疗制度、城镇居民基本医疗保险制度

国家建立和完善新型农村合作医疗制度。新型农村合作医疗的管理办法，由国务院规定。

国家建立和完善城镇居民基本医疗保险制度。城镇居民基本医疗保险实行个人缴费和政府补贴相结合的制度。

享受最低生活保障的人、丧失劳动能力的残疾人、低收入家庭六十周岁以上的老年人和未成年人等所需个人缴费部分，由政府给予补贴。

职工基本医疗保险、新型农村合作医疗和城镇居民基本医疗保险的待遇标准按照国家规定执行。

符合基本医疗保险药品目录、诊疗项目、医疗服务设施标准以及急诊、抢救的医疗费用，按照国家规定从基本医疗保险基金中支付。

下列医疗费用不纳入基本医疗保险基金支付范围：

（1）应当从工伤保险基金中支付的；
（2）应当由第三人负担的；
（3）应当由公共卫生负担的；
（4）在境外就医的。

医疗费用依法应当由第三人负担，第三人不支付或者无法确定第三人的，由基本医疗保险基金先行支付。基本医疗保险基金先行支付后，有权向第三人追偿。

个人跨统筹地区就业的，其基本医疗保险关系随本人转移，缴费年限累计计算。

3. 医疗期及相关待遇

根据《企业职工患病或非因工负伤医疗期规定》，医疗期是指企业职工因患病或非因工负伤停止工作治病休息不得解除劳动合同的时限。

企业职工因患病或非因工负伤，需要停止工作医疗时，根据本人实际参加工作年限和在本单位工作年限，给予三个月到二十四个月的医疗期：

（1）实际工作年限十年以下的，在本单位工作年限五年以下的为三个月；五年以上的为六个月。

（2）实际工作年限十年以上的，在本单位工作年限五年以下的为六个月；五年以上十年以下的为九个月；十年以上十五年以下的为十二个月；十五年以上二十年以下的为十八个月；二十年以上的为二十四个月。

医疗期三个月的按六个月内累计病休时间计算；六个月的按十二个月内累计病休时间计算；九个月的按十五个月内累计病休时间计算；十二个月的按十八个月内累计病休时间计算；十八个月的按二十四个月内累计病休时间计算；二十四个月的按三十个月内累计病休时间计算。

企业职工在医疗期内，其病假工资、疾病救济费和医疗待遇按照有关规定执行。

知识链接

《关于贯彻执行〈中华人民共和国劳动法〉若干问题的意见》规定，职工患病或非因工负伤治疗期间，在规定的医疗期间内由企业按有关规定支付其病假工资或疾病救济费，病假工资或疾病救济费可以低于当地最低工资标准支付，但不能低于最低工资标准的80%。

企业职工非因工致残和经医生或医疗机构认定患有难以治疗的疾病，在医疗期内医疗终结，不能从事原工作，也不能从事用人单位另行安排的工作的，应当由劳动鉴定委员会参照工伤与职业病致残程度鉴定标准进行劳动能力的鉴定。被鉴定为一至四级的，应当退出劳动岗位，终止劳动关系，办理退休、退职手续，享受退休、退职待遇；被鉴定为五至十级的，医疗期内不得解除劳动合同。

企业职工非因工致残和经医生或医疗机构认定患有难以治疗的疾病，医疗期满，应当由劳动鉴定委员会参照工伤与职业病致残程度鉴定标准进行劳动能力的鉴定。被鉴定为一至四级的，应当退出劳动岗位，解除劳动关系，并办理退休、退职手续，享受退休、退职待遇。

医疗期满尚未痊愈者，被解除劳动合同的经济补偿问题按照有关规定执行。

典型案例

2021年7月1日，王某大学毕业后到某企业工作，双方签订为期3年的劳动合同。2024年5月20日，王某患病住院。

王某住院期间，用人单位停发王某全部工资，并以王某不能适应工作为由，解除与王某的劳动合同。分析该用人单位的做法是否符合法律规定，王某应享有的权益有哪些？

【解析】根据《中华人民共和国劳动合同法》的规定，劳动者患病或者非因工负伤，在规定的医疗期内的，用人单位不得解除劳动合同。若在规定的医疗期内劳动合同期满，则劳动合同应当续延至规定的医疗期满。因此，用人单位在王某患病住院依规定应享有的医疗期内，解除与王某的劳动合同，不符合法律规定。王某可以要求该用人单位继续履行劳动合同，补发其病假工资和报销医疗费用。

【练习 8-19】（多选题）2018 年王某初次就业，到甲公司工作。2025 年年初，王某患重病向公司申请病休。关于王某享受医疗期待遇的下列表述中，正确的有（　　）。
A. 医疗期内，甲公司应按照王某病休前的工资待遇向其支付病假工资
B. 王某可享受不超过 6 个月的医疗期
C. 公休、假日和法定节日包括在医疗期内
D. 医疗期内，甲公司不得与王某解除劳动合同

（三）工伤保险

1. 工伤保险费缴纳

职工应当参加工伤保险，由用人单位缴纳工伤保险费，职工不缴纳工伤保险费。

用人单位应当按照本单位职工工资总额，根据社会保险经办机构确定的费率缴纳工伤保险费。

职工因工作原因受到事故伤害或者患职业病，且经工伤认定的，享受工伤保险待遇；其中，经劳动能力鉴定丧失劳动能力的，享受伤残待遇。

知识拓展

用人单位没有缴纳工伤保险费，职工能享受工伤保险待遇吗？

用人单位应当按时缴纳工伤保险费。职工个人不缴纳工伤保险费。这是《工伤保险条例》第十条的强制性规定。

《中华人民共和国社会保险法》[①]第四十一条规定，职工所在用人单位未依法缴纳工伤保险费，发生工伤事故的，由用人单位支付工伤保险待遇。用人单位不支付的，从工伤保险基金中先行支付。

2. 工伤认定

《工伤保险条例》关于工伤认定的规定如下。

（1）职工有下列情形之一的，应当认定为工伤：
① 在工作时间和工作场所内，因工作原因受到事故伤害的；
② 工作时间前后在工作场所内，从事与工作有关的预备性或者收尾性工作受到事故伤害的；

---

① 本书引用《中华人民共和国社会保险法》内容为 2018 年修正版本，其公布日期为 2018 年 12 月 29 日，施行日期为 2018 年 12 月 29 日。

③ 在工作时间和工作场所内，因履行工作职责受到暴力等意外伤害的；

④ 患职业病的；

⑤ 因工外出期间，由于工作原因受到伤害或者发生事故下落不明的；

⑥ 在上下班途中，受到非本人主要责任的交通事故或者城市轨道交通、客运轮渡、火车事故伤害的；

⑦ 法律、行政法规规定应当认定为工伤的其他情形。

（2）职工有下列情形之一的，视同工伤：

① 在工作时间和工作岗位，突发疾病死亡或者在48小时之内经抢救无效死亡的；

② 在抢险救灾等维护国家利益、公共利益活动中受到伤害的；

③ 职工原在军队服役，因战、因公负伤致残，已取得革命伤残军人证，到用人单位后旧伤复发的。

职工有《工伤保险条例》第十五条第一款第（一）项、第（二）项情形（即前述第①项、第②项情形）的，按照《工伤保险条例》的有关规定享受工伤保险待遇；职工有《工伤保险条例》第十五条第一款第（三）项情形（即前述第③项情形）的，按照《工伤保险条例》的有关规定享受除一次性伤残补助金以外的工伤保险待遇。

L市住建局诉L市人社局工伤保险资格认定案

戴某某生前系L市住建局聘请的专业技术人员，被派驻到某县参与脱贫攻坚。2019年9月3日8时40分，戴某某被同事发现昏迷在房间后随即被送医救治。9月4日10时40分，经医院会诊，戴某某被诊断为：脑梗死、脑疝形成，同日23时20分，被医院确诊脑死亡。戴某某家属决定进行人体器官捐献，报经批准后继续对戴某某行器官维护处理。9月5日14时30分，对戴某某行脏器取出手术，完成器官捐献。同日15时28分，L市人民医院出具诊断证明宣告戴某某死亡。9月16日，L市住建局向L市人力资源和社会保障局提出工伤认定申请。L市人力资源和社会保障局认为根据L市人民医院出具的死亡证明判断，戴某某从突发疾病到经抢救无效死亡的时间已经超过了48小时，不符合《工伤保险条例》第十五条第一款第一项关于视同工伤情形的规定，遂作出不予认定工伤决定。L市住建局向人民法院提起诉讼。

L市×区人民法院认为，在人体器官捐献情形下，《工伤保险条例》第十五条第一款第一项规定的"突发疾病死亡或者在48小时之内经抢救无效死亡"的适用，应当以诊疗机构确认的脑死亡时间作为死亡时间。

在确认戴某某人体器官捐献前是否符合视同工伤情形时，KM市第一人民医院人体器官获取组织出具的诊断证明、L市人民医院出具的医学说明、中国人体器官捐献确认登记表等在案证据已形成完整的证据链，足以推翻《居民死亡医学证明（推断）书》关于戴某某死亡时间的认定。据此，一审人民法院判决撤销 L 市人力资源和社会保障局作出的《不予认定工伤决定书》并要求其重新作出具体行政行为。L 市人力资源和社会保障局提起上诉，L 市中级人民法院判决驳回上诉，维持原判。

社会主义法治的目的在于保障人民权益，引导人民向善向上，法律适用应当维护当事人的合法权益，不能因当事人自身的善举而使其失去本应获得的合法权益，更不能使社会公益之举受挫。在人体器官捐献的情况下，以人体器官获取组织的诊断证明认定戴某某的死亡时间，不仅符合法律规定和医学伦理，也更能彰显社会主义核心价值观，有利于倡导公民敬业奉献、存善心、行善举。

（3）职工符合《工伤保险条例》第十四条、第十五条的规定，但是有下列情形之一的，不得认定为工伤或者视同工伤：
① 故意犯罪的；
② 醉酒或者吸毒的；
③ 自残或者自杀的。
（4）提出工伤认定申请应当提交下列材料：
① 工伤认定申请表；
② 与用人单位存在劳动关系（包括事实劳动关系）的证明材料；
③ 医疗诊断证明或者职业病诊断证明书（或者职业病诊断鉴定书）。
工伤认定申请表应当包括事故发生的时间、地点、原因以及职工伤害程度等基本情况。

3. 工伤待遇

因工伤发生的下列费用，按照国家规定从工伤保险基金中支付：
① 治疗工伤的医疗费用和康复费用；
② 住院伙食补助费；
③ 到统筹地区以外就医的交通食宿费；
④ 安装配置伤残辅助器具所需费用；
⑤ 生活不能自理的，经劳动能力鉴定委员会确认的生活护理费；
⑥ 一次性伤残补助金和一至四级伤残职工按月领取的伤残津贴；
⑦ 终止或者解除劳动合同时，应当享受的一次性医疗补助金；
⑧ 因工死亡的，其遗属领取的丧葬补助金、供养亲属抚恤金和因工死亡补助金；
⑨ 劳动能力鉴定费。
因工伤发生的下列费用，按照国家规定由用人单位支付：
① 治疗工伤期间的工资福利；
② 五级、六级伤残职工按月领取的伤残津贴；
③ 终止或者解除劳动合同时，应当享受的一次性伤残就业补助金。
工伤职工符合领取基本养老金条件的，停发伤残津贴，享受基本养老保险待遇。基本养老保险待遇低于伤残津贴的，从工伤保险基金中补足差额。

职工所在用人单位未依法缴纳工伤保险费，发生工伤事故的，由用人单位支付工伤保险待遇。用人单位不支付的，从工伤保险基金中先行支付。

从工伤保险基金中先行支付的工伤保险待遇应当由用人单位偿还。用人单位不偿还的，社会保险经办机构可以依照《中华人民共和国社会保险法》第六十三条的规定追偿。

由于第三人的原因造成工伤，第三人不支付工伤医疗费用或者无法确定第三人的，由工伤保险基金先行支付。工伤保险基金先行支付后，有权向第三人追偿。

工伤职工有下列情形之一的，停止享受工伤保险待遇：丧失享受待遇条件的；拒不接受劳动能力鉴定的；拒绝治疗的。

知识拓展

职工发生工伤后，用人单位能不能解除劳动关系？

根据《中华人民共和国劳动合同法》第四十二条的规定，在本单位患职业病或者因工负伤并被确认丧失或者部分丧失劳动能力的，用人单位不得依照本法第四十条、第四十一条的规定解除劳动合同。

（四）失业保险

职工应当参加失业保险，由用人单位和职工按照国家规定共同缴纳失业保险费。

1. 领取失业保险金的条件

失业人员符合下列条件的，从失业保险基金中领取失业保险金：

（1）失业前用人单位和本人已经缴纳失业保险费满一年的；

（2）非因本人意愿中断就业的；

（3）已经进行失业登记，并有求职要求的。

2. 失业保险待遇

失业人员失业前用人单位和本人累计缴费满一年不足五年的，领取失业保险金的期限最长为十二个月；累计缴费满五年不足十年的，领取失业保险金的期限最长为十八个月；累计缴费十年以上的，领取失业保险金的期限最长为二十四个月。重新就业后，再次失业的，缴费时间重新计算，领取失业保险金的期限与前次失业应当领取而尚未领取的失业保险金的期限合并计算，最长不超过二十四个月。

失业保险金的标准，由省、自治区、直辖市人民政府确定，不得低于城市居民最低生活保障标准。

失业人员在领取失业保险金期间，参加职工基本医疗保险，享受基本医疗保险待遇。失业人员应当缴纳的基本医疗保险费从失业保险基金中支付，个人不缴纳基本医疗保险费。

失业人员在领取失业保险金期间死亡的，参照当地对在职职工死亡的规定，向其遗属发给一次性丧葬补助金和抚恤金。所需资金从失业保险基金中支付。个人死亡同时符合领取基本养老保险丧葬补助金、工伤保险丧葬补助金和失业保险丧葬补助金条件的，其遗属只能选择领取其中的一项。

3. 办理失业登记的程序

用人单位应当及时为失业人员出具终止或者解除劳动关系的证明，并将失业人员的名单自终止或者解除劳动关系之日起十五日内告知社会保险经办机构。

失业人员应当持本单位为其出具的终止或者解除劳动关系的证明，及时到指定的公共就业服务机构办理失业登记。

失业人员凭失业登记证明和个人身份证明，到社会保险经办机构办理领取失业保险金的手续。失业保险金领取期限自办理失业登记之日起计算。

4. 停止领取失业保险金的情形

失业人员在领取失业保险金期间有下列情形之一的，停止领取失业保险金，并同时停止享受其他失业保险待遇：

（1）重新就业的；
（2）应征服兵役的；
（3）移居境外的；
（4）享受基本养老保险待遇的；
（5）无正当理由，拒不接受当地人民政府指定部门或者机构介绍的适当工作或者提供的培训的。

职工跨统筹地区就业的，其失业保险关系随本人转移，缴费年限累计计算。

（五）生育保险

1. 生育保险费缴纳

职工应当参加生育保险，由用人单位按照国家规定缴纳生育保险费，职工不缴纳生育保险费。

2. 生育保险待遇

用人单位已经缴纳生育保险费的，其职工享受生育保险待遇；职工未就业配偶按照国家规定享受生育医疗费用待遇。所需资金从生育保险基金中支付。

生育保险待遇包括生育医疗费用和生育津贴。

生育医疗费用包括下列各项：生育的医疗费用；计划生育的医疗费用；法律、法规规定的其他项目费用。

3. 享受生育津贴的情形

职工有下列情形之一的，可以按照国家规定享受生育津贴：

（1）女职工生育享受产假；
（2）享受计划生育手术休假；

（3）法律、法规规定的其他情形。

生育津贴按照职工所在用人单位上年度职工月平均工资计发。

实务练习

一、概念

劳务派遣　　　社会保险　　　劳动仲裁

二、简答

1. 用人单位没有缴纳工伤保险费，职工能享受工伤保险待遇吗？
2. 职工发生工伤后，用人单位能不能与其解除劳动关系？
3. 简述视同工伤的情形。
4. 简述医疗期及相关待遇。
5. 简述领取失业保险金的条件。

模块八（练习）：参考答案

三、实务案例分析

【案例1】职工在被借调期间受到工伤事故伤害的，应当由谁承担工伤保险责任？

小周是一事业单位员工，因工作需要借调到上级政府部门工作，后被上级政府部门派到基层参加扶贫工作，因工作原因受伤。请分析：小周受到工伤事故伤害的工伤保险责任应当由谁来承担？

法条链接：《工伤保险条例》（2010年12月20日修订版）。

第四十三条　用人单位分立、合并、转让的，承继单位应当承担原用人单位的工伤保险责任；原用人单位已经参加工伤保险的，承继单位应当到当地经办机构办理工伤保险变更登记。

用人单位实行承包经营的，工伤保险责任由职工劳动关系所在单位承担。

职工被借调期间受到工伤事故伤害的，由原用人单位承担工伤保险责任，但原用人单位与借调单位可以约定补偿办法。

企业破产的，在破产清算时依法拨付应当由单位支付的工伤保险待遇费用。

【案例2】（不定项选择题）2024年1月，甲公司与乙公司签订劳务派遣协议，派遣王某到乙公司从事临时性工作。2024年5月，临时性工作结束，两公司未再给王某安排工作，也未再向其支付任何报酬。2024年7月，王某得知自2024年1月被派遣以来，两公司均未为其缴纳社会保险费，遂提出解除劳动合同。

要求：根据上述资料，不考虑其他因素，回答下列各题。

（1）关于王某建立劳动关系的下列表述中，正确的是（　　）。

　　A. 王某与乙公司建立了劳动关系

B. 王某与甲公司建立了劳动关系

C. 王某与甲公司、乙公司均未建立劳动关系

D. 王某与甲公司、乙公司均建立了劳动关系

（2）关于王某无工作期间报酬享受的下列表述中，正确的是（　　）。

A. 王某不享受报酬

B. 乙公司应按月向王某支付报酬

C. 王某享受报酬的标准为支付单位所在地的最低工资标准

D. 甲公司应按月向王某支付报酬

（3）王某解除劳动合同应采取的方式是（　　）。

A. 无须事先告知公司即可解除

B. 应提前30日通知公司解除

C. 可随时通知公司解除

D. 应提前3日通知公司解除

（4）关于该劳动合同解除时经济补偿金支付的下列表述中，说法正确的是（　　）。

A. 甲、乙两个公司均无须向王某支付经济补偿金

B. 乙公司应向王某支付经济补偿金

C. 甲公司应向王某支付经济补偿金

D. 甲、乙两个公司应共同向王某支付经济补偿金

【案例3】（不定项选择题）2024年3月2日高某到甲公司工作，5月4日甲公司与高某签订了1年期书面劳动合同。同年10月，因工作需要，甲公司安排高某于10月1日（国庆节）、10月19日（周六）加班，且未安排补休。

2025年年初甲公司得知高某已经怀孕。劳动合同期限届满时，甲公司终止劳动合同，此时高某仍处于孕期。

已知：甲公司实行标准工时制；高某日工资为220元。甲公司已为高某办理了社会保险登记并按月从其工资中扣缴相关社会保险费用。

要求：根据上述资料，不考虑其他因素，分析回答下列各题。

（1）甲公司与高某劳动关系建立及合同订立后果的下列表述中，正确的是（　　）。

A. 甲公司不需向高某支付2倍工资

B. 双方劳动关系自2024年3月2日建立

C. 高某有权要求甲公司支付自2024年4月2日至5月3日期间的2倍工资

D. 双方劳动关系自2024年5月4日建立

（2）下列社会保险项目中，甲公司应从高某工资中扣缴保险费的是（　　）。

A. 工伤保险　　　　　　　　　　　B. 失业保险

C. 职工基本养老保险　　　　　　　D. 职工基本医疗保险

（3）计算甲公司依法应向高某支付的 2024 年 10 月最低加班工资的下列算式中，正确的是（   ）。

    A．220×200%+220×150%=770（元）

    B．220×300%+220×200%=1100（元）

    C．220×300%+220×300%=1320（元）

    D．220×200%+220×200%=880（元）

（4）关于甲公司终止劳动合同及其法律后果的下列表述中，正确的是（   ）。

    A．甲公司终止该劳动合同后，若高某要求继续履行，则甲公司应当继续履行

    B．劳动合同期限已届满，甲公司可以终止劳动合同

    C．因高某在孕期，甲公司不得终止劳动合同，劳动合同应续延

    D．甲公司终止该劳动合同后，若高某不要求继续履行，则甲公司应当向其支付赔偿金

模块八（实务案例分析）：参考答案

模块九

票据使用规范

导学

本模块讲解的票据法指狭义的票据法，即汇票、本票和支票的票据法规范，是具体规定票据的种类、形式和内容，明确票据当事人之间的权利和义务，调整因票据而发生的各种社会关系的法律规范。相关法律法规为《中华人民共和国票据法》（2004 年修正）、《票据管理实施办法》（2011 年修订）。

学习目标

- 重点掌握支票的使用规范；
- 了解出票、背书、承兑、保证等票据行为；
- 了解票据必须记载的事项；
- 了解商业汇票、银行汇票、本票的使用规范。

任务一　票据概述

一、概念

《中华人民共和国票据法》所称票据，是指汇票、本票和支票。汇票、本票、支票的格式应当统一。

票据凭证的格式和印制管理办法，由中国人民银行规定。

票据出票人制作票据，应当按照法定条件在票据上签章，并按照所记载的事项承担票据责任。

二、票据权利与责任

票据权利，是指持票人向票据债务人请求支付票据金额的权利，包括付款请求权和追索权。

票据责任，是指票据债务人向持票人支付票据金额的义务。

三、签章

持票人行使票据权利,应当按照法定程序在票据上签章,并出示票据。

其他票据债务人在票据上签章的,按照票据所记载的事项承担票据责任。

票据当事人可以委托其代理人在票据上签章,并应当在票据上表明其代理关系。没有代理权而以代理人名义在票据上签章的,应当由签章人承担票据责任;代理人超越代理权限的,应当就其超越权限的部分承担票据责任。

无民事行为能力人或者限制民事行为能力人在票据上签章的,其签章无效,但是不影响其他签章的效力。

票据上的签章,为签名、盖章或者签名加盖章。

法人和其他使用票据的单位在票据上的签章,为该法人或者该单位的盖章加其法定代表人或者其授权的代理人的签章。

《票据管理实施办法》(2011年1月8日修订)规定:

① 商业汇票上的出票人的签章,为该单位的财务专用章或者公章加其法定代表人或者其授权的代理人的签名或者盖章;支票上的出票人的签章,出票人为单位的,为与该单位在银行预留签章一致的财务专用章或者公章加其法定代表人或者其授权的代理人的签名或者盖章;出票人为个人的,为与该个人在银行预留签章一致的签名或者盖章。

② 出票人在票据上的签章不符合票据法和本办法规定的,票据无效;背书人、承兑人、保证人在票据上的签章不符合票据法和本办法规定的,其签章无效,但是不影响票据上其他签章的效力。

四、票据记载事项

票据金额以中文大写和数码同时记载,二者必须一致,二者不一致的,票据无效。

票据金额、日期、收款人名称不得更改,更改的票据无效。

对票据上的其他记载事项,原记载人可以更改,更改时应当由原记载人签章证明。

五、票据的取得

票据的签发、取得和转让,应当遵循诚实信用的原则,具有真实的交易关系和债权债务关系。

票据的取得,必须给付对价,即应当给付票据双方当事人认可的相对应的代价。

因税收、继承、赠与可以依法无偿取得票据的,不受给付对价的限制。但是,所享有的票据权利不得优于其前手的权利。前手是指在票据签章人或者持票人之前签章的其他票据债务人。

以欺诈、偷盗或者胁迫等手段取得票据的,或者明知有前列情形,出于恶意取得票据的,不得享有票据权利。

持票人因重大过失取得不符合《中华人民共和国票据法》规定的票据的,也不得享有票据权利。

【练习9-1】（多选题）下列情况下，持票人享有票据权利的有（　　）。
A. 张三明知李四偷来一张支票，李四向其转让时，张三仍欣然接受
B. 甲单位以支票形式向地震灾区某小学捐款，该小学接受该支票
C. 作为收款人，王五依法接受一张银行本票
D. 作为最后持票人，刘六持有一张银行汇票且背书连续

六、抗辩

《中华人民共和国票据法》所称抗辩，是指票据债务人根据《中华人民共和国票据法》规定对票据债权人拒绝履行义务的行为。

票据债务人不得以自己与出票人或者与持票人的前手之间的抗辩事由，对抗持票人。但是，持票人明知存在抗辩事由而取得票据的除外。

票据债务人可以对不履行约定义务的与自己有直接债权债务关系的持票人，进行抗辩。

典型案例

A公司于2024年4月1日向B公司签发一张出票后3个月付款的银行承兑汇票，汇票金额为200万元，承兑人为甲银行。4月3日，B公司将其背书转让给C公司。该汇票于7月1日到期后，持票人C公司于7月5日向甲银行提示付款，甲银行以出票人A公司的银行账户上只有80万元为由拒绝付款。此案例中，甲银行的主张不成立。

根据规定，票据债务人（承兑人甲银行是主债务人）不得以自己与出票人（A公司）之间的抗辩事由（资金不足），对抗持票人。

七、伪造、变造票据的行为

票据上的记载事项应当真实，不得伪造、变造。伪造、变造票据上的签章和其他记载事项的，应当承担法律责任。

票据上有伪造、变造的签章的，不影响票据上其他真实签章的效力。票据上其他记载事项被变造的，在变造之前签章的人，对原记载事项负责；在变造之后签章的人，对变造之后的记载事项负责；不能辨别是在票据被变造之前或者之后签章的，视同在变造之前签章。

知识拓展

票据伪造：票据伪造是指无权限人假冒他人名义或虚构他人名义，在票据上进行虚假记载或签章的行为，例如伪造出票签章、背书签章、承兑签章和保证签章等。

票据变造：票据变造是指无权更改票据内容的人，对票据上签章以外的记载事项加以改变的行为，变造票据的方法多是在合法票据的基础上，对票据剪接、挖补、覆盖、涂改。

八、票据丧失的补救

票据丧失，失票人可以及时通知票据的付款人挂失止付，但是，未记载付款人或者无法确定付款人及其代理付款人的票据除外。

收到挂失止付通知的付款人，应当暂停支付。

《票据管理实施办法》规定，付款人或者代理付款人收到挂失止付通知书，应当立即暂停支付。付款人或者代理付款人自收到挂失止付通知书之日起12日内没有收到人民法院的止付通知书的，自第13日起，挂失止付通知书失效。

《票据管理实施办法》规定，付款人或者代理付款人在收到挂失止付通知书前，已经依法向持票人付款的，不再接受挂失止付。《中华人民共和国票据法》所称"代理付款人"，是指根据付款人的委托，代其支付票据金额的银行、城市信用合作社和农村信用合作社。

失票人应当在通知挂失止付后三日内，也可以在票据丧失后，依法向人民法院申请公示催告，或者向人民法院提起诉讼。

九、票据权利时效

票据权利在下列期限内不行使而消灭：

（1）持票人对票据的出票人和承兑人的权利，自票据到期日起二年。见票即付的汇票、本票，自出票日起二年；

（2）持票人对支票出票人的权利，自出票日起六个月；

（3）持票人对前手的追索权，自被拒绝承兑或者被拒绝付款之日起六个月；

（4）持票人对前手的再追索权，自清偿日或者被提起诉讼之日起三个月。

票据的出票日、到期日由票据当事人依法确定。

持票人因超过票据权利时效或者因票据记载事项欠缺而丧失票据权利的，仍享有民事权利，可以请求出票人或者承兑人返还其与未支付的票据金额相当的利益。

持票人对票据债务人行使票据权利，或者保全票据权利，应当在票据当事人的营业场所和营业时间内进行，票据当事人无营业场所的，应当在其住所进行。

任务二　商业汇票

汇票是出票人签发的，委托付款人在见票时或者在指定日期无条件支付确定的金额给收款人或者持票人的票据。汇票分为银行汇票和商业汇票。

商业汇票按照承兑人可分为商业承兑汇票和银行承兑汇票。

一、出票

（一）概念

出票是指出票人签发票据并将其交付给收款人的票据行为。

商业汇票的出票人，为银行以外的企业和其他组织。商业汇票只在单位之间（法人以及其他组织之间）使用，同城、异地均可使用，自然人不适用。

（二）向银行申请办理汇票承兑的商业汇票的出票人必须具备的条件

（1）在承兑银行开立存款账户。

（2）资信状况良好，并具有支付汇票金额的可靠资金来源。

不得签发无对价的汇票用以骗取银行或者其他票据当事人的资金。

（三）汇票必须记载的事项

汇票必须记载下列事项：

（1）表明"汇票"的字样；

（2）无条件支付的委托；

（3）确定的金额；

（4）付款人名称；

（5）收款人名称；

（6）出票日期；

（7）出票人签章。

汇票上未记载《中华人民共和国票据法》第二十二条第一款规定事项（即上述事项）之一的，汇票无效。

注意，电子商业汇票出票必须记载的事项比纸质商业汇票多 2 项：出票人名称；票据到期日（表明"汇票"的字样变为表明"电子银行承兑汇票"或"电子商业承兑汇票"的字样）。

（四）电子商业汇票

1. 概念

电子商业汇票是指出票人依托电子商业汇票系统，以数据电文形式制作的，委托付款人在指定日期无条件支付确定金额给收款人或者持票人的票据。

2. 电子商业汇票的强制使用

单张出票金额在 100 万元以上的商业汇票原则上应全部通过电子商业汇票办理；单张出票金额在 300 万元以上的商业汇票应全部通过电子商业汇票办理。

（五）汇票的其他记载事项

汇票上记载付款日期、付款地、出票地等事项的，应当清楚、明确。汇票上未记载付款日期的，为见票即付。汇票上未记载付款地的，付款人的营业场所、住所或者经常居住地为付款地。汇票上未记载出票地的，出票人的营业场所、住所或者经常居住地为出票地。汇票上可以记载《中华人民共和国票据法》规定事项以外的其他出票事项，但是该记载事项不具有汇票上的效力。

（六）付款日期

付款日期可以按照下列形式之一记载：
（1）见票即付；
（2）定日付款；
（3）出票后定期付款；
（4）见票后定期付款。

《中华人民共和国票据法》第二十五条第一款（即上述内容）规定的付款日期为汇票到期日。

> **知识拓展**
>
> 商业汇票的付款期限记载具体有以下几种形式：①定日付款的汇票，在汇票上记载具体的到期日；②出票后定期付款的汇票，付款期限自出票日起按月计算，并在汇票上记载；③见票后定期付款的汇票，付款期限自承兑或拒绝承兑日起按月计算，并在汇票上记载。
>
> 电子商业汇票的出票日是指出票人记载在电子商业汇票上的出票日期。
>
> 商业汇票的付款期限应当与真实交易的履行期限相匹配，自出票日起至到期日止，最长不得超过六个月。

（七）出票人付款责任

出票人签发汇票后，即承担保证该汇票承兑和付款的责任。出票人在汇票得不到承兑或者付款时，应当向持票人清偿《中华人民共和国票据法》第七十条、第七十一条规定的金额和费用。

（八）签章

商业汇票上的出票人的签章，为该单位的财务专用章或者公章加其法定代表人或者其授权的代理人的签名或者盖章。

二、背书

（一）概念

背书是指在票据背面或者粘单上记载有关事项并签章的票据行为。

持票人可以将汇票权利转让给他人或者将一定的汇票权利授予他人行使。持票人行使《中华人民共和国票据法》第二十七条第一款规定的权利时，应当背书并交付汇票。

出票人在汇票上记载"不得转让"字样的，汇票不得转让。

（二）粘单

票据凭证不能满足背书人记载事项的需要，可以加附粘单，粘附于票据凭证上。粘单上的第一记载人，应当在汇票和粘单的粘接处签章。

（三）签章及日期

背书由背书人签章并记载背书日期。背书未记载日期的，视为在汇票到期日前背书。

汇票以背书转让或者以背书将一定的汇票权利授予他人行使时，必须记载被背书人名称。背书人未记载被背书人名称即将票据交付他人的，持票人在票据被背书人栏内记载自己的名称与背书人记载具有同等法律效力。

（四）背书应当连续

以背书转让的汇票，背书应当连续。持票人以背书的连续，证明其汇票权利。背书连续，是指在票据转让中，转让汇票的背书人与受让汇票的被背书人在汇票上的签章依次前后衔接。

以背书转让的汇票，后手应当对其直接前手背书的真实性负责。后手是指在票据签章人之后签章的其他票据债务人。

非经背书转让，而以其他合法方式取得汇票的，依法举证，证明其汇票权利。

（五）背书的特别规定

背书不得附有条件。背书时附有条件的，所附条件不具有汇票上的效力。

将汇票金额的一部分转让的背书或者将汇票金额分别转让给二人以上的背书无效。

背书人在汇票上记载"不得转让"字样，其后手再背书转让的，原背书人对后手的被背书人不承担保证责任。

【例 9-1】甲公司为购买货物而将所持有的汇票背书转让给乙公司，但因担心以此方式付款后对方不交货，甲公司在背书栏中记载了"乙公司必须按期保质交货，否则不付款"的字样。乙公司在收到票据后没有按期交货。根据票据法律制度的规定，下列表述中，正确的是（   ）。

A. 背书无效
B. 背书有效，乙的后手持票人应受上述记载约束
C. 背书有效，但是上述记载事项不具有汇票上的效力
D. 票据无效

【答案】C

【解析】《中华人民共和国票据法》第二十四条规定，汇票上可以记载本法规定事项以外的其他出票事项，但是该记载事项不具有汇票上的效力。

(六)非转让背书

背书记载"委托收款"字样的,被背书人有权代背书人行使被委托的汇票权利。但是,被背书人不得再以背书转让汇票权利。

汇票可以设定质押;质押时应当以背书记载"质押"字样。被背书人依法实现其质权时,可以行使汇票权利。

(七)期后背书

汇票被拒绝承兑、被拒绝付款或者超过付款提示期限的,不得背书转让;背书转让的,背书人应当承担汇票责任。

背书人以背书转让汇票后,即承担保证其后手所持汇票承兑和付款的责任。背书人在汇票得不到承兑或者付款时,应当向持票人清偿《中华人民共和国票据法》第七十条、第七十一条规定的金额和费用。

典型案例

出票人在汇票上记载"不得转让"字样,背书受让人享有票据权利吗?

2023年7月3日,W公司向Y公司签发两张电子商业承兑汇票,金额均为500万元,到期日均为2024年7月3日,并标记"不得转让"。

2024年3月31日,Y公司将上述汇票背书给W公司,标记"可再转让"。2024年4月1日,W公司将上述汇票背书转让给H公司,并标记"不得转让"。

2024年7月3日,H公司向承兑人提示付款,接入行以承兑人账户余额不足为由代为拒付。

之后,H公司以W公司和Y公司为共同被告提起票据追索权之诉,请求人民法院判令各被告连带向其支付票据款本息。诉讼中,人民法院认为鉴于W公司作为出票人签发的汇票记载"不得转让"字样,后续全部背书行为均无效,H公司不享有任何票据权利,非票据追索权之诉的适格原告,并裁定驳回起诉。

《最高人民法院关于审理票据纠纷案件若干问题的规定》第四十七条规定,依照票据法第二十七条的规定,票据的出票人在票据上记载"不得转让"字样,票据持有人背书转让的,背书行为无效。背书转让后的受让人不得享有票据权利,票据的出票人、承兑人对受让人不承担票据责任。

三、承兑

(一)概念

承兑是指汇票付款人承诺在汇票到期日支付汇票金额的票据行为。

（二）提示承兑时间

提示承兑是指持票人向付款人出示汇票，并要求付款人承诺付款的行为。

见票即付的汇票无需提示承兑。

定日付款或者出票后定期付款的汇票，持票人应当在汇票到期日前向付款人提示承兑。

见票后定期付款的汇票，持票人应当自出票日起一个月内向付款人提示承兑。

汇票未按照规定期限提示承兑的，持票人丧失对其前手的追索权。

付款人对向其提示承兑的汇票，应当自收到提示承兑的汇票之日起三日内承兑或者拒绝承兑。

（三）承兑的注意事项

付款人收到持票人提示承兑的汇票时，应当向持票人签发收到汇票的回单。回单上应当记明汇票提示承兑日期并签章。

付款人承兑汇票的，应当在汇票正面记载"承兑"字样和承兑日期并签章；见票后定期付款的汇票，应当在承兑时记载付款日期。

汇票上未记载承兑日期的，应当以《中华人民共和国票据法》第四十一条第一款规定期限的最后一日为承兑日期。

付款人承兑汇票，不得附有条件；承兑附有条件的，视为拒绝承兑。

付款人承兑汇票后，应当承担到期付款的责任。

【例9-2】乙公司在与甲公司的交易过程中获得300万元的汇票一张，付款人为丙公司。乙公司请求承兑时，丙公司在汇票上签注："承兑。甲公司款到后支付。"根据票据法律制度的规定，下列关于丙公司付款责任的表述中，正确的是（　　）。

A. 丙公司已经承兑，应承担付款责任
B. 应视为丙公司拒绝承兑，丙公司不承担付款责任
C. 甲公司给丙公司付款后，丙公司才承担付款责任
D. 按甲公司给丙公司付款的多少确定丙公司应承担的付款责任

【答案】B

【解析】付款人承兑汇票，不能附有条件；承兑附有条件的，视为拒绝承兑。

四、保证

（一）概念

票据保证，是指票据债务人以外的他人，为担保特定债务人履行票据债务而在票据上记载有关事项并签章的行为。汇票的债务可以由保证人承担保证责任。保证人由汇票债务人以外的他人担当。

《票据管理实施办法》规定："保证人应当依照票据法的规定，在票据或者其粘单上记载保证事项。保证人为出票人、付款人、承兑人保证的，应当在票据的正面记载保证事项；保证人为背书人保证的，应当在票据的背面或者其粘单上记载保证事项。"

（二）保证人必须记载的事项

保证人必须在汇票或者粘单上记载下列事项：
（1）表明"保证"的字样；
（2）保证人名称和住所；
（3）被保证人的名称；
（4）保证日期；
（5）保证人签章。

保证人在汇票或者粘单上未记载被保证人的名称的，已承兑的汇票，承兑人为被保证人；未承兑的汇票，出票人为被保证人。

保证人在汇票或者粘单上未记载保证日期的，出票日期为保证日期。

（三）保证效力

保证不得附有条件；附有条件的，不影响对汇票的保证责任。

保证人对合法取得汇票的持票人所享有的汇票权利，承担保证责任。但是，被保证人的债务因汇票记载事项欠缺而无效的除外。

被保证的汇票，保证人应当与被保证人对持票人承担连带责任。汇票到期后得不到付款的，持票人有权向保证人请求付款，保证人应当足额付款。

保证人为二人以上的，保证人之间承担连带责任。

保证人清偿汇票债务后，可以行使持票人对被保证人及其前手的追索权。

五、付款

（一）提示付款期限

持票人应当按照下列期限提示付款：
（1）见票即付的汇票，自出票日起一个月内向付款人提示付款；
（2）定日付款、出票后定期付款或者见票后定期付款的汇票，自到期日起十日内向承兑人提示付款。

持票人未按照《中华人民共和国票据法》第五十三条第一款（即上述内容）规定期限提示付款的，在作出说明后，承兑人或者付款人仍应当继续对持票人承担付款责任。

通过委托收款银行或者通过票据交换系统向付款人提示付款的，视同持票人提示付款。

持票人依照《中华人民共和国票据法》第五十三条规定提示付款的，付款人必须在当日足额付款。

（二）相关银行责任

持票人委托的收款银行的责任，限于按照汇票上记载事项将汇票金额转入持票人账户。付款人委托的付款银行的责任，限于按照汇票上记载事项从付款人账户支付汇票金额。

(三)付款人及其代理付款人的审查义务

付款人及其代理付款人付款时,应当审查汇票背书的连续,并审查提示付款人的合法身份证明或者有效证件。

付款人及其代理付款人以恶意或者有重大过失付款的,应当自行承担责任。

对定日付款、出票后定期付款或者见票后定期付款的汇票,付款人在到期日前付款的,由付款人自行承担所产生的责任。

付款人依法足额付款后,全体汇票债务人的责任解除。

六、追索权

(一)到期后追索

汇票到期被拒绝付款的,持票人可以对背书人、出票人以及汇票的其他债务人行使追索权。

(二)到期前追索

汇票到期日前,有下列情形之一的,持票人也可以行使追索权:
(1)汇票被拒绝承兑的;
(2)承兑人或者付款人死亡、逃匿的;
(3)承兑人或者付款人被依法宣告破产的或者因违法被责令终止业务活动的。

(三)行使追索权的程序

1. 取得相关证明

持票人行使追索权时,应当提供被拒绝承兑或者被拒绝付款的有关证明。

持票人提示承兑或者提示付款被拒绝的,承兑人或者付款人必须出具拒绝证明,或者出具退票理由书。未出具拒绝证明或者退票理由书的,应当承担由此产生的民事责任。

持票人因承兑人或者付款人死亡、逃匿或者其他原因,不能取得拒绝证明的,可以依法取得其他有关证明。

《最高人民法院关于审理票据纠纷案件若干问题的规定》规定,《中华人民共和国票据法》第六十三条所称"其他有关证明"是指:①人民法院出具的宣告承兑人、付款人失踪或者死亡的证明、法律文书;②公安机关出具的承兑人、付款人逃匿或者下落不明的证明;③医院或者有关单位出具的承兑人、付款人死亡的证明;④公证机构出具的具有拒绝证明效力的文书。承兑人自己作出并发布的表明其没有支付票款能力的公告,可以认定为拒绝证明。

承兑人或者付款人被人民法院依法宣告破产的，人民法院的有关司法文书具有拒绝证明的效力。

承兑人或者付款人因违法被责令终止业务活动的，有关行政主管部门的处罚决定具有拒绝证明的效力。

持票人不能出示拒绝证明、退票理由书或者未按照规定期限提供其他合法证明的，丧失对其前手的追索权。但是，承兑人或者付款人仍应当对持票人承担责任。

2. 发出追索通知

持票人应当自收到被拒绝承兑或者被拒绝付款的有关证明之日起三日内，将被拒绝事由书面通知其前手；其前手应当自收到通知之日起三日内书面通知其再前手。持票人也可以同时向各汇票债务人发出书面通知。

未按照《中华人民共和国票据法》第六十六条第一款规定期限通知的，持票人仍可以行使追索权。因延期通知给其前手或者出票人造成损失的，由没有按照规定期限通知的汇票当事人，承担对该损失的赔偿责任，但是所赔偿的金额以汇票金额为限。

在规定期限内将通知按照法定地址或者约定的地址邮寄的，视为已经发出通知。

依照《中华人民共和国票据法》第六十六条第一款所作的书面通知，应当记明汇票的主要记载事项，并说明该汇票已被退票。

汇票的出票人、背书人、承兑人和保证人对持票人承担连带责任。持票人可以不按照汇票债务人的先后顺序，对其中任何一人、数人或者全体行使追索权。持票人对汇票债务人中的一人或者数人已经进行追索的，对其他汇票债务人仍可以行使追索权。被追索人清偿债务后，与持票人享有同一权利。

持票人为出票人的，对其前手无追索权。持票人为背书人的，对其后手无追索权。

3. 追索金额

（1）首次追索权。

持票人行使追索权，可以请求被追索人支付下列金额和费用：

① 被拒绝付款的汇票金额；

② 汇票金额自到期日或者提示付款日起至清偿日止，按照中国人民银行规定的利率计算的利息；

③ 取得有关拒绝证明和发出通知书的费用。

被追索人清偿债务时，持票人应当交出汇票和有关拒绝证明，并出具所收到利息和费用的收据。

（2）再追索权。

被追索人依照《中华人民共和国票据法》第七十条规定清偿后，可以向其他汇票债务人行使再追索权，请求其他汇票债务人支付下列金额和费用：

① 已清偿的全部金额；

② 前项金额自清偿日起至再追索清偿日止，按照中国人民银行规定的利率计算的利息；

③ 发出通知书的费用。

行使再追索权的被追索人获得清偿时，应当交出汇票和有关拒绝证明，并出具所收到利息和费用的收据。

被追索人依照《中华人民共和国票据法》第七十条、第七十一条规定清偿债务后，其责任解除。

【练习 9-2】（多选题）下列各项中，属于被追索人可请求其他汇票债务人清偿的款项的是（　　）。

A. 被追索人已清偿的全部金额

B. 被追索人发出通知书的费用

C. 被追索人已清偿的全部金额自清偿日起至再追索清偿日止，按照中国人民银行规定的利率计算的利息

D. 持票人因票据金额被拒绝支付而导致的利润损失

七、商业汇票贴现

（一）概念

贴现是指持票人在商业汇票到期日前，贴付一定利息将票据转让至具有贷款业务资质机构的行为。

（二）贴现利息的计算

票据贴现的计息期限从其贴现之日起至票据到期日止，到期日遇法定节假日的顺延至下一工作日。

实付贴现金额按票面金额扣除贴现日至票据到期前 1 日的利息计算。承兑人在异地的，贴现的期限以及贴现利息的计算应另加 3 天的划款日期。

（三）贴现的收款

贴现到期，贴现银行应向付款人收取票款。不获付款的，贴现银行应向其前手追索票款。贴现银行追索票款时可从申请人的存款账户收取票款。

【例 9-3】甲企业、乙企业签订买卖合同，甲企业开出一张票面金额为 10 万元的银行承兑汇票给乙企业。出票日期为 2 月 10 日，到期日为 5 月 10 日。4 月 6 日，乙企业持此汇票及有关发票和货物发运单据复印件向银行办理了贴现。已知同期银行年贴现率为 3.9%，一年按 360 天计算，贴现银行与承兑银行在同一城市，那么实付贴现金额按票面金额扣除贴现日至汇票到期前 1 日的利息计算是多少？

案例中贴现日是 4 月 6 日，汇票到期前 1 日是 5 月 9 日，共 34 天。
乙企业从银行取出的金额为：
$$100000-100000\times3.9\%\times(34\div360)\approx99632（元）$$
或者：
$$100000-100000\times34\times(3.9\%\div360)\approx99632（元）$$

任务三　银行汇票、本票、支票

一、银行汇票

（一）概念

银行汇票是出票银行签发的，由其在见票时按照实际结算金额无条件付给收款人或者持票人的票据。

（二）银行汇票的出票

银行汇票的出票银行为银行汇票的付款人。单位和个人各种款项结算，均可使用银行汇票。

银行汇票可以用于转账，填明"现金"字样的银行汇票也可以用于支取现金。申请人或者收款人为单位的，不得在"银行汇票申请书"上填明"现金"字样。

出票银行受理银行汇票申请书，收妥款项后签发银行汇票，并用压数机压印出票金额，将银行汇票和解讫通知一并交给申请人。

（三）银行汇票的绝对应记载事项

签发银行汇票必须记载下列事项：
（1）表明"银行汇票"的字样；
（2）无条件支付的承诺；
（3）出票金额；
（4）付款人名称；
（5）收款人名称；
（6）出票日期；
（7）出票人签章。
欠缺记载上列事项之一的，银行汇票无效。

（四）收款人应审查事项

收款人受理银行汇票时，应审查下列事项：
（1）银行汇票和解讫通知是否齐全、汇票号码和记载的内容是否一致；
（2）收款人是否为本单位或本人；
（3）银行汇票是否在提示付款期限内；
（4）必须记载的事项是否齐全；
（5）出票人签章是否符合规定，是否有压数机压印的出票金额，并与大写出票金额一致；
（6）出票金额、出票日期、收款人名称是否更改，更改的其他记载事项是否由原记载人签章证明。

（五）填写实际结算金额

未填明实际结算金额和多余金额或实际结算金额超过出票金额的，银行不予受理。
银行汇票的实际结算金额不得更改，更改实际结算金额的银行汇票无效。

（六）银行汇票背书

被背书人受理银行汇票时，除收款人受理银行汇票时应审查的事项外，还应审查下列事项：
（1）银行汇票是否记载实际结算金额，有无更改，其金额是否超过出票金额；
（2）背书是否连续，背书人签章是否符合规定，背书使用粘单的是否按规定签章；
（3）背书人为个人的身份证件。
银行汇票的背书转让以不超过出票金额的实际结算金额为准。未填写实际结算金额或实际结算金额超过出票金额的银行汇票不得背书转让。

（七）银行汇票的提示付款期限

银行汇票的提示付款期限为自出票日起一个月。持票人超过付款期限提示付款的，代理付款人不予受理。持票人向银行提示付款时，须同时提交银行汇票和解讫通知，缺少任何一联，银行不予受理。

持票人超过期限向代理付款银行提示付款却不获付款的，须在票据权利时效内向出票银行作出说明，并提供本人身份证件或单位证明，持银行汇票和解讫通知向出票银行请求付款。

（八）银行汇票退款及丧失

申请人因银行汇票超过付款提示期限或其他原因要求退款时，应将银行汇票和解讫通知同时提交到出票银行。申请人为单位的，应出具该单位的证明；申请人为个人的，应出具本人的身份证件。对于代理付款银行查询的该张银行汇票，应在汇票提示付款期满后方能办理退款。出票银行对于转账银行汇票的退款，只能转入原申请人账户；对于符合规定填明"现金"字样银行汇票的退款，才能退付现金。申请人缺少解讫通知要求退款的，出票银行应于银行汇票提示付款期满一个月后办理。

银行汇票丧失，失票人可以凭人民法院出具的其享有票据权利的证明，向出票银行请求付款或退款。

银行汇票上的出票人的签章，为该银行的汇票专用章加其法定代表人或者其授权的代理人的签名或者盖章。

【练习 9-3】（多选题）下列关于银行汇票的表述中，正确的有（　　）。
A. 银行汇票的实际结算金额不得更改，且不得超过出票金额
B. 持票人向银行提示付款时，须同时提交银行汇票和解讫通知
C. 银行汇票的提示付款期限为自出票日起 1 个月
D. 申请人或者收款人为单位的，可以申请使用现金银行汇票

二、本票

（一）概念

本票是出票人签发的，承诺自己在见票时无条件支付确定的金额给收款人或者持票人的票据。《中华人民共和国票据法》所称本票，是指银行本票。

（二）签章

银行本票上的出票人的签章，为该银行的本票专用章加其法定代表人或者其授权的代理人的签名或者盖章。

（三）本票必须记载的事项

本票必须记载下列事项：
（1）表明"本票"的字样；
（2）无条件支付的承诺；
（3）确定的金额；
（4）收款人名称；
（5）出票日期；
（6）出票人签章。
本票上未记载上述规定事项之一的，本票无效。

（四）其他记载事项

本票上记载付款地、出票地等事项的，应当清楚、明确。本票上未记载付款地的，出票人的营业场所为付款地。本票上未记载出票地的，出票人的营业场所为出票地。

本票的出票人在持票人提示见票时，必须承担付款的责任。

（五）付款期限

本票自出票日起，付款期限最长不得超过二个月。本票的持票人未按照规定期限提示见票的，丧失对出票人以外的前手的追索权。

本票的背书、保证、付款行为和追索权的行使，除《中华人民共和国票据法》第三章规定外，适用《中华人民共和国票据法》第二章有关汇票的规定。

本票的出票行为，除《中华人民共和国票据法》第三章规定外，适用《中华人民共和国票据法》第二十四条关于汇票的规定。

三、支票

（一）概念

支票是出票人签发的，委托办理支票存款业务的银行或者其他金融机构在见票时无条件支付确定的金额给收款人或者持票人的票据。

支票的出票人，为在经中国人民银行批准办理支票存款业务的银行、城市信用合作社和农村信用合作社开立支票存款账户的企业、其他组织和个人。

（二）签章

支票上的出票人的签章，出票人为单位的，为与该单位在银行预留签章一致的财务专用章或者公章加其法定代表人或者其授权的代理人的签名或者盖章；出票人为个人的，为与该个人在银行预留签章一致的签名或者盖章。

（三）开立支票存款账户

开立支票存款账户，申请人必须使用其本名，并提交证明其身份的合法证件。开立支票存款账户和领用支票，应当有可靠的资信，并存入一定的资金。开立支票存款账户，申请人应当预留其本名的签名式样和印鉴。

（四）支票的种类

支票可以支取现金，也可以转账，用于转账时，应当在支票正面注明。支票中专门用于支取现金的，可以另行制作现金支票，现金支票只能用于支取现金。支票中专门用于转账的，可以另行制作转账支票，转账支票只能用于转账，不得支取现金。

（五）支票必须记载的事项

支票必须记载下列事项：
（1）表明"支票"的字样；
（2）无条件支付的委托；

（3）确定的金额；
（4）付款人名称；
（5）出票日期；
（6）出票人签章。

支票上未记载《中华人民共和国票据法》第八十四条第一款规定事项（即上述事项）之一的，支票无效。

（六）可授权补记事项

支票上的金额可以由出票人授权补记，未补记前的支票，不得使用。支票上未记载收款人名称的，经出票人授权，可以补记。

（七）其他记载事项

支票上未记载付款地的，付款人的营业场所为付款地。支票上未记载出票地的，出票人的营业场所、住所或者经常居住地为出票地。出票人可以在支票上记载自己为收款人。

（八）禁止签发空头支票

支票的出票人所签发的支票金额不得超过其付款时在付款人处实有的存款金额。

出票人签发的支票金额超过其付款时在付款人处实有的存款金额的，为空头支票。禁止签发空头支票。

（九）支票出票人的签章

支票的出票人不得签发与其预留本名的签名式样或者印鉴不符的支票。

出票人必须按照签发的支票金额承担保证向该持票人付款的责任。

出票人在付款人处的存款足以支付支票金额时，付款人应当在当日足额付款。

（十）提示付款期限

支票限于见票即付，不得另行记载付款日期。另行记载付款日期的，该记载无效。

支票的持票人应当自出票日起十日内提示付款；异地使用的支票，其提示付款的期限由中国人民银行另行规定。超过提示付款期限的，付款人可以不予付款；付款人不予付款的，出票人仍应当对持票人承担票据责任。

支票的背书、付款行为和追索权的行使，除《中华人民共和国票据法》第四章规定外，适用《中华人民共和国票据法》第二章有关汇票的规定。

支票的出票行为，除《中华人民共和国票据法》第四章规定外，适用《中华人民共和国票据法》第二十四条、第二十六条关于汇票的规定。

任务四　法律责任

签发空头支票或者签发与其预留的签章不符的支票，不以骗取财物为目的的，由中国人民银行处以票面金额5%但不低于1000元的罚款；持票人有权要求出票人赔偿支票金额2%的赔偿金。

有下列票据欺诈行为之一的，依法追究刑事责任：

（1）伪造、变造票据的；

（2）故意使用伪造、变造的票据的；

（3）签发空头支票或者故意签发与其预留的本名签名式样或者印鉴不符的支票，骗取财物的；

（4）签发无可靠资金来源的汇票、本票，骗取资金的；

（5）汇票、本票的出票人在出票时作虚假记载，骗取财物的；

（6）冒用他人的票据，或者故意使用过期或者作废的票据，骗取财物的；

（7）付款人同出票人、持票人恶意串通，实施前六项所列行为之一的。

有《中华人民共和国票据法》第一百零二条所列行为之一，情节轻微，不构成犯罪的，依照国家有关规定给予行政处罚。

票据的付款人对见票即付或者到期的票据，故意压票、拖延支付的，由中国人民银行处以压票、拖延支付期间每日票据金额0.7‰的罚款；对直接负责的主管人员和其他直接责任人员给予警告、记过、撤职或者开除的处分。

违反中国人民银行规定，擅自印制票据的，由中国人民银行责令改正，处以1万元以上20万元以下的罚款；情节严重的，中国人民银行有权提请有关部门吊销其营业执照。

实务练习

一、概念

出票　　承兑　　背书　　保证　　贴现　　空头支票

二、简答

1. 简述支票必须记载的事项。
2. 简述保证人必须记载的事项。
3. 简述商业汇票必须记载的事项。
4. 简述有关票据权利时效的具体规定。

模块九（练习）：参考答案

三、实务案例分析

甲公司法定代表人为赵某，甲公司在 P 银行开立支票存款账户，预留签章为公司公章和会计机构负责人刘某的个人名章。

2017 年 1 月 11 日，赵某派业务员李某采购原料，刘某签发一张转账支票交给李某，但支票上未填写金额和收款人名称。

李某与乙公司签订合同后，将支票交付乙公司会计人员张某，张某在支票上填写合同金额 10 万元，并在收款人栏填写乙公司。

1 月 12 日张某持支票到本公司的开户银行 Q 银行，拟通过委托收款方式向 P 银行提示付款。

要求：根据上述资料，不考虑其他因素，回答下列各题。

（1）（单选题）刘某签发支票时，下列关于支票上的签章的表述中，正确的是（　　）。

　　A．甲公司财务专用章加赵某的个人名章

　　B．甲公司公章加赵某的个人名章

　　C．甲公司财务专用章加刘某的个人名章

　　D．甲公司公章加刘某的个人名章

（2）（多选题）下列关于该支票出票补记行为的表述中，正确的是（　　）。

　　A．刘某未填写支票金额，支票无效

　　B．张某可以补记收款人为乙公司

　　C．刘某未填写收款人名称，支票无效

　　D．张某可以补记支票金额 10 万元

（3）（多选题）张某委托 Q 银行收取支票款项，应当办理的手续是（　　）。

　　A．在支票被背书人栏记载 Q 银行

　　B．在支票背书人签章栏记载"委托收款字样"

　　C．填制进账单

　　D．在支票上记载背书日期

模块九（实务案例分析）：参考答案

模块十

经济纠纷解决途径

导 学

仲裁制度是指民（商）事争议的当事人达成协议，自愿将争议提交选定的第三者根据一定程序规则和公正原则作出裁决，并有义务履行裁决的一种法律制度。仲裁是私人裁判行为，而非国家裁判行为，它与和解、调解、诉讼并列为解决民（商）事争议的方式。

民事诉讼是指民事争议的当事人向人民法院提出诉讼请求，人民法院在当事人和其他诉讼参与人的参加下，依法审理和裁判民事争议的程序和制度。

学习目标

- 掌握《中华人民共和国仲裁法》的适用范围、仲裁协议的内容、仲裁程序等内容；
- 掌握《中华人民共和国民事诉讼法》的适用范围、管辖、审判程序等内容。

任务一 仲 裁

《中华人民共和国仲裁法》于2017年9月1日第二次修正。

一、适用范围及基本原则

（一）适用范围

平等主体的公民、法人和其他组织之间发生的合同纠纷和其他财产权益纠纷，可以仲裁。

下列纠纷不能仲裁：婚姻、收养、监护、扶养、继承纠纷；依法应当由行政机关处理的行政争议。

注意：劳动争议和农业集体经济组织内部的农业承包合同纠纷的仲裁，分别适用《中华人民共和国劳动争议调解仲裁法》《中华人民共和国农村土地承包经营纠纷调解仲裁法》。

【例 10-1】下列各项中，属于《中华人民共和国仲裁法》适用范围的是（　　）。
A. 自然人之间因继承财产发生的纠纷
B. 农户之间因土地承包经营发生的纠纷
C. 纳税企业与税务机关之间因纳税发生的争议
D. 公司之间因买卖合同发生的纠纷

【答案】D
【解析】选项 A，婚姻、收养、监护、扶养、继承纠纷不能提请仲裁，也不适用《中华人民共和国仲裁法》；选项 B，适用《中华人民共和国农村土地承包经营纠纷调解仲裁法》；选项 C，依法应当由行政机关处理的行政争议不能提请仲裁，也不适用《中华人民共和国仲裁法》。

（二）有效的仲裁协议可以排除人民法院的管辖权

当事人采用仲裁方式解决纠纷，应当双方自愿，达成仲裁协议。没有仲裁协议，一方申请仲裁的，仲裁委员会不予受理。

仲裁协议包括合同中订立的仲裁条款和以其他书面方式在纠纷发生前或者纠纷发生后达成的请求仲裁的协议。

当事人达成仲裁协议，一方向人民法院起诉的，人民法院不予受理，但仲裁协议无效的除外。

仲裁委员会应当由当事人协议选定。仲裁不实行级别管辖和地域管辖。

（三）一裁终局制度

仲裁实行一裁终局的制度。裁决作出后，当事人就同一纠纷再申请仲裁或者向人民法院起诉的，仲裁委员会或者人民法院不予受理。

裁决被人民法院依法裁定撤销或者不予执行的，当事人就该纠纷可以根据双方重新达成的仲裁协议申请仲裁，也可以向人民法院起诉。

【练习 10-1】（单选题）下列关于仲裁的说法中，不正确的是（　　）。
A. 仲裁协议应以书面方式订立，口头达成仲裁的意思表示无效
B. 没有仲裁协议，一方申请仲裁的，仲裁委员会不予受理
C. 有效的仲裁协议被争议双方当事人自愿放弃，人民法院可以行使管辖权
D. 仲裁裁决作出后，当事人就同一纠纷向人民法院起诉的，人民法院应予受理

二、仲裁委员会和仲裁协会

（一）仲裁委员会及其构成

仲裁委员会可以在直辖市和省、自治区人民政府所在地的市设立，也可以根据需要在其他设区的市设立，不按行政区划层层设立。

仲裁委员会由《中华人民共和国仲裁法》第十条第一款规定的市的人民政府组织有关部门和商会统一组建。

仲裁委员会应当具备下列条件：
（1）有自己的名称、住所和章程；
（2）有必要的财产；
（3）有该委员会的组成人员；
（4）有聘任的仲裁员。

仲裁委员会由主任一人、副主任二至四人和委员七至十一人组成。

仲裁委员会的主任、副主任和委员由法律、经济贸易专家和有实际工作经验的人员担任。仲裁委员会的组成人员中，法律、经济贸易专家不得少于三分之二。

仲裁委员会独立于行政机关，与行政机关没有隶属关系。仲裁委员会之间也没有隶属关系。

（二）仲裁员的条件

仲裁员应当符合下列条件之一：
（1）通过国家统一法律职业资格考试取得法律职业资格，从事仲裁工作满八年的；
（2）从事律师工作满八年的；
（3）曾任法官满八年的；
（4）从事法律研究、教学工作并具有高级职称的；
（5）具有法律知识，从事经济贸易等专业工作并具有高级职称或者具有同等专业水平的。

（三）中国仲裁协会

中国仲裁协会是社会团体法人。仲裁委员会是中国仲裁协会的会员。中国仲裁协会的章程由全国会员大会制定。

中国仲裁协会是仲裁委员会的自律性组织，根据章程对仲裁委员会及其组成人员、仲裁员的违纪行为进行监督。

中国仲裁协会依照《中华人民共和国仲裁法》和《中华人民共和国民事诉讼法》的有关规定制定仲裁规则。

【练习10-2】（单选题）根据《中华人民共和国仲裁法》的规定，下列关于仲裁委员会的表述中，正确的是（　　）。
A. 相互间具有隶属关系
B. 隶属于行政机关
C. 可由设区的市的人民政府组织有关部门和商会统一组建
D. 按行政区划层层设立

三、仲裁协议

（一）仲裁协议的内容

仲裁协议应当具有下列内容：
（1）请求仲裁的意思表示；
（2）仲裁事项；
（3）选定的仲裁委员会。

（二）仲裁协议无效的情形

有下列情形之一的，仲裁协议无效：
（1）约定的仲裁事项超出法律规定的仲裁范围的；
（2）无民事行为能力人或者限制民事行为能力人订立的仲裁协议；
（3）一方采取胁迫手段，迫使对方订立仲裁协议的。

仲裁协议对仲裁事项或者仲裁委员会没有约定或者约定不明确的，当事人可以补充协议；达不成补充协议的，仲裁协议无效。

仲裁协议独立存在，合同的变更、解除、终止或者无效，不影响仲裁协议的效力。

仲裁庭有权确认合同的效力。

【练习10-3】（判断题）赵某与侯某在仲裁协议中对选定的仲裁委员会没有约定，两人可以达成补充协议，达不成补充协议的，双方可以向任意仲裁机构申请仲裁。（　　）

（三）对仲裁协议的效力有异议的处理

当事人对仲裁协议的效力有异议的，可以请求仲裁委员会作出决定或者请求人民法院作出裁定。一方请求仲裁委员会作出决定，另一方请求人民法院作出裁定的，由人民法院裁定。

当事人对仲裁协议的效力有异议，应当在仲裁庭首次开庭前提出。

【例10-2】甲、乙发生合同纠纷，继而对双方事先签订的仲裁协议的效力发生争议。甲提请丙仲裁委员会确认仲裁协议有效，乙提请丁人民法院确认仲裁协议无效。关于确定该仲裁协议效力的下列表述中，符合法律规定的是（　　）。

A. 应由丙仲裁委员会对仲裁协议的效力作出决定
B. 应由丁人民法院对仲裁协议的效力作出裁定
C. 应根据甲、乙提请确认仲裁协议效力的时间先后来确定由丙仲裁委员会决定或由丁人民法院裁定
D. 该仲裁协议自然失效

【答案】B

【解析】《中华人民共和国仲裁法》规定，当事人对仲裁协议的效力有异议的，可以请

求仲裁委员会作出决定或者请求人民法院作出裁定。一方请求仲裁委员会作出决定，另一方请求人民法院作出裁定的，由人民法院裁定。

【练习10-4】（单选题）甲、乙在签订买卖合同的同时签订仲裁协议，后双方发生合同纠纷，在仲裁庭首次开庭时，甲对双方事先签订的仲裁协议效力提出异议，对该案件的下列处理方式中，符合法律规定的是（　　）。

A. 应由仲裁委员会首先对仲裁协议的效力作出决定
B. 甲可以请求人民法院对仲裁协议的效力作出裁定
C. 该仲裁协议有效，仲裁庭继续仲裁
D. 该仲裁协议自然失效

四、仲裁程序

（一）申请和受理

1. 申请仲裁的条件

当事人申请仲裁应当符合下列条件：
（1）有仲裁协议；
（2）有具体的仲裁请求和事实、理由；
（3）属于仲裁委员会的受理范围。
当事人申请仲裁，应当向仲裁委员会递交仲裁协议、仲裁申请书及副本。

2. 仲裁申请书的内容

仲裁申请书应当载明下列事项：
（1）当事人的姓名、性别、年龄、职业、工作单位和住所，法人或者其他组织的名称、住所和法定代表人或者主要负责人的姓名、职务；
（2）仲裁请求和所根据的事实、理由；
（3）证据和证据来源、证人姓名和住所。

3. 对仲裁申请的处理

仲裁委员会收到仲裁申请书之日起五日内，认为符合受理条件的，应当受理，并通知当事人；认为不符合受理条件的，应当书面通知当事人不予受理，并说明理由。

仲裁委员会受理仲裁申请后，应当在仲裁规则规定的期限内将仲裁规则和仲裁员名册送达申请人，并将仲裁申请书副本和仲裁规则、仲裁员名册送达被申请人。

被申请人收到仲裁申请书副本后，应当在仲裁规则规定的期限内向仲裁委员会提交答辩书。仲裁委员会收到答辩书后，应当在仲裁规则规定的期限内将答辩书副本送达申请人。被申请人未提交答辩书的，不影响仲裁程序的进行。

4. 对仲裁当事人起诉的处理

当事人达成仲裁协议，一方向人民法院起诉未声明有仲裁协议，人民法院受理后，另一方在首次开庭前提交仲裁协议的，人民法院应当驳回起诉，但仲裁协议无效的除外；另一方在首次开庭前未对人民法院受理该案提出异议的，视为放弃仲裁协议，人民法院应当继续审理。

申请人可以放弃或者变更仲裁请求。被申请人可以承认或者反驳仲裁请求，有权提出反请求。

【例 10-3】甲、乙因买卖货物发生合同纠纷，甲向人民法院提起诉讼。开庭审理时，乙提出双方签有仲裁协议，应通过仲裁方式解决。对该案件的下列处理方式中，符合法律规定的是（　　）。

A. 仲裁协议有效，人民法院驳回甲的起诉
B. 仲裁协议无效，人民法院继续审理
C. 由甲、乙协商确定纠纷的解决方式
D. 视为甲、乙已放弃仲裁协议，人民法院继续审理

【答案】D

【解析】根据规定，乙应在首次开庭前对人民法院受理该案提出异议，否则视为放弃仲裁协议，人民法院应当继续审理。

5. 仲裁财产保全

一方当事人因另一方当事人的行为或者其他原因，可能使裁决不能执行或者难以执行的，可以申请财产保全。

当事人申请财产保全的，仲裁委员会应当将当事人的申请依照民事诉讼法的有关规定提交人民法院。

申请有错误的，申请人应当赔偿被申请人因财产保全所遭受的损失。

6. 仲裁代理

当事人、法定代理人可以委托律师和其他代理人进行仲裁活动。委托律师和其他代理人进行仲裁活动的，应当向仲裁委员会提交授权委托书。

（二）仲裁庭的组成和仲裁员的回避

1. 仲裁庭的组成

仲裁庭可以由三名仲裁员或者一名仲裁员组成。由三名仲裁员组成的，设首席仲裁员。

当事人约定由三名仲裁员组成仲裁庭的，应当各自选定或者各自委托仲裁委员会主任指定一名仲裁员，第三名仲裁员由当事人共同选定或者共同委托仲裁委员会主任指定。第三名仲裁员是首席仲裁员。

当事人约定由一名仲裁员成立仲裁庭的，应当由当事人共同选定或者共同委托仲裁委员会主任指定仲裁员。

当事人没有在仲裁规则规定的期限内约定仲裁庭的组成方式或者选定仲裁员的，由仲裁委员会主任指定。

仲裁庭组成后,仲裁委员会应当将仲裁庭的组成情况书面通知当事人。

2. 仲裁员的回避

仲裁员有下列情形之一的,必须回避,当事人也有权提出回避申请:
(1) 是本案当事人或者当事人、代理人的近亲属;
(2) 与本案有利害关系的;
(3) 与本案当事人、代理人有其他关系,可能影响公正仲裁的;
(4) 私自会见当事人、代理人,或者接受当事人、代理人的请客送礼的。

当事人提出回避申请,应当说明理由,在首次开庭前提出。回避事由在首次开庭后知道的,可以在最后一次开庭终结前提出。

(三)开庭和裁决

1. 仲裁审理的方式

仲裁应当开庭进行。当事人协议不开庭的,仲裁庭可以根据仲裁申请书、答辩书以及其他材料作出裁决。

仲裁不公开进行。当事人协议公开的,可以公开进行,但涉及国家秘密的除外。

申请人经书面通知,无正当理由不到庭或者未经仲裁庭许可中途退庭的,可以视为撤回仲裁申请。

被申请人经书面通知,无正当理由不到庭或者未经仲裁庭许可中途退庭的,可以缺席裁决。

2. 举证责任

当事人应当对自己的主张提供证据。仲裁庭认为有必要收集的证据,可以自行收集。

仲裁庭对专门性问题认为需要鉴定的,可以交由当事人约定的鉴定部门鉴定,也可以由仲裁庭指定的鉴定部门鉴定。

3. 仲裁中的证据保全

在证据可能灭失或者以后难以取得的情况下,当事人可以申请证据保全。当事人申请证据保全的,仲裁委员会应当将当事人的申请提交证据所在地的基层人民法院。

4. 仲裁笔录

仲裁庭应当将开庭情况记入笔录。当事人和其他仲裁参与人认为对自己陈述的记录有遗漏或者差错的,有权申请补正。如果不予补正,应当记录该申请。笔录由仲裁员、记录人员、当事人和其他仲裁参与人签名或者盖章。

5. 仲裁和解

当事人申请仲裁后,可以自行和解。达成和解协议的,可以请求仲裁庭根据和解协议作出裁决书,也可以撤回仲裁申请。

当事人达成和解协议,撤回仲裁申请后反悔的,可以根据仲裁协议申请仲裁。

【练习10-5】（判断题）仲裁实行一裁终局的制度，因此当事人达成和解协议并撤回仲裁申请后又反悔的，不得再就同一事项申请仲裁。（　　）

6. 仲裁调解

仲裁庭在作出裁决前，可以先行调解。当事人自愿调解的，仲裁庭应当调解。调解不成的，应当及时作出裁决。

调解达成协议的，仲裁庭应当制作调解书或者根据协议的结果制作裁决书。调解书与裁决书具有同等法律效力。调解书由仲裁员签名，加盖仲裁委员会印章，送达双方当事人。

调解书经双方当事人签收后，即发生法律效力。在调解书签收前当事人反悔的，仲裁庭应当及时作出裁决。

7. 仲裁裁决

裁决应当按照多数仲裁员的意见作出，少数仲裁员的不同意见可以记入笔录。仲裁庭不能形成多数意见时，裁决应当按照首席仲裁员的意见作出。

裁决书由仲裁员签名，加盖仲裁委员会印章。对裁决持不同意见的仲裁员，可以签名，也可以不签名。

裁决书自作出之日起发生法律效力。

【练习10-6】（单选题）甲、乙因合同纠纷申请仲裁，仲裁庭对案件裁决未能形成一致意见，关于该案件仲裁裁决的下列表述中，符合法律规定的是（　　）。
  A. 应当按照多数仲裁员的意见作出裁决
  B. 应当在仲裁庭达成一致意见后作出裁决
  C. 仲裁庭不能形成多数意见时，不能按照首席仲裁员的意见作出裁决
  D. 仲裁庭不能形成一致意见时，应提请仲裁委员会作出裁决

五、申请撤销裁决

当事人提出证据证明裁决有下列情形之一的，可以向仲裁委员会所在地的中级人民法院申请撤销裁决：
（1）没有仲裁协议的；
（2）裁决的事项不属于仲裁协议的范围或者仲裁委员会无权仲裁的；
（3）仲裁庭的组成或者仲裁的程序违反法定程序的；
（4）裁决所根据的证据是伪造的；
（5）对方当事人隐瞒了足以影响公正裁决的证据的；
（6）仲裁员在仲裁该案时有索贿受贿，徇私舞弊，枉法裁决行为的。

人民法院经组成合议庭审查核实裁决有《中华人民共和国仲裁法》第五十八条第一款规定情形（即前述情形）之一的，应当裁定撤销。

人民法院认定该裁决违背社会公共利益的，应当裁定撤销。

当事人申请撤销裁决的，应当自收到裁决书之日起六个月内提出。人民法院应当在受理撤销裁决申请之日起两个月内作出撤销裁决或者驳回申请的裁定。

六、执行

当事人应当履行裁决。一方当事人不履行的，另一方当事人可以依照民事诉讼法的有关规定向人民法院申请执行。受申请的人民法院应当执行。

一方当事人申请执行裁决，另一方当事人申请撤销裁决的，人民法院应当裁定中止执行。

人民法院裁定撤销裁决的，应当裁定终结执行。撤销裁决的申请被裁定驳回的，人民法院应当裁定恢复执行。

【练习10-7】（判断题）仲裁裁决作出后，当事人应当履行裁决，一方当事人不履行的，另一方当事人可以按照《中华人民共和国仲裁法》的有关规定向仲裁机构申请执行。（　　）

七、其他规定

法律对仲裁时效有规定的，适用该规定。法律对仲裁时效没有规定的，适用诉讼时效的规定。

当事人应当按照规定交纳仲裁费用。收取仲裁费用的办法，应当报物价管理部门核准。

劳动争议和农业集体经济组织内部的农业承包合同纠纷的仲裁，另行规定。

任务二　民事诉讼法

非法买卖个人信息民事公益诉讼案

2019年2月起，被告孙某以34000元的价格，将自己从网络购买、互换得到的4万余条含姓名、电话号码、电子邮箱等的个人信息，通过微信、QQ等方式贩卖给案外人刘某。案外人刘某在获取相关信息后将其用于虚假的外汇业务推广。公益诉讼起诉人认为，被告孙某未经他人许可，在互联网上公然非法买卖、提供个人信息，造成4万余条个人信息被非法买卖、使用，严重侵害社会众多不特定主体的个人信息权益，致使社会公共利益受到侵害，据此提起民事公益诉讼。

某互联网法院经审理认为，《中华人民共和国民法典》第一百一十一条规定，任何组织或者个人需要获取他人个人信息的，应当依法取得并确保信息安全，不得非法收集、使用、加工、传输他人个人信息，不得非法买卖、提供或者公开他人个人信息。被告孙某在未取得众多不特定主体同意的情况下，非法获取不特定主体个人信息，又非法出售牟利，侵害了承载在不特定主体个人信息之上的公共信息安全利益。遂判决孙某按照侵权行为所获利益支付公共利益损害赔偿款34000元，并向社会公众赔礼道歉。

诉讼是指司法机关在当事人及其他诉讼参与人的参加下，依照法定的程序和方式，解决具体争议的活动。

民事诉讼是指人民法院在当事人和其他诉讼参与人的参加下，受理和解决民事案件的方式，是权利主体凭借国家力量实现民事权利的司法程序。

党的二十大报告指出，公正司法是维护社会公平正义的最后一道防线。深化司法体制综合配套改革，全面准确落实司法责任制，加快建设公正高效权威的社会主义司法制度，努力让人民群众在每一个司法案件中感受到公平正义。

一、适用范围和基本原则

人民法院受理公民之间、法人之间、其他组织之间以及他们相互之间因财产关系和人身关系提起的民事诉讼，适用《中华人民共和国民事诉讼法》[①]的规定。

【例10-4】下列案件中，适用《中华人民共和国民事诉讼法》的有（　　）。
A. 公民名誉权纠纷案件
B. 企业与银行因票据纠纷提起诉讼的案件
C. 纳税人与税务机关因税收征纳争议提起诉讼的案件
D. 劳动者与用人单位因劳动合同纠纷提起诉讼的案件
【答案】ABD
【解析】选项C属于行政争议范畴，适用《中华人民共和国行政诉讼法》。

民事诉讼当事人有平等的诉讼权利。人民法院审理民事案件，应当保障和便利当事人行使诉讼权利，对当事人在适用法律上一律平等。人民法院审理民事案件时，当事人有权进行辩论。

人民法院审理民事案件，依照法律规定实行合议、回避、公开审判和两审终审制度。

经当事人同意，民事诉讼活动可以通过信息网络平台在线进行。民事诉讼活动通过信息网络平台在线进行的，与线下诉讼活动具有同等法律效力。

二、管辖

民事诉讼中的管辖，是指确定各级人民法院之间和各同级人民法院之间受理第一审民事案件的分工和权限。就当事人而言，管辖实际上是民事纠纷发生后，当事人应当向哪一级、哪一个人民法院起诉的问题，就人民法院而言，是对具体民事案件如何行使审判权的问题，只有当某个民事案件在人民法院管辖范围内时，该人民法院才有权受理，才拥有管辖权。

---

① 本书引用《中华人民共和国民事诉讼法》内容选自2023年第五次修正版本，其公布日期为2023年9月1日，施行日期为2024年1月1日。

（一）级别管辖

基层人民法院管辖第一审民事案件，但《中华人民共和国民事诉讼法》另有规定的除外。

中级人民法院管辖下列第一审民事案件：

(1) 重大涉外案件；

(2) 在本辖区有重大影响的案件；

(3) 最高人民法院确定由中级人民法院管辖的案件。

高级人民法院管辖在本辖区有重大影响的第一审民事案件。

最高人民法院管辖下列第一审民事案件：

(1) 在全国有重大影响的案件；

(2) 认为应当由本院审理的案件。

（二）一般地域管辖

对公民提起的民事诉讼，由被告住所地人民法院管辖；被告住所地与经常居住地不一致的，由经常居住地人民法院管辖。

对法人或者其他组织提起的民事诉讼，由被告住所地人民法院管辖。

同一诉讼的几个被告住所地、经常居住地在两个以上人民法院辖区的，各该人民法院都有管辖权。

知识拓展

《最高人民法院关于适用〈中华人民共和国民事诉讼法〉的解释》（2022年4月1日公布，2022年4月10日施行）指出：

公民的住所地是指公民的户籍所在地，法人或者其他组织的住所地是指法人或者其他组织的主要办事机构所在地。法人或者其他组织的主要办事机构所在地不能确定的，法人或者其他组织的注册地或者登记地为住所地。

公民的经常居住地是指公民离开住所地至起诉时已连续居住一年以上的地方，但公民住院就医的地方除外。

（三）原告住所地人民法院管辖

下列民事诉讼，由原告住所地人民法院管辖；原告住所地与经常居住地不一致的，由原告经常居住地人民法院管辖：

(1) 对不在中华人民共和国领域内居住的人提起的有关身份关系的诉讼；

(2) 对下落不明或者宣告失踪的人提起的有关身份关系的诉讼；

(3) 对被采取强制性教育措施的人提起的诉讼；

(4) 对被监禁的人提起的诉讼。

（四）特殊地域管辖

因合同纠纷提起的诉讼，由被告住所地或者合同履行地人民法院管辖。

因保险合同纠纷提起的诉讼，由被告住所地或者保险标的物所在地人民法院管辖。

因票据纠纷提起的诉讼，由票据支付地或者被告住所地人民法院管辖。

因公司设立、确认股东资格、分配利润、解散等纠纷提起的诉讼，由公司住所地人民法院管辖。

因铁路、公路、水上、航空运输和联合运输合同纠纷提起的诉讼，由运输始发地、目的地或者被告住所地人民法院管辖。

因侵权行为提起的诉讼，由侵权行为地或者被告住所地人民法院管辖。

因铁路、公路、水上和航空事故请求损害赔偿提起的诉讼，由事故发生地或者车辆、船舶最先到达地、航空器最先降落地或者被告住所地人民法院管辖。

因船舶碰撞或者其他海事损害事故请求损害赔偿提起的诉讼，由碰撞发生地、碰撞船舶最先到达地、加害船舶被扣留地或者被告住所地人民法院管辖。

因海难救助费用提起的诉讼，由救助地或者被救助船舶最先到达地人民法院管辖。

因共同海损提起的诉讼，由船舶最先到达地、共同海损理算地或者航程终止地的人民法院管辖。

【练习10-8】（单选题）根据民事诉讼法律制度的规定，下列人民法院中，对公路运输合同纠纷案件不享有管辖权的是（　　）。

A. 原告住所地人民法院　　B. 被告住所地人民法院
C. 运输目的地人民法院　　D. 运输始发地人民法院

（五）专属管辖

下列案件，由《中华人民共和国民事诉讼法》第三十四条规定的人民法院专属管辖：

（1）因不动产纠纷提起的诉讼，由不动产所在地人民法院管辖；

（2）因港口作业中发生纠纷提起的诉讼，由港口所在地人民法院管辖；

（3）因继承遗产纠纷提起的诉讼，由被继承人死亡时住所地或者主要遗产所在地人民法院管辖。

（六）协议管辖

合同或者其他财产权益纠纷的当事人可以书面协议选择被告住所地、合同履行地、合同签订地、原告住所地、标的物所在地等与争议有实际联系的地点的人民法院管辖，但不得违反《中华人民共和国民事诉讼法》对级别管辖和专属管辖的规定。

（七）选择管辖和共同管辖

两个以上人民法院都有管辖权的诉讼，原告可以向其中一个人民法院起诉；原告向两个以上有管辖权的人民法院起诉的，由最先立案的人民法院管辖。

【练习 10-9】（单选题）根据民事诉讼法律制度的规定，下列各项中，不属于应由规定的人民法院专属管辖的是（　　）。

A. 因不动产纠纷提起的诉讼
B. 因票据纠纷提起的诉讼
C. 因继承遗产纠纷提起的诉讼
D. 因港口作业中发生纠纷提起的诉讼

（八）移送管辖和指定管辖

人民法院发现受理的案件不属于本院管辖的，应当移送有管辖权的人民法院，受移送的人民法院应当受理。受移送的人民法院认为受移送的案件依照规定不属于本院管辖的，应当报请上级人民法院指定管辖，不得再自行移送。

有管辖权的人民法院由于特殊原因，不能行使管辖权的，由上级人民法院指定管辖。

人民法院之间因管辖权发生争议，由争议双方协商解决；协商解决不了的，报请它们的共同上级人民法院指定管辖。

上级人民法院有权审理下级人民法院管辖的第一审民事案件；确有必要将本院管辖的第一审民事案件交下级人民法院审理的，应当报请其上级人民法院批准。

下级人民法院对它所管辖的第一审民事案件，认为需要由上级人民法院审理的，可以报请上级人民法院审理。

三、审判制度

（一）合议制度

人民法院审理第一审民事案件，由审判员、人民陪审员共同组成合议庭或者由审判员组成合议庭。合议庭的成员人数，必须是单数。

适用简易程序审理的民事案件，由审判员一人独任审理。基层人民法院审理的基本事实清楚、权利义务关系明确的第一审民事案件，可以由审判员一人适用普通程序独任审理。

人民陪审员在参加审判活动时，除法律另有规定外，与审判员有同等的权利义务。

人民法院审理第二审民事案件，由审判员组成合议庭。合议庭的成员人数，必须是单数。

人民法院在审理过程中，发现案件不宜由审判员一人独任审理的，应当裁定转由合议庭审理。

当事人认为案件由审判员一人独任审理违反法律规定的，可以向人民法院提出异议。人民法院对当事人提出的异议应当审查，异议成立的，裁定转由合议庭审理；异议不成立的，裁定驳回。

合议庭评议案件，实行少数服从多数的原则。评议应当制作笔录，由合议庭成员签名。评议中的不同意见，必须如实记入笔录。

审判人员应当依法秉公办案。审判人员不得接受当事人及其诉讼代理人请客送礼。审判人员有贪污受贿，徇私舞弊，枉法裁判行为的，应当追究法律责任；构成犯罪的，依法追究刑事责任。

（二）回避制度

审判人员有下列情形之一的，应当自行回避，当事人有权用口头或者书面方式申请他们回避：

（1）是本案当事人或者当事人、诉讼代理人近亲属的；

（2）与本案有利害关系的；

（3）与本案当事人、诉讼代理人有其他关系，可能影响对案件公正审理的。

审判人员接受当事人、诉讼代理人请客送礼，或者违反规定会见当事人、诉讼代理人的，当事人有权要求他们回避。

审判人员有《中华人民共和国民事诉讼法》第四十七条第二款规定的行为的，应当依法追究法律责任。

《中华人民共和国民事诉讼法》第四十七条前三款规定，适用于法官助理、书记员、司法技术人员、翻译人员、鉴定人、勘验人。

当事人提出回避申请，应当说明理由，在案件开始审理时提出；回避事由在案件开始审理后知道的，也可以在法庭辩论终结前提出。被申请回避的人员在人民法院作出是否回避的决定前，应当暂停参与本案的工作，但案件需要采取紧急措施的除外。

四、当事人和诉讼代理人

（一）当事人

1. 当事人概述

民事诉讼的当事人是指因民事权利义务关系发生纠纷，以自己的名义进行诉讼，并受人民法院裁判拘束的利害关系人。

2. 原告和被告

民事诉讼中的原告是指因民事权益受到侵害或者民事权益发生争议，以自己的名义请求人民法院保护其民事权益而提起诉讼的一方。

被告是因侵害他方民事权益或者民事权益发生争议，被起诉方指控并被人民法院传唤应诉的一方。

原告和被告的诉讼地位是平等的，双方均享有同等的诉讼权利。在诉讼过程中，如果被告提出反诉而被人民法院受理，则原来诉讼中的被告变为原告，而原告变为被告。在诉讼中，如果出现有独立请求权的第三人参加的情况，那么原诉讼的原告和被告的地位也会相应地发生变化。

3. 当事人权利

公民、法人和其他组织可以作为民事诉讼的当事人。

法人由其法定代表人进行诉讼。其他组织由其主要负责人进行诉讼。

当事人有权委托代理人，提出回避申请，收集、提供证据，进行辩论，请求调解，提起上诉，申请执行。

当事人可以查阅本案有关材料，并可以复制本案有关材料和法律文书。查阅、复制本案有关材料的范围和办法由最高人民法院规定。

双方当事人可以自行和解。

原告可以放弃或者变更诉讼请求。被告可以承认或者反驳诉讼请求，有权提起反诉。

当事人一方人数众多的共同诉讼，可以由当事人推选代表人进行诉讼。代表人的诉讼行为对其所代表的当事人发生效力，但代表人变更、放弃诉讼请求或者承认对方当事人的诉讼请求，进行和解，必须经被代表的当事人同意。

（二）诉讼代理人

诉讼代理人是指根据法律规定、人民法院指定或者当事人委托，为当事人的利益在授权范围内进行民事诉讼活动的人。代理人对以被代理人名义进行的诉讼活动，不承担法律后果，其法律后果由被代理人承担。代理人是诉讼参加人而不是当事人。民事诉讼代理人包括法定代理人、委托代理人。

1. 法定代理人

法定代理人是指根据法律规定，代理无诉讼行为能力的当事人进行民事诉讼活动的人。法定代理人是基于亲权或监护权产生的。无诉讼行为能力人由他的监护人作为法定代理人代为诉讼。法定代理人之间互相推诿代理责任的，由人民法院指定其中一人代为诉讼。法定代理人的诉讼地位相当于当事人。

2. 委托代理人

委托代理人是指受当事人、法定代理人的委托，代理诉讼行为的人。按照《中华人民共和国民事诉讼法》的规定，当事人、法定代理人可以委托一至二人作为诉讼代理人。

下列人员可以被委托为诉讼代理人：

（1）律师、基层法律服务工作者；

（2）当事人的近亲属或者工作人员；

（3）当事人所在社区、单位以及有关社会团体推荐的公民。

委托他人代为诉讼，必须向人民法院提交由委托人签名或者盖章的授权委托书。授权委托书必须记明委托事项和权限。诉讼代理人代为承认、放弃、变更诉讼请求，进行和解，提起反诉或者上诉，必须有委托人的特别授权。诉讼代理人的权限如果变更或者解除，当事人应当书面告知人民法院，并由人民法院通知对方当事人。

代理诉讼的律师和其他诉讼代理人有权调查收集证据，可以查阅本案有关材料。查阅本案有关材料的范围和办法由最高人民法院规定。

五、证据

证据是指客观上确实存在的与案件有关的并且能够证明案件的真实情况的事实。证据必须查证属实，才能作为认定事实的根据。

民事诉讼的证据包括以下八种。

（1）当事人的陈述。是指当事人在诉讼中就与案件有关的事实向人民法院所作的陈述。

（2）书证。是指用文字、符号、图形等记载或表示的能够证明案件事实情况的书面材料。

（3）物证。是指以其外形、结构、特征、质量等来证明案件真实情况的物品。

（4）视听资料。是指利用录音、录像或者计算机储存的数据和资料来证明案件真实情况的一种证据。

（5）电子数据。是以数字化的信息编码的形式出现的，能准确地储存并反映有关案件情况的证据。

（6）证人证言。是指证人就自己知道的案件事实向人民法院所作的口头或书面的陈述。凡是知道案件情况的单位和个人，都有义务作证。

（7）鉴定意见。是指鉴定人运用专门知识、技能或方法对案件中需要解决的专门性问题进行分析后所发表的意见。

（8）勘验笔录。是指在人民法院主持下对与案件有关的物品或者场所进行勘验检查后作出的书面记录。

当事人对自己提出的主张，有责任提供证据。

当事人及其诉讼代理人因客观原因不能自行收集的证据，或者人民法院认为审理案件需要的证据，人民法院应当调查收集。

人民法院收到当事人提交的证据材料，应当出具收据，写明证据名称、页数、份数、原件或者复印件以及收到时间等，并由经办人员签名或者盖章。

证据应当在法庭上出示，并由当事人互相质证。对涉及国家秘密、商业秘密和个人隐私的证据应当保密，需要在法庭出示的，不得在公开开庭时出示。

书证应当提交原件。物证应当提交原物。提交原件或者原物确有困难的，可以提交复制品、照片、副本、节录本。

在证据可能灭失或者以后难以取得的情况下，当事人可以在诉讼过程中向人民法院申请保全证据，人民法院也可以主动采取保全措施。

因情况紧急，在证据可能灭失或者以后难以取得的情况下，利害关系人可以在提起诉讼或者申请仲裁前向证据所在地、被申请人住所地或者对案件有管辖权的人民法院申请保全证据。

六、财产保全和先予执行

（一）财产保全

人民法院对于可能因当事人一方的行为或者其他原因，使判决难以执行或者造成当事人其他损害的案件，根据对方当事人的申请，可以裁定对其财产进行保全、责令其作出一定行为或者禁止其作出一定行为；当事人没有提出申请的，人民法院在必要时也可以裁定采取保全措施。人民法院采取保全措施，可以责令申请人提供担保，申请人不提供担保的，裁定驳回申请。

利害关系人因情况紧急，不立即申请保全将会使其合法权益受到难以弥补的损害的，可以在提起诉讼或者申请仲裁前向被保全财产所在地、被申请人住所地或者对案件有管辖权的人民法院申请采取保全措施。申请人应当提供担保，不提供担保的，裁定驳回申请。

申请人在人民法院采取保全措施后三十日内不依法提起诉讼或者申请仲裁的，人民法院应当解除保全。

财产保全采取查封、扣押、冻结或者法律规定的其他方法。人民法院保全财产后，应当立即通知被保全财产的人。

（二）先予执行

人民法院对下列案件，根据当事人的申请，可以裁定先予执行：
（1）追索赡养费、扶养费、抚养费、抚恤金、医疗费用的；
（2）追索劳动报酬的；
（3）因情况紧急需要先予执行的。

人民法院裁定先予执行的，应当符合下列条件：
（1）当事人之间权利义务关系明确，不先予执行将严重影响申请人的生活或者生产经营的；
（2）被申请人有履行能力。

人民法院可以责令申请人提供担保，申请人不提供担保的，驳回申请。申请人败诉的，应当赔偿被申请人因先予执行遭受的财产损失。

七、审判程序

（一）第一审普通程序

1. 起诉

（1）起诉必须符合下列条件：
① 原告是与本案有直接利害关系的公民、法人和其他组织；
② 有明确的被告；

③ 有具体的诉讼请求和事实、理由；
④ 属于人民法院受理民事诉讼的范围和受诉人民法院管辖。

起诉应当向人民法院递交起诉状，并按照被告人数提出副本。书写起诉状确有困难的，可以口头起诉，由人民法院记入笔录，并告知对方当事人。

（2）起诉状应当记明下列事项：

① 原告的姓名、性别、年龄、民族、职业、工作单位、住所、联系方式，法人或者其他组织的名称、住所和法定代表人或者主要负责人的姓名、职务、联系方式；

② 被告的姓名、性别、工作单位、住所等信息，法人或者其他组织的名称、住所等信息；

③ 诉讼请求和所根据的事实与理由；

④ 证据和证据来源，证人姓名和住所。

当事人起诉到人民法院的民事纠纷，适宜调解的，先行调解，但当事人拒绝调解的除外。

2. 开庭审理

人民法院审理民事案件，除涉及国家秘密、个人隐私或者法律另有规定的以外，应当公开进行。

离婚案件，涉及商业秘密的案件，当事人申请不公开审理的，可以不公开审理。

当事人在法庭上可以提出新的证据。

法庭辩论按照下列顺序进行：

（1）原告及其诉讼代理人发言；
（2）被告及其诉讼代理人答辩；
（3）第三人及其诉讼代理人发言或者答辩；
（4）互相辩论。

法庭辩论终结，由审判长或者独任审判员按照原告、被告、第三人的先后顺序征询各方最后意见。

法庭辩论终结，应当依法作出判决。判决前能够调解的，还可以进行调解，调解不成的，应当及时判决。

原告经传票传唤，无正当理由拒不到庭的，或者未经法庭许可中途退庭的，可以按撤诉处理；被告反诉的，可以缺席判决。被告经传票传唤，无正当理由拒不到庭的，或者未经法庭许可中途退庭的，可以缺席判决。人民法院裁定不准许撤诉的，原告经传票传唤，无正当理由拒不到庭的，可以缺席判决。

法庭笔录应当当庭宣读，也可以告知当事人和其他诉讼参与人当庭或者在五日内阅读。当事人和其他诉讼参与人认为对自己的陈述记录有遗漏或者差错的，有权申请补正。如果不予补正，应当将申请记录在案。法庭笔录由当事人和其他诉讼参与人签名或者盖章。拒绝签名盖章的，记明情况附卷。

人民法院对公开审理或者不公开审理的案件，一律公开宣告判决。当庭宣判的，应当在十日内发送判决书；定期宣判的，宣判后立即发给判决书。宣告判决时，必须告知当事人上诉权利、上诉期限和上诉的法院。宣告离婚判决，必须告知当事人在判决发生法律效力前不得另行结婚。

【练习10-10】（多选题）根据民事诉讼法律制度的规定，下列关于公开审判制度的表述中，不正确的是（　　）。
A. 涉及商业秘密的民事案件，当事人申请不公开审理的，可以不公开审理
B. 民事案件不公开审理的，一律不公开宣告判决
C. 人民法院审理民事案件，除涉及国家秘密、个人隐私或者法律另有规定的以外，应当公开进行
D. 离婚案件，当事人可以申请不公开审理

3．判决和裁定

（1）判决书。
判决书应当写明判决结果和作出该判决的理由。
判决书内容包括：
① 案由、诉讼请求、争议的事实和理由；
② 判决认定的事实和理由、适用的法律和理由；
③ 判决结果和诉讼费用的负担；
④ 上诉期间和上诉的法院。
判决书由审判人员、书记员署名，加盖人民法院印章。

（2）裁定。
裁定适用于下列范围：
① 不予受理；
② 对管辖权有异议的；
③ 驳回起诉；
④ 保全和先予执行；
⑤ 准许或者不准许撤诉；
⑥ 中止或者终结诉讼；
⑦ 补正判决书中的笔误；
⑧ 中止或者终结执行；
⑨ 撤销或者不予执行仲裁裁决；
⑩ 不予执行公证机关赋予强制执行效力的债权文书；
⑪ 其他需要裁定解决的事项。

对《中华人民共和国民事诉讼法》第一百五十七条第一款第一项至第三项（即上述内容中第①项至第③项）裁定，可以上诉。裁定书应当写明裁定结果和作出该裁定的理由。裁定书由审判人员、书记员署名，加盖人民法院印章。口头裁定的，记入笔录。

公众可以查阅发生法律效力的判决书、裁定书，但涉及国家秘密、商业秘密和个人隐私的内容除外。

(二)简易程序

1. 简易程序适用范围

基层人民法院和它派出的法庭审理事实清楚、权利义务关系明确、争议不大的简单的民事案件，适用《中华人民共和国民事诉讼法》第十三章"简易程序"规定。

基层人民法院和它派出的法庭审理《中华人民共和国民事诉讼法》第一百六十条第一款规定以外的民事案件，当事人双方也可以约定适用简易程序。

对简单的民事案件，原告可以口头起诉。

当事人双方可以同时到基层人民法院或者它派出的法庭，请求解决纠纷。基层人民法院或者它派出的法庭可以当即审理，也可以另定日期审理。

基层人民法院和它派出的法庭审理简单的民事案件，可以用简便方式传唤当事人和证人、送达诉讼文书、审理案件，但应当保障当事人陈述意见的权利。

简单的民事案件由审判员一人独任审理。

2. 小额诉讼一审终审

基层人民法院和它派出的法庭审理事实清楚、权利义务关系明确、争议不大的简单金钱给付民事案件，标的额为各省、自治区、直辖市上年度就业人员年平均工资百分之五十以下的，适用小额诉讼的程序审理，实行一审终审。

基层人民法院和它派出的法庭审理《中华人民共和国民事诉讼法》第一百六十五条第一款规定的民事案件，标的额超过各省、自治区、直辖市上年度就业人员年平均工资百分之五十但在二倍以下的，当事人双方也可以约定适用小额诉讼的程序。

(三)第二审程序

当事人不服地方人民法院第一审判决的，有权在判决书送达之日起十五日内向上一级人民法院提起上诉。当事人不服地方人民法院第一审裁定的，有权在裁定书送达之日起十日内向上一级人民法院提起上诉。

上诉应当递交上诉状。上诉状的内容，应当包括：当事人的姓名，法人的名称及其法定代表人的姓名或者其他组织的名称及其主要负责人的姓名；原审人民法院名称、案件的编号和案由；上诉的请求和理由。

上诉状应当通过原审人民法院提出，并按照对方当事人或者代表人的人数提出副本。当事人直接向第二审人民法院上诉的，第二审人民法院应当在五日内将上诉状移交原审人民法院。

原审人民法院收到上诉状，应当在五日内将上诉状副本送达对方当事人，对方当事人在收到之日起十五日内提出答辩状。人民法院应当在收到答辩状之日起五日内将副本送达上诉人。对方当事人不提出答辩状的，不影响人民法院审理。

原审人民法院收到上诉状、答辩状，应当在五日内连同全部案卷和证据，报送第二审人民法院。

(四)调解制度

人民法院审理民事案件,根据当事人自愿的原则,在事实清楚的基础上,分清是非,进行调解。

调解达成协议,人民法院应当制作调解书。调解书应当写明诉讼请求、案件的事实和调解结果。调解书由审判人员、书记员署名,加盖人民法院印章,送达双方当事人。调解书经双方当事人签收后,即具有法律效力。

调解未达成协议或者调解书送达前一方反悔的,人民法院应当及时判决。

【练习10-11】(单选题)根据民事诉讼法律制度的规定,当事人不服人民法院第一审判决的,有权在判决书送达之日起一定期间内向上一级人民法院提起上诉。该期间是( )。

A. 5日　　　　B. 10日　　　　C. 15日　　　　D. 30日

(五)特别程序

人民法院审理选民资格案件、宣告失踪或者宣告死亡案件、指定遗产管理人案件、认定公民无民事行为能力或者限制民事行为能力案件、认定财产无主案件、确认调解协议案件和实现担保物权案件,适用《中华人民共和国民事诉讼法》第十五章"特别程序"规定。该章没有规定的,适用《中华人民共和国民事诉讼法》和其他法律的有关规定。

依照《中华人民共和国民事诉讼法》第十五章程序审理的案件,实行一审终审。选民资格案件或者重大、疑难的案件,由审判员组成合议庭审理;其他案件由审判员一人独任审理。

(六)审判监督程序

各级人民法院院长对本院已经发生法律效力的判决、裁定、调解书,发现确有错误,认为需要再审的,应当提交审判委员会讨论决定。

最高人民法院对地方各级人民法院已经发生法律效力的判决、裁定、调解书,上级人民法院对下级人民法院已经发生法律效力的判决、裁定、调解书,发现确有错误的,有权提审或者指令下级人民法院再审。

当事人对已经发生法律效力的判决、裁定,认为有错误的,可以向上一级人民法院申请再审;当事人一方人数众多或者当事人双方为公民的案件,也可以向原审人民法院申请再审。当事人申请再审的,不停止判决、裁定的执行。

当事人对已经发生法律效力的调解书,提出证据证明调解违反自愿原则或者调解协议的内容违反法律的,可以申请再审。经人民法院审查属实的,应当再审。

当事人对已经发生法律效力的解除婚姻关系的判决、调解书,不得申请再审。

当事人申请再审的,应当提交再审申请书等材料。人民法院应当自收到再审申请书之日起五日内将再审申请书副本发送对方当事人。对方当事人应当自收到再审申请书副本之日起十五日内提交书面意见；不提交书面意见的，不影响人民法院审查。人民法院可以要求申请人和对方当事人补充有关材料，询问有关事项。

【练习 10-12】（判断题）当事人对已经发生法律效力的判决、裁定，认为有错误的，可以向上一级人民法院申请再审。（　　）

（七）其他审判程序

1. 督促程序

债权人请求债务人给付金钱、有价证券，符合下列条件的，可以向有管辖权的基层人民法院申请支付令：

（1）债权人与债务人没有其他债务纠纷的；

（2）支付令能够送达债务人的。

申请书应当写明请求给付金钱或者有价证券的数量和所根据的事实、证据。

债权人提出申请后，人民法院应当在五日内通知债权人是否受理。

人民法院受理申请后，经审查债权人提供的事实、证据，对债权债务关系明确、合法的，应当在受理之日起十五日内向债务人发出支付令；申请不成立的，裁定予以驳回。

债务人应当自收到支付令之日起十五日内清偿债务，或者向人民法院提出书面异议。债务人在《中华人民共和国民事诉讼法》第二百二十七条第二款规定的期间不提出异议又不履行支付令的，债权人可以向人民法院申请执行。

人民法院收到债务人提出的书面异议后，经审查，异议成立的，应当裁定终结督促程序，支付令自行失效。支付令失效的，转入诉讼程序，但申请支付令的一方当事人不同意提起诉讼的除外。

2. 公示催告程序

按照规定可以背书转让的票据持有人，因票据被盗、遗失或者灭失，可以向票据支付地的基层人民法院申请公示催告。依照法律规定可以申请公示催告的其他事项，适用《中华人民共和国民事诉讼法》第十八章"公示催告程序"规定。

申请人应当向人民法院递交申请书，写明票面金额、发票人、持票人、背书人等票据主要内容和申请的理由、事实。

人民法院决定受理申请，应当同时通知支付人停止支付，并在三日内发出公告，催促利害关系人申报权利。公示催告的期间，由人民法院根据情况决定，但不得少于六十日。

支付人收到人民法院停止支付的通知，应当停止支付，至公示催告程序终结。

公示催告期间，转让票据权利的行为无效。

利害关系人应当在公示催告期间向人民法院申报。人民法院收到利害关系人的申报后，应当裁定终结公示催告程序，并通知申请人和支付人。

申请人或者申报人可以向人民法院起诉。

没有人申报的，人民法院应当根据申请人的申请，作出判决，宣告票据无效。判决应当公告，并通知支付人。自判决公告之日起，申请人有权向支付人请求支付。

利害关系人因正当理由不能在判决前向人民法院申报的,自知道或者应当知道判决公告之日起一年内,可以向作出判决的人民法院起诉。

八、执行、送达、诉讼费用

(一)执行

发生法律效力的民事判决、裁定,以及刑事判决、裁定中的财产部分,由第一审人民法院或者与第一审人民法院同级的被执行的财产所在地人民法院执行。

法律规定由人民法院执行的其他法律文书,由被执行人住所地或者被执行的财产所在地人民法院执行。

发生法律效力的民事判决、裁定,当事人必须履行。一方拒绝履行的,对方当事人可以向人民法院申请执行,也可以由审判员移送执行员执行。

调解书和其他应当由人民法院执行的法律文书,当事人必须履行。一方拒绝履行的,对方当事人可以向人民法院申请执行。

被执行人未按判决、裁定和其他法律文书指定的期间履行给付金钱义务的,应当加倍支付迟延履行期间的债务利息。被执行人未按判决、裁定和其他法律文书指定的期间履行其他义务的,应当支付迟延履行金。

债权人发现被执行人有其他财产的,可以随时请求人民法院执行。

被执行人不履行法律文书确定的义务的,人民法院可以对其采取或者通知有关单位协助采取限制出境,在征信系统记录、通过媒体公布不履行义务信息以及法律规定的其他措施。

【练习10-13】(判断题)当事人一方拒绝履行发生法律效力的民事判决、裁定的,对方当事人可以向人民法院申请执行。( )

(二)送达

送达诉讼文书必须有送达回证,由受送达人在送达回证上记明收到日期,签名或者盖章。受送达人在送达回证上的签收日期为送达日期。

经受送达人同意,人民法院可以采用能够确认其收悉的电子方式送达诉讼文书。通过电子方式送达的判决书、裁定书、调解书,受送达人提出需要纸质文书的,人民法院应当提供。采用电子方式送达的,以送达信息到达受送达人特定系统的日期为送达日期。

受送达人下落不明,或者用《中华人民共和国民事诉讼法》第七章第二节"送达"规定的其他方式无法送达的,公告送达。自发出公告之日起,经过三十日,即视为送达。公告送达,应当在案卷中记明原因和经过。

(三)诉讼费用

当事人进行民事诉讼,应当按照规定交纳案件受理费。财产案件除交纳案件受理费外,并按照规定交纳其他诉讼费用。

典型案例

海洋自然资源与生态环境民事公益诉讼案

林某某在未取得海域使用权证和采矿许可证的情况下，指使高某某驾驶船舶到 F 市 W 镇等海域非法盗采海砂 17 次，累计 11295.33 立方米，并用以销售谋利。林某某、高某某均以非法采矿罪被追究刑事责任。N 市人民检察院向××海事法院提起海洋自然资源与生态环境民事公益诉讼，请求判令林某某、高某某连带赔偿生态环境损害及修复费用 68 万余元。

××海事法院在查清事实的基础上，主持各方当事人就案涉损失赔偿达成"海洋碳汇+替代性修复"的调解协议。二被告连带赔偿海洋生态环境损害及修复费用 680298.19 元，其中 18 万元由二被告以自愿认购并委托海峡资源环境交易中心购买海洋碳汇的方式分三年履行，剩余赔偿款项由二被告通过公益性劳务代偿方式履行，承担 F 市 W 镇海域海洋环境治理辅助工作，包括但不限于海洋垃圾打捞、海岸维护、海洋环境保护宣传等，期限酌定为三年，期满后劳务不足以抵偿的，仍需承担赔偿责任。该调解协议经公告和送达生效后，被告已依约购买了首期 2400 吨海洋碳汇，并积极通过劳务履行其他义务。

实务练习

模块十（练习）：参考答案

一、概念
财产保全　　　先予执行　　　简易程序

二、简答
1. 民事诉讼必须符合哪些条件？
2. 简述民事诉讼的证据。

三、实训：民事起诉状撰写

民事起诉状（格式）

原告：

如原告是公民，则写明姓名、性别、年龄、民族、职业、工作单位、住所、联系方式。

如原告是不满 18 周岁的未成年人，则还需写明法定代理人的相关信息，以及其与原告的关系。

如原告是法人或者其他组织，则写明法人或者其他组织的名称、住所和法定代表人或者主要负责人的姓名、职务、联系方式。

如有委托代理人，则还要写明委托代理人的姓名、职务以及其与原告的关系。

被告：

被告栏的事项、写法与原告栏的事项、写法相同。

诉讼请求：

这一部分主要写明原告一方请求人民法院依法解决的有关民事权益争议的具体问题。如要求赔偿损害、清偿债务、履行合同、归还产权等。诉讼请求应写得明确、具体、简明扼要。

事实和理由：

这一部分是民事起诉状的正文和核心部分，是请求人民法院裁决当事人之间权益纠纷和争议的重要根据。一般先写事实，后写理由。

事实部分，主要写明具体事实、当事人双方权益争议的具体内容，以及被告人所应承担的责任，包括发生争议的时间、地点、原因、情节和事实经过等。其中，应着重写清楚被告造成的后果和应承担的责任以及双方当事人争议的焦点和实质性分歧。事实写清楚以后，应提供充分的物证、书证及其他足以证明原告起诉有理的证据。

理由部分，根据事实和证据，写明提出请求的政策和法律依据，援引的政策和法律应准确、适当。

附项：

应依次写明本起诉状副本的份数；物证、书证等的名称、件数。

起诉人签名或者盖章
年　月　日

参考文献

李少伟，张晓飞，2018．合同法理论与实务[M]．北京：法律出版社．
李悦，2023．合同的新常识：解读民法典合同编66条新规[M]．北京：首都经济贸易大学出版社．
苏东，2015．个人合伙纠纷处理[M]．北京：中国民主法制出版社．
王颖，2015．工伤保险与劳动争议[M]．北京：中国民主法制出版社．
夏锦文，2013．法学概论[M]．2版．北京：科学出版社．
张洪江，2017．创业者的七堂法律必修课[M]．北京：中国法制出版社．
中国法制出版社，2020．中华人民共和国公司法注解与配套[M]．5版．北京：中国法制出版社．
中华全国总工会法律工作部，2023．职工权益维护法律知识微手册[M]．北京：中国工人出版社．

附录

AI 伴学内容及提示词

AI 伴学工具：生成式人工智能工具，如 DeepSeek、Kimi、豆包、腾讯元宝、文心一言等。

序号	AI 伴学内容	AI 提示词
1	模块一 法律基础知识	经济法的范畴
2		法律责任的类型及承担方式
3		中国民法、商法、经济法领域的具体法律、法规有哪些
4		法律关系的分类
5		法律部门划分标准争议
6		学习经济法的意义
7		出一套关于法律基础知识的经济法自测题
8	模块二 民事法律行为及合同	无效民事法律行为的类型
9		缔约过失责任的赔偿范围
10		如何区分要约和要约邀请
11		债权人代位权的行使限制
12		合同法定解除权的触发条件
13		签订合同主要注意事项
14		货物买卖合同模板；加工承揽合同模板；居间合同模板
15		出一套关于民事法律行为及合同的经济法自测题
16	模块三 非法人商事主体	个人独资企业无限责任案例
17		普通合伙人与有限合伙人的责任差异
18		普通合伙企业一致决议事项
19		特殊的普通合伙企业的债务承担规则
20		合伙人与第三人债务清偿规则
21		出一套关于非法人商事主体的经济法自测题

续表

序号	AI 伴学内容	AI 提示词
22	模块四 法人商事主体	怎样设立有限责任公司
23		股份公司发起人责任范围
24		公司减资的债权人保护程序
25		公司结构图
26		股东查阅原始凭证的合法性
27		出一套关于法人商事主体的自测题
28	模块五 市场主体登记管理条例	简易注销程序限制
29		强制注销的适用情形
30		分支机构登记流程
31		梳理个人独资企业解散的财产清偿顺序
32		梳理吊销市场主体营业执照的情形
33		如何设立农民专业合作社
34		出一套关于市场主体登记管理条例的经济法自测题
35	模块六 市场规制法律制度	商业混淆行为判定
36		行政垄断行为特征
37		网络不正当竞争新型案例
38		纵向垄断协议豁免条件
39		平台"二选一"行为的反垄断法分析
40		出一套关于市场规制法律制度的经济法自测题
41	模块七 工业产权保护	商标恶意抢注的规制路径
42		颜色组合商标显著性的判断
43		专利创造性判断标准
44		如何申请地理标志
45		商标禁用标志及例外情形
46		出一套关于工业产权保护的经济法自测题
47	模块八 劳动者权益保护	工伤认定条件
48		违法解除劳动合同赔偿的计算方法
49		加班费举证责任分配

续表

序号	AI 伴学内容	AI 提示词
50	模块八 劳动者权益保护	灵活就业人员如何参加社保
51		新就业形态劳动关系认定
52		出一套关于劳动者权益保护的经济法自测题
53	模块九 票据使用规范	票据权利时效的中断事由
54		比较银行汇票、本票、支票的概念、应记载事项
55		应承担刑事责任的票据欺诈行为
56		票据丧失的补救方式
57		票据使用不当典型案例
58		出一套关于票据使用规范的经济法自测题
59	模块十 经济纠纷解决途径	回避制度
60		民事案件适用简易程序的条件和流程
61		合议制度
62		仲裁协议的必备内容和无效情形
63		民事纠纷发生后,当事人应当向哪一级、哪一个人民法院起诉
64		提起民事诉讼的条件
65		出一套关于经济纠纷解决途径的经济法自测题